KB117741

로마국립박물관의 아리스토텔레스 흉상

라파엘로 산치오, 〈아테네 학당〉(부분, 1509~1511)

감각이 아닌 지성을 통해서 파악할 수 있는 이데아만이 참으로 있는 것이라고 주장한 플라톤과 달리, 아리스토텔레스는 자연물을 실체로 인정하고 학문의 참된 대상으로 삼았다. 그림 속에서 손가락으로 하늘을 가리키는 스승과 땅을 향해 손바닥을 펼친 제자의 모습은 두 사람의 상반된 철학적 견해를 잘 보여준다.

지중해를 배경으로 솟아오른 아크로폴리스

서양 학문에서 아리스토텔레스가 갖는 의미는 고대 그리스의 아크로폴리스에 견줄 수 있다. 도시국가의 중심에 우뚝 솟은 아크로폴리스와 그 위에 세워진 파르테논신전, 언덕 아래 위치한 아고라는 고대 그리스를 대표하는 상징물들이다.

THE MAP OF ARISTOTELES

아리스토텔레스 생애와 사유의 공간

아리스토텔레스가 남긴 삶의 흔적은 에게해를 둘러싼 그리스 본토와 소아시아 반도 곳곳에 흩어져 있다. 고향 스타게이라와 유년기를 보낸 마케도니아왕국의 수도 펠라, 알렉산드로스를 가르친 미에자는 모두 그리스 북부에 자리한다. 아테네가 아리스토텔레스 학문의 주요 무대라면, 레스보스섬은 그의 생물학이 탄생한 곳이다. 방랑 시절에 머물던 아소스와 생애 마지막 해를 보낸 칼키스까지 포함해서 아리스토텔레스 루트를 구성했다.

❶ 아리스토텔레스 마을

태어나서 처음 바라본 바다

아리스토텔레스는 그리스 북부 칼키디케 반도의 작은 도시국가 스타게이라(현 올림피아다)에서 태어났다. 스타게이라에는 '아리스토텔레스 마을'이 있다. 아고라와 아크로폴리스의 흔적이 남아 있는 바닷가 언덕 정상에 올라서면, 가파른 절벽 아래 펼쳐진 바다와 바다를 둘러싼 해안이 자연의 경이를 느끼게 한다.

❷ 고대 도시 펠라

유년의 기억이 담긴 곳

펠라는 기원전 5세기부터 마케도니아왕국의 수도였으며 지금도 계획도시의 뚜렷한 모습으로 남아 있다. 아리스토텔레스의 아버지는 아뮌타스 3세(필립포스 2세의 아버지)의 어의로 펠라의 궁정에 머물렀다. 아리스토텔레스도 아버지와 펠라에서 유년 시절을 보냈을 것이다.

❸ 아리스토텔레스의 학교

알렉산드로스를 가르치다

미에자(현재 나우사 근처)에 있는 '님프들의 성소'는 아리스토텔레스가 13세의 알렉산드로스 왕자를 가르친 곳으로 알려졌다. 깎아지른 암벽 앞의 긴 공터와 이곳을 둘러싼 숲과 물줄기가 신비로운 분위기를 뿜어낸다. 이 '성소' 옆에는 '아리스토텔레스의 학교 문화센터'가 있다.

❹ 아카데미아

플라톤을 만나다

플라톤이 아테네 외곽의 숲속에 세운 학교다. 아리스토텔레스는 이 학교에서 17세 때부터 20년 동안 머물며 철학을 배우고 가르쳤다. 그리고 '아카데미아의 지성'이라고 불릴 만큼 뛰어난 역량을 인정받았다. 아카데미아의 옛터는 지금 '고고학 공원'으로 지정되어 있다.

❺ 뤼케이온

서양 학문의 산실

50세에 아테네로 돌아온 아리스토텔레스는 아폴론 신에게 바쳐진 숲의 체력 단련장에 새로운 학교를 열었다. 산책하면서 토론할 수 있는 회랑을 비롯한 교육 시설이 잘 갖춰져 있던 이곳의 도서관은 훗날 알렉산드리아 도서관의 모델이 되었다. 아리스토텔레스가 기초를 놓은 서양 학문들이 여기서 태어났다.

❻ 레스보스섬의 칼로니 마을

생물학의 탄생지

레스보스섬 안쪽으로 파고든 칼로니 호수를 끼고 자리 잡은 칼로니 마을 한복판에 아리스토텔레스의 두상이 있다. 그는 에게해로 입구가 열린 이 호숫가 마을에 2년 정도 머물면서 물고기와 철새 들에 대해 연구했다. 이로부터 서양 생물학이 시작되었다.

❼ 터키의 아소스

우정의 추억이 남은 곳

아소스는 기원전 10세기에 레스보스 사람들이 바다를 건너 정착해서 세운 도시다. 37세에 아테네를 떠난 아리스토텔레스는 이곳에 3년 정도 머물면서, 이곳을 다스리던 헤르메이아스와 깊은 우정을 나눴다. 여기에 아카데미아의 다른 동료들도 합류해 '아카데미아 분교'가 열렸다.

❽ 에우보이아 섬의 칼키스

거장의 마지막 여정

아리스토텔레스는 어머니가 남긴 집이 있던 칼키스에서 죽었다. 그는 삶의 마지막 순간까지 에우보이아 섬과 그리스 본토 사이를 가로지르는 좁은 물길의 물살이 거칠어지는 현상을 설명하려고 했다. 칼키스 시청 앞에는 지금도 그의 흉상이 이 물살을 내려다보고 있다.

일러두기

— 아리스토텔레스 저술을 포함하여, 본문에 인용된 그리스 문헌은 모두 필자가 번역한 것이다. 인용문 뒤 괄호 속의 로마숫자와 아라비아숫자는 각각 권과 장을 가리키며, 시 등 일부 문헌은 원문의 고유한 표기 체계를 따랐다. 그리스어 원전의 상세 서지 정보와 국내 번역서 목록은 참고 문헌에 제시했다.
— 다른 책을 인용 또는 재인용한 경우, 문장 끝에 책명과 쪽수를 밝혔다. 더 자세한 사항은 참고 문헌 목록에 들어 있다.
— 그리스어는 실제 발음에 가깝게 표기하는 것을 원칙으로 하되 통용되는 일부 표기는 허용했다. 기타 외래어 표기는 국립국어원의 외래어표기법을 따랐다.

클래식 클라우드 | 009

아리스토텔레스

×

조대호

에게해에서 만난 인류의 스승

arte

독일 프라이부르크대학교의 아리스토텔레스 좌상

좌대의 왼쪽 면에 『형이상학』의 첫 문장이 그리스어로 새겨져 있다. "모든 사람은 본성적으로 알고 싶어 한다 ΠΑΝΤΕΣ ΑΝΘΡΩΠΟΙ ΤΟΥ ΕΙΔΕΝΑΙ ΟΡΕΓΟΝΤΑΙ ΦΥΣΕΙ."

CONTENTS

서양 학문의 아크로폴리스

아테네의 아크로폴리스는 강력한 힘으로 방문자의 눈길을 사로잡는다. 평지 한가운데 불쑥 솟은 타원형 바위 언덕이 파란 하늘과 맞닿아 있고, 언덕 위 옛 신전들은 깨어지고 부서진 폐허로 남았다. 도시의 수호신 아테나에게 봉헌된 파르테논신전도 다르지 않다. 이 처녀신의 집은 지난 2500년 동안 모진 시련을 겪었다. 기독교가 들어온 뒤에는 다른 처녀 마리아의 성당으로, 오스만튀르크의 지배 아래서는 이슬람 사원으로 바뀌었으며 전쟁 중 화약고로 쓰이다 1687년에 베네치아군의 포격을 받아 기둥만 앙상한 지금의 모습이 되었다. 그 뒤에도 약탈자들은 파르테논의 신성한 몸에서 손을 거두지 않고 프리즈의 돋을새김 장식물과 박공벽의 조각상 들을 모조리 떼어갔다. 그것들은 지금 런던의 영국박물관에 전시되어 있다. 하지만 약탈자들도 가져가지 못한 것이 있다. 바로 파르테논신전이 서 있는 아크로폴리스 언덕과 신전 위의 파란 하늘이다. 바위 언덕에서 파란 하늘을 이고 있는 파르테논신전은 훼손된 몸으로도 그 위용을 잃지 않았다. 아리스토텔레스는 심장을 "몸의 아크로폴리스"(『동물부분론』 III 5)라고 불렀다. 긴 여행 뒤 귀향길에 오른 아테네 사람들은 아크로폴리스의 파르테논이 눈에 들어올 때 뛰는 심장을 가누기 어려웠을 것이다.

아크로폴리스의 정상에서 내려다보면 고대 도시 아테네의 유서 깊은 장소들이 한눈에 들어온다. 남쪽 기슭에는 디오니소스 극장과 헤로데스 아티쿠스 음악당이, 북쪽 기슭에는 멀리 헤파이스토스 신전과 아고라가 자리 잡고 있다. 더 멀리에는 깔때기를 엎어놓은 것 같은 리카베투스 산과 그리스 민주주의가 시작된 프닉스 언덕도 보인다. 그 가운데 아고라는 아크로폴리스만큼 아테네를 대표하는 장소다. 20분이면 한 바퀴 돌아볼 수 있는 이 시장터도 지금은 잘린 기둥과 깨진 돌무더기가 빼곡할 뿐이지만, 기원전 5세기와 4세기 아테네인들의 부산한 삶을 증언한다.

아고라는 아테네 사람들에게 단순한 시장이 아니라 공적인 삶의 장소였다. 그들은 여기서 물건을 사고팔 뿐만 아니라 갖가지 공공 업무를 처리했다. 아고라에서 신에게 제의를 올렸고, 회의를 열어 정치적 결정을 내렸으며, 전시에는 군대의 지휘관들이 모여 작전을 짰다. 시민 배심원단의 재판도 아고라에서 열렸다. 소크라테스가 이런 재판의 희생자 중 한 명이다. 스스로 잘 산다고 생각하고 인간의 훌륭함에 대해 잘 안다고 자부하는 사람들에게 도발적인 질문으로 낭패감을 안겨준 것이 소크라테스의 '죄'였다. 하지만 이런 '죄'

가 없었다면, 아테네의 아고라는 새로운 철학의 탄생지가 되지 못했으리라. 로마의 정치가이자 철학자 키케로는 소크라테스의 의의를 이렇게 요약했다. "소크라테스는 맨 처음 철학을 하늘에서 불러내려 도시와 집 안에 들이고, 삶과 윤리와 좋은 것과 나쁜 것에 대해 탐구하도록 이끌었다."(『투스쿨룸 대화』 V 4) 이것이 곧 아고라에서 이루어진 일이다.

우리가 잘 알듯이 아테네 철학의 족보는 소크라테스에서 플라톤을 거쳐 아리스토텔레스로 이어진다. 이 세 사람은 스승과 제자의 관계에 있었다. 그런데 이들에게는 일반적인 사제 관계와 다른 점이 있다. 제자는 스승이 가르치지 않은 것을 찾고 스승이 가지 않은 길을 걸었다. 마치 스승의 그림자도 밟지 않겠다는 듯 저마다 다른 길을 걸어간 것이다.

그리스의 초기 철학자들이 탐구한 자연에 관심이 없던 소크라테스는 아고라에서 사람들을 붙잡고 인간의 삶과 윤리에 대한 대화를 나눴다. 플라톤은 달랐다. 그는 인간의 영혼에 대해 더 깊이 알고 싶어 했으며 보이는 세계 저편의 보이지 않는 세계에서 진리를 찾았다. 그에게는 눈에 보이는 것들이 보이지 않는 원형의 이데아들을 모방한 가상과 허구의 존재, 비진리의 존재였기 때문이다. 일상적 삶의 세계를 다루던 소크라테스의 철학이 초월적 세계에 대한 철학으로 올라가버린 것이다. 아리스토텔레스는 철학의 눈을 다시 보이는 세계 쪽으로 끌어내렸다. 그는 플라톤의 아카데미아에서 20년 동안 머물며 '아카데미아의 지성'으로 불렸지만, 스승에 대한 존경이나 사랑도 진리에 대한 그의 새로운 확신을 바꾸지는 못했다. 아리스토텔레스에게 이데아는 허구고, 진리는 눈에 보이는 자연의 세계에 속해 있었다. 그는 플라톤이 가상과 허구로 여긴 것들에 대해 이렇게 말했다.

> 보기에 징그러운 동물들에 대한 연구에서조차도, 그런 동물들을 만들어낸 자연은 그 원인들을 알아내고 본성적으로 지혜를 사랑하는 사람들에게 헤아릴 수 없는 즐거움을 가져다준다. (…) 그렇기 때문에 우리는 덜 가치 있는 동물들을 연구하는 데 대한 유아적인 혐오증을 떨쳐버려야 한다. 모든 자연물에는 어떤 놀라운 것이 들어 있기 때문이다.
>
> —『동물부분론』I 5

'지혜를 사랑하는 사람들philo-sophoi', 즉 철학자들은 동물에 대해서도 알아야 한다는 말이다. 눈에 보이는 자연현상 가운데 아리스토텔레스가 관심을 두지 않은 것이 있을까? 그는 밤하늘의 항성과 행성, 물·불·흙·공기 같은 기본 물질의 운동과 변화, 유성과 은하수, 구름, 비, 눈, 우박, 바람, 해류, 지진 등을 관찰하고 기록했다. 그의 고향 이름을 따온 스타게이라에 자리한 '아리스토텔레스의 숲'에는 우뚝 선 아리스토텔레스 상을 가운데 두고 주변에 갖가지 천문 또는 자연 관측기가 널려 있다. 하지만 아리스토텔레스가 더 큰 관심을 기울인 것은 "덜 가치 있는 동물들을 연구하는" 일이었다. 그는 바다의 해면海綿이나 각종 어패류, 오징어, 하루살이, 박쥐, 도마뱀 등 생명이 있는 모든 것에 관심을 두었으며 그것들을 관찰하고 해부하고 기록했다. 많은 학문이 그의 손에서 시작되었는데, 특히 동물에 관한 학문이 그렇다. 그는 실용성의 관점을 떠나 동물들의 세계에 관심을 기울임으로써 순수 과학으로서 동물학 연구의 터를 닦고, 이를 통해 생명과 인간에 대한 폭넓은 이해의 기반을 마련했다.

나는 철학자와 과학자 들이 남긴 책이 사람들의 일상에서 멀어진 채 그저 세계문화유산으로 남는 것을 바라지 않는다. 하지만 불행히도 그렇게 된다면, 아리스토텔레스가 남긴 저술들은 한 권도 빠짐없이 그 유산 목록에 오를 것이다. 논리학, 자연학, 동물학, 윤리학, 정치학, 시학, 수사학, 형이상학 등 모든 학문의 출발점에는 아리스토텔레스가 있다. 그리고 그 높은 정신적 성취의 한복판에 동물과 인간에 대한 폭넓은 관찰과 연구가 놓여 있다.

우리는 아리스토텔레스의 저술 곳곳에서 영혼과 신체가 어떤 관계에 있는지, 동물과 인간의 연속성과 차이가 어디 있는지, 인간이 개인으로서 또는 국가 공동체의 시민으로서 추구할 수 있으며 추구할 만한 가치가 무엇인지에 대해 깊고 넓은 논의를 발견한다. 그가 동물과 인간에 대해 펼친 이야기들은 마치 아크로폴리스 위 파르테논처럼 지난 2400년 동안 영욕을 겪었지만, 그 안에는 여전히 21세기의 뇌과학이나 진화생물학이 대체할 수 없는 통찰이 있다. 이는 무엇보다 아리스토텔레스의 학문이 '과학'이라는 이름하의 환원주의적 설명에서 자유롭기 때문에 줄 수 있는 통찰이다.

뇌과학은 인간의 의식 활동을 뇌의 작용으로 설명하려고 한다. 뇌와 신경망의 작용을 전제하지 않고 의식 작용을 설명할 수 없다는 말은 옳다. 하지만 뇌의 작용만으로 동물이나 인간의 모든 의식 활동이 설명되는 것은 아니다. 뇌는 몸속에 있고 몸은 세계 안에 있으며 세계는 무한히 다양하기 때문이다. 몸을 통해 자연이나 사회적 세계와 연결되지 않은 뇌, 예컨대 '통 속의 뇌'는 뇌가 아니다. "나는 뇌다"라는 과장된 주장이나 뇌의 신경망을 스캔해서 로봇에게 이식하면 영원히 살 수 있다는 영화적 상상은 몸을 떠난 뇌는 뇌가 아니라는 당연한 사실, 즉 의식 활동에 속하는 생물학적 신체성이나 신체 상태에 따라 주변 세계와 맺는 관계가 달라진다는 것을 간과한다. 인간의 의식이나 행동을 동물적인 기원으로부터 설명하려는 진화생물학도 종종 이와 유사한 환원주의적 오류에 빠진다. 진화생물학은 동물의 모든 행동을 유전적 적응도를 높이기 위한 적응 행동으로 이해한다. 쉽게 말하면, 유전자를 다음 세대에 넘기는 데 동물적 삶의 목적이 있다는 것이다. 인간도 동물인 한 다를 리 없지만, 이것은 인간 존재에 대한 절반의 진실일 뿐이다. 인간은 삶을 영위하려고 할 뿐만 아니라 포기하려고 하고, 자식을 낳으려고 할 뿐만 아니라 낳지 않으려고 한다. 진화생물학의 전도사 리처드 도킨스의 말처럼, "이 지구에서는 우리 인간만이 유일하게 이기적인 자기 복제자의 폭정에 반역할 수 있다"(『이기적 유전자』, 378쪽).

과학과 종교는 종이 한 장 차이다. 환원적 설명의 한계를 자각하지 못한 채 그 설명을 절대적 진리로 내세우는 순간 과학은 종교가 된다. 비즈니스가 가세하면 상황이 더 꼬인다. 과학과 종교와 비즈니스가 뒤엉켜버린 21세기에 아리스토텔레스의 학문 정신은 더욱 더 빛을 내는 것 같다. 자연을 설명할 때나 인간을 설명할 때나 그가 내세운 최고의 원칙은 주어진 현상을 존중하는 것이었다. 그는 '과학의 구두'에 '현실의 발'을 맞추면서 "현상에 가하는 폭력"(『에우데모스 윤리학』 VII 2)을 가장 경계했다. 자연과 인간에 대한 그의 이야기 가운데 많은 것들이 설명되지 않은 채로 남은 것은 당연하다. 그는 주어진 사실을 이론으로 설명하는 것보다 설명해야 할 사실과 눈에 보이는 현상이 어떤지를 세심하게 관찰하고 분석하며 있는 그대로 기록하는 데 더 큰 관심을 기울였기 때문이다. 이런 뜻에서 아리스토텔레스 학문 전체는 '존재하는 모든 것에 대한 현상학'이라고 불러도 좋을 것이다. "인간적인 것에 관한 철학", 즉 인간의 의식 활동에 대한 기술, 습성과 행동의 상관관계에 대한 분석, 수많은 정치체제에 대한 기록은 그 가운데 가장 빛나는 부분이다. 그의 '현상학적' 논의는 우리에게 전혀 낯설지 않다. 우리는 그의 안내를 따라 우리 안에서 또는 밖에서 일어나는 일들을 실험이나 측정 기구 없이도 관찰할 수 있다. 나는 이것이 아리스토텔레스 읽기의 가장 큰 매력이라고 생각한다.

나는 7월의 뜨거운 햇살 아래서 아리스토텔레스의 발자취를 좇아 그리스를 여행했다. 짧은 여행 기간 동안 아테네와 레스보스섬을 방문하고 테살로니키와 그 인근의 올림피아다, 펠라, 미에자 등을 둘러보았으며 마지막에는 아리스토텔레스가 세상을 떠난 에우보이아 섬의 칼키스를 찾았다. 모두 아리스토텔레스가 거쳐간 장소지만, 이미 2400년이 지난 지금 새로운 것을 찾으리라는 기대는 처음부터 하지 않았다. 내가 눈으로 확인한 것은 폐허로 남은 아카데

파르테논신전의 기둥

아리스토텔레스의 철학과 과학은 아크로폴리스 언덕과 그 위 파르테논신전처럼 영욕의 역사를 겪었다. 수많은 공격을 견뎌낼 힘이 없었다면 그의 학문은 이미 오래전에 잊혔을 것이다. 그의 사상이 단순한 역사적 유물로서가 아니라 끊임없는 영감과 통찰의 원천으로서 살아 있는 것도 이런 힘 때문이다.

미아와 뤼케이온, '아리스토텔레스 마을' 꼭대기의 무너진 성벽, 아리스토텔레스가 알렉산드로스를 가르쳤다고 하는 '님프들의 성소' 그리고 레스보스섬의 칼로니 마을이나 칼키스의 시청 앞에서 바다를 바라보는 아리스토텔레스의 흉상같이 그를 기념하는 사소한 것들이다. 그런데 이런 것들을 돌아보면서 내 예상은 완전히 빗나갔다. 폐허의 공간과 '사소한' 기념물 들에 죽은 생각을 살려내는 강력한 힘이 있었기 때문이다. 장소의 체험 속에서 내가 아리스토텔레스에 대해 알던 것들이 새로운 빛으로 되살아났다. 그 힘은 무엇이었을까? 나는 그 힘의 정체를 알지 못하지만, 아마도 '장소의 정령'이라고 해야 할 것 같다. 내게 있던 흑백사진 속 생각들이 여행을 통해 다채로운 빛으로 되살아났고, 머리만 있던 생각들이 구체적인 장소와 시간 속에서 걸어 다니기 시작했다.

아리스토텔레스 삶의 발자취를 좇는 이 책은 크게 네 부분으로 나뉜다. 1장은 마케도니아왕국 어의御醫의 아들로 태어난 아리스토텔레스가 17세에 아테네에 와서 20년 동안 유학하던 시기를 담았다. 2장에서 4장까지는 플라톤이 죽고 아테네와 마케도니아의 갈등이 깊어지는 상황에서 아테네를 떠난 아리스토텔레스가 아소스에 머물다가 레스보스섬으로 이주해 물고기와 새를 연구한 이야기, 그 뒤 마케도니아의 왕자 알렉산드로스의 가정교사로 활동한 이야기다. 5장과 6장에는 그가 다시 아테네로 돌아와 뤼케이온을 세우고 자신의 철학과 학문을 완성한 시기가 담겼다. 마지막 장은 아리스토텔레스의 죽음과 그의 유언장에 얽힌 이야기다.

나는 이 책에서 특히 아리스토텔레스의 두 가지 모습을 드러내고 싶었다. 하나는 격동의 시대를 산 국외자의 모습이고, 다른 하나는 자연 관찰자의 모습이다. 그가 활동한 시기는 그리스 도시국가의 황혼기다. 아테네를 비롯한 그리스 도시국가들은 펠로폰네소스전쟁에 휩쓸리며 힘을 잃었고, 종전 뒤까지 이어진 소모적 경쟁으로 상황이 더욱 악화되었다. 이런 힘의 공백 상황에서 변방의 마케도니아왕국이 부상해 그리스를 제패했다. 북방의 작은 도시 스타게이라 출신인 아리스토텔레스는 어느 편에도 가담할 수 없었다. 아테네는 그가 '소중한 친구들'을 만나 학문의 인연을 맺은 공간이고, 마케도니아왕국은 고향과 가까운 데다 아버지가 왕의 의사로 일한 곳이라 끊을 수 없는 관계에 있었다. 이 두 나라, 저무는 아테네와 떠오르는 마케도니아는 아리스토텔레스의 일생 동안 그리스의 패권을 두고 쉴 새 없이 충돌했다. 이런 현실 속에서 제3자인 그가 할 수 있는 일이 무엇이었을까? 경계인으로서 그의 삶은 전혀 다르게 산 두 인물, 아테네 연설가 데모스테네스와 마케도니아 왕 필립포스 2세의 삶과 겹쳐진다. 필립포스에 맞서 아테네의 부흥을 위해 싸운 데모스테네스는 아리스토텔레스와 같은 해에 태어나 같은 해에 죽었다. 그리스의 패권을 얻기 위해 정복 전쟁을 벌인 필립포스는 아리스토텔레스보다 두 살 아래였다. 이 세 사람의 관계는 당대 역사나 아리스토텔레스의 삶을 이해하는 데 결정적인 의미가 있다. 이들의 관계는 말에의 의지, 힘에의 의지, 앎에의 의지 사이의 역동적 관계를 보여준다는 점에서도 매우 시사적이다. 그래서 나는 아리스토텔레스의 삶을 추적하면서 데모스테네스와 필립포스의 이야기를 많이 담았다.

우리에게 잘 알려진 아리스토텔레스는 논리학자, 형이상학자, 윤리학자, 정치학자, 『시학』의 저자다. 하지만 그는 이 모든 것에 앞서 자연, 특히 동물 세계의 관찰자였다. 이런 모습은 오랫동안 그에 관한 연구의 주변부로 밀려나 있었다. 윤리학이나 정치학에 큰 관심을 기울인 사람들은 그가 동물들의 습성과 행동에 대해 어떻게 이야기했는지, 그가 인간과 함께 '폴리스적 동물'이라고 부른 개미나 벌에 대해 무엇을 기록했는지에 큰 관심을 두지 않았다. 이런 상황은 20세기 초에야 비로소 달라지기 시작했다. 1910년에 다르시 톰슨이 아리스토텔레스의 『동물지』를 영어로 옮기며 톡톡히 한몫했다. 탁월한 생물학자이기도 했던 톰슨은 『동물지』에 언급된 장소들을 추적해, 아리스토텔레스가 아카데미아를 떠나 있던 40세 전후에 레스보스섬을 비롯한 이 장소들을 거쳤음을 밝혀냈다. 언뜻 사소한 것 같지만 매우 중요한 통찰이다. 아리스토텔레스 철학의 출발점과 근본 성격을 드러내는 관찰이기 때문이다. 그 뒤 20세기 중·후반에 아리스토텔레스의 생물학, 특히 동물학과 다른 철학 이론의 관계는 아리스토텔레스 연구의 르네상스를 이끌었다. 이 글을 쓰는 나도 그가 물고기와 새를 연구한 칼로니 호숫가를 거닐며 느낀 흥분을 숨기지 않았다.

'관찰자'와 '국외자'를 가리키는 그리스어는 '테오로스theōros'다. 객관적으로 관찰하려면 국외자의 시선이 필요하고, 국외자가 할 수 있는 일이 관찰이다. 아리스토텔레스는 운명적으로 '테오로스'의 삶을 살았다. 이런 점에서 그는 아테네에서 태어나 그곳 사람들의 운명을 걱정하며 철학을 한 소크라테스나 플라톤과 다를 수밖에 없었다. 아리스토텔레스는 이들과 달리 현실에 참여하지 않았으며 참여할 수도 없었지만, 바로 이런 이유로 인간의 현실과 그를 둘러싼 자연의 현실을 더욱더 세심하게 관찰할 수 있었다. 그래서 그의 생애는 그리스어와 라틴어로 각각 비오스 테오레티코스bios theōretikos 그리고 비타 콘템플라티바vita contemplativa, 즉 '관찰자 삶'의 전형을 보여준다.

01

ARISTOTELES

눈에 보이는 세계에도 진리가 있다

아카데미아의 유학생

플라톤의 죽음과 그 이후 아테네

열일곱 살에 아테네로 유학을 온 뒤로 20년 동안 아리스토텔레스는 플라톤의 아카데미아에 머물렀다. 그에게 아테네는 청년 시절에 떠난 고향보다 더 오래 머물러 친숙한 도시였다. 아카데미아에서 아테네 성벽의 디필론(이중문)으로 이어지는 시골길, 사람들이 붐비는 도심의 아고라, 아고라를 가로질러 아크로폴리스로 이어지는 판아테나이아 길, 그 길에서 매년 아테나를 기리며 펼쳐지던 축제 등 이미 일상이 된 장소와 정경 들에 비해 고향 스타게이라는 먼 추억처럼 아련히 떠올랐을 것이다.

아리스토텔레스는 아카데미아에서 당대 최고 지식인들과 교류하며 철학을 연구했다. 하지만 기원전 347년, 플라톤이 세상을 떠난 직후 황급히 그곳을 떠났고, 오랫동안 모습을 나타내지 않았다. 그가 다시 아테네를 찾은 것은 13년이 지난 뒤의 일이다. 그는 왜 갑자기 아테네를 떠나야 했을까?

플라톤이 죽은 뒤 아카데미아의 교육과 연구 환경에 변화가 찾아온 것이 한 가지 이유였다. 플라톤의 뒤를 이어 아카데미아의 교장이 된 사람은 그의 조카 스페우십포스다. '아카데미아의 지성'으로 불리던 아리스토텔레스도 플라톤의 후계자로 물망에 올랐겠지만, 그에게는 아카데미아의 책임자가 되기에 부족한 점이 많았다. 그는 나이가 아직 마흔도 안 됐고, 아카데미아가 지향하는 철학에 비춰 보아도 교장직을 맡기에 적합하지 않았다. 그는 플라톤이 살아 있을 때부터 스승의 이론을 비판하며 자신의 철학을 구축해나갔기 때문이다. 그가 아테네의 시민권이 없는 거류민이라는 사실도 문제였다. 거류민에게는 학원의 재산 관리 같은 공공 업무를 처리할 권리가 없었다.

스페우십포스는 달랐다. 아테네의 명문가 출신인 그는 플라톤이 세상을 떠났을 때 예순을 넘긴 나이였다. 식물학 등도 그의 관심사였지만, 플라톤처럼 그도 기본적으로 수학적인 경향의 철학을 추구했다. 실제로 그가 교장이 된 뒤 아카데미아의 연구는 수학적 경향이 강화되었고, 아리스토텔레스는 이를 겨냥해 "수학이 요즘 사람들에게는 철학이 되었다"(『형이상학』 I 9)고 불만을 토로한 적도 있다. 또 그는 스페우십포스의 이론이 온 세계를 "조잡한 비극같이 삽화적인 것"(『형이상학』 XIV 3)으로 만든다고 비판한다. 자연에 대한 그의 설명이 연관성이 낮은 삽화를 끼워 넣은 비극처럼 짜임새가 없다는 말이다. 이런 불만과 비판은 스페우십포스가 이끄는 아카데미아의 학풍에 아리스토텔레스가 동조하기 어려웠음을 잘 보여준다.

하지만 아리스토텔레스가 아카데미아와 아테네를 떠날 수밖에

아고라에서 바라본 아크로폴리스

아고라는 아크로폴리스와 함께 아테네를 대표하는 장소다. 이제 잘린 기둥과 깨진 돌무더기만 남은 이 광장에서 아테네 사람들의 공적인 삶, 정치·경제·종교 활동이 활발하게 이루어졌다. 소크라테스를 죽음으로 몰고 간 시민 배심원단의 재판도 바로 이곳에서 열렸다.

없게 만든 더 큰 원인은 복잡한 정치 상황, 즉 마케도니아의 세력 팽창과 그에 따른 아테네의 민심 악화다.

아리스토텔레스가 아테네를 떠난 기원전 347년은 그리스 전역을 휩쓴 펠로폰네소스전쟁(기원전 431~기원전 404)이 끝나고 이미 57년이 지난 뒤다. 하지만 전쟁이 끝나도 경쟁은 계속되었다. 그리스의 도시국가들은 여전히 아테네, 스파르타, 테베를 중심으로 합종연횡을 거듭하면서 승자 없는 세력 다툼을 벌였으며 그 사이에 그리스 세계에서 존재감이 전혀 없던 북쪽의 작은 왕국, 마케도니아가 점차 힘을 키워나갔다. 기원전 359년에 필립포스 2세가 왕위에 오른 뒤 마케도니아 세력의 팽창 속도는 더 빨라졌다. 그가 탁월한 군사 능력과 외교 수완을 발휘하면서 남쪽과 동쪽으로 세력을 넓힌 데는 열네 살 때부터 3년 동안 테베에 인질로 잡혀 있으면서 받은 교육의 힘이 컸다. 아리스토텔레스가 아테네에서 유학을 시작했을 때, 필립포스는 당시 그리스의 맹주였던 테베에서 군사와 외교에 대한 지식을 쌓고 있었던 것이다.

그리스 중부의 번성한 테살리아 지역으로 세력을 확대하는 과정에서 필립포스는 그 지역 실력자들을 설득해 연맹을 결성하고 스스로 이 연맹의 최고 지도자가 되었다. 또 북동쪽 트라키아 지방을 정복하기 위한 동진 정책의 일환으로 칼키디케 반도의 그리스인 거주지들을 합병해나갔다. 이 과정에서 아리스토텔레스의 고향 스타게이라도 파괴되었다. 하지만 필립포스의 동진은 이제 시작일 뿐이었다. 그는 그리스 세계를 정복하고 먼 동방의 제국 페르시아를 공격한다는 거대한 야망에 불타고 있었다.

군사적 천재 필립포스의 거침없는 행보를 대하는 그리스인들의 태도는 양면적이었다. 아테네의 엘리트층은 그의 팽창 정책을 우려하는 사람들과 그에게서 그리스의 새 희망을 보는 사람들로 나뉘었다. 친마케도니아 성향을 대변하는 인물 가운데 가장 영향력 있던 사람은 이소크라테스였다. 그는 아카데미아와 경쟁하던 당대 최고 수사학 학교의 운영자로 아테네를 대표하는 지식인이자 연설가였다. 그에게 필립포스는 이방인에 맞서 그리스 세계를 지킬 수 있는 '새 시대의 아가멤논'이었다. 이소크라테스는 아가멤논이 그리스 연합군을 이끌고 트로이아를 정복했듯이, 그리스인들이 필립포스를 중심으로 힘을 합쳐 아나톨리아 지역에서 페르시아인들을 몰아내고 그 자리에 그리스의 식민 도시를 건설해야 한다고 목소리를 높였다. 그런데 아리스토텔레스가 아테네를 떠나기 한 해 전인 기원전 348년에 아테네의 정치적 정서가 반마케도니아 쪽으로 급격히 기운다. 그리스 북동부 칼키디케 반도의 가장 큰 도시 올륀토스가 필립포스 군대에 함락된 것이 결정적인 계기였다. 이 일은 아테네인들 사이에서 격렬한 반마케도니아 정서와 행동을 촉발했고, 그 가운데 친마케도니아 인사들은 침묵할 수밖에 없었다. 그전부터 친마케도니아 분자로 의심을 산 데다 아테네 시민도 아닌 아리스토텔레스가 견뎌내기 힘든 상황이었다. 버팀목이던 플라톤도 더는 그의 곁에 없었다.

7월 중순 아테네는 관광객으로 북적인다. 특히 아테네의 중심이자 시내 관광버스의 출발점인 쉰타그마syntagma 광장 주변으로 사람들이 많이 몰린다. 원래 '질서 있게 합쳐진 것'을 뜻하는 '쉰타그마'가 군대나 헌법 등을 가리키기 때문에 이 광장의 이름을 해석하면 '헌법 광장'이 된다. 1843년에 입헌군주제를 요구하는 시민들의 저항을 못 이긴 국왕 오톤이 이 광장이 내려다보이는 왕궁 발코니에서 헌법을 선포해 이런 이름이 붙었다고 한다. 그때 왕궁은 지금 국회의사당으로 쓰이고 있다. 이 광장 한쪽에서 출발한 관광버스가 제우스 신전, 아크로폴리스, 아고라 등 여러 유적지와 아테네를 대표하는 박물관, 광장의 옆길을 돌아다닌다.

한낮 기온이 40도를 넘나드는 땡볕 더위에 땀이 줄줄 흐르고 아이스크림이 몇 십 초 안에 녹아내리지만 습도가 높지 않아 견딜 만했다. 그늘을 쉽게 찾을 수 있는 것도 다행이었다. 길가 건물들의 주랑으로 들어가면 따가운 햇살을 피할 수 있다. 이렇게 바깥을 향해 열려 있는 스토아 양식 건물은 그리스 사람들의 개방성을 드러낸다. '스토아 포이킬레', 즉 '채색된 스토아'라고 불리던 주랑에서 사

아테네 도심의 랜드마크인 쉰타그마 광장(위)과 그리스 의장병
아테네를 여행하는 사람이라면 쉰타그마 광장을 지나치지 않을 수 없다. 광장을 내려다보며 서 있는 왕궁은 지금 국회의사당으로 쓰이는데, 전통 복장을 한 의장병들이 이곳을 지키며 한 시간마다 치르는 교대식이 관광객들에게 놓치지 말아야 할 구경거리로 알려졌다.

ΜΙΑΚΛΙΝΗΚΕΝΗΦΕ
ΡΕΤΑΙΕΣΤΡΩΜΕΝΗ
ΤΩΝΑΦΑΝΩΝ
ΑΛΑΜΑΣ
ΙΝΑ
ΑΣΤΡΟΝ
ΚΑΛΠΑΚΙ
ΝΤΙΚΟΣ

람들을 모아 놓고 철학적 대화를 나눈 데서 '스토아학파'라는 말도 생겨났다. 하지만 따지고 보면, 그리스의 모든 철학을 '스토아철학'이라고 해야 할 것이다. 플라톤의 아카데미아나 아리스토텔레스의 뤼케이온의 중심 건물도 모두 주랑으로 이루어져 있었기 때문이다. 아테네를 가득 메운 스토아 건물들은 기후와 주거와 문화가 어떻게 통일체를 이루는지를 보여주는 좋은 사례다.

플라톤의 아카데미아는 쉰타그마 광장에서 북서쪽으로 4킬로미터쯤 떨어진 곳에 있다. 아테네의 전설적인 영웅 아카데모스를 기리는 숲 근처의 김나시온(체력 단련장)에서 플라톤이 젊은이들을 모아 철학 토론을 나눈 것이 아카데미아의 시작이다. 당시 아카데모스의 숲을 찾는 사람들은 아테네 도심을 둘러싼 성벽의 이중문을 지나 북서쪽으로 2킬로미터를 더 가야 했다. 기원전 387년 무렵 세워진 이 학교는 900년 넘게 존속하다가 529년에 비잔티움제국의 유스티니아누스 황제가 폐쇄한 뒤 오랫동안 방치되었다. 지금은 아카데모스의 숲 주변이 '플라톤 아카데미 고고학 공원'으로 지정되어 있다. 공원 인근에는 플라톤 철학을 요령껏 소개하는 디지털 박물관과 플라톤의 두상을 둔 작은 광장도 있다.

공원을 처음 찾는 길은 만만치 않았다. 일요일 오전이라 길을 물을 사람도 만나기 어려웠다. 골목길을 돌고 돌아 겨우 찾아낸 휴일의 공원은 조용하고 나무의 잎사귀들이 무성했다. 2400년 전 아카데모스의 숲도 올리브 나무가 울창했다고 한다. 가장 먼저 눈에 띈 것은 공원 여기저기 흩어진 돌무더기인데, 이게 문제였다. 이 돌무더기들 가운데 정확히 어떤 것이 2400년 전의 '체력 단련장'이고 어떤 것이 '무사의 전당'인지 알아낼 재간이 없었다. 아테네 도심처럼 여기에서도 청동기시대로부터 로마 시대에 이르기까지 긴 세월 동안 건물이 세워지고 무너지기를 반복했기 때문이다. 그럴듯한 뭐가 없을까? 나는 상상 속 아카데미아를 찾아 헤맸다.

두 시간 가까이 공원 안팎을 맴돌았다. '아테네에 갔지만 플라톤의 아카데미아는 찾지 못했다'고 책에 쓴다면 얼마나 민망할까? 자포자기 상태로 헤매다 마침내 공원 한쪽에서 널따랗게 움푹 파인 장소를 찾았다. 사방이 나무로 둘러싸인 이 원형 분지의 아래로 내려갔더니 작업복을 입은 사람이 나무 등걸에 올라앉아 휴대전화를 보고 있었다. 갑자기 불청객이 나타나자 그는 고양이처럼 소리 없이 사라졌다. 분지 한가운데 앉아 올려다보니 숲 위로 파란 하늘이 둥글게 보였다. '그래 여기다!' 하늘이 도왔는지, 이렇게 찾아낸 곳이 아카데미아의 폐허다.

발품을 팔고 헤매면서 공원 내부의 안내판과 디지털 박물관의 설명이 딸린 안내도를 종합해 어렵게 주요 장소들의 위치를 짚어낼 수 있었다. 플라톤이 태어나기 2000년 전에 지어진 성소와 제단, 아카데모스를 기리던 성스러운 집, 체력 단련장과 무사의 전당은 모두 흔적뿐이다. 아카데미아의 부속 건물 터로 추정되는 유적들도 있다. 어렵게 위치를 추적해냈지만, 그 어디에서도 아카데미아의 옛 모습은 쉽게 떠오르지 않았다. 내 상상에 들어맞는 실물은 없었다. 결국 내가 플라톤 아카데미 고고학 공원에서 확인한 것은 아카데미아의 실물이 아니라 아카데미아의 진실이다. '플라톤의 흔적을 지상에서 찾지 말라! 그의 철학은 어차피 시공간의 구속을 벗어나

흔적만 남은 플라톤의 아카데미아

플라톤 아카데미 고고학 공원 인근에 '플라톤의 길'이라는 이름의 도로가 있지만 구글 지도에서는 주소(Platonos 179)가 제대로 확인되지 않는다. 공원 맞은편, 아카데미아의 부속 건물이 있었을 것으로 추정되는 고고학 유적지(Gastounis 12)를 찾아가는 편이 좋다.

려 하지 않았나? 그의 철학은 보이지 않는 세계에 있다.'

'더 높은 세계'를 향한 플라톤의 새로운 철학

기원전 399년 '가장 정의로운 사람' 소크라테스가 불경죄를 뒤집어쓰고 독배를 마셨을 때, 이 사실을 받아들이기 어려웠던 플라톤은 아테네의 부정한 현실에 등을 돌렸다. 하지만 한 가지 질문이 그를 놓아주지 않았다. 이 불의한 현실에서 어떻게 정의로운 국가를 세울 수 있을까? "세상을 등진 자는 무슨 일을 하는 것일까? 그는 보다 높은 세계를 추구한다. 그는 모든 긍정의 인간들보다 더 멀리, 더 높이 날아가고자 한다."(프리드리히 니체, 『즐거운 학문』, 101쪽) 플라톤이 이랬다. 세상을 등진 채 살던 그가 40세에 아카데미아를 세운 것은 '더 높은 세계'를 추구하기 위함이었다.

소크라테스가 죽은 뒤 아카데미아를 세우기까지 12년 동안 플라톤은 많은 시간을 아테네 밖에서 보냈다. 플라톤의 여러 방문지 가운데 특히 남부 이탈리아의 시켈리아 지방은 그의 삶과 철학에 결정적 영향을 미쳤다. 이곳에서 피타고라스학파를 만난 그가 정의, 용기, 절제 등 절대적인 도덕 가치가 있다는 소크라테스의 가르침을 피타고라스학파의 수학적 세계관이나 영혼관과 결합시킬 수 있었기 때문이다. "세상을 등진 자" 플라톤에게 보이지 않는 수의 세계, 보이지 않는 영혼의 세계는 불확실한 현실에서 기댈 만한 참된 세계, "보다 높은 세계"가 되었다. 남부 이탈리아 여행이 없었다면,

플라톤은 평생 소크라테스 철학의 전달자나 기록자로 남았을지도 모른다. 먼 곳으로 떠난 모험적인 여행 덕분에 플라톤은 소크라테스의 철학에 피타고라스학파의 철학을 접목한 자신의 철학을 탄생시킬 수 있었다. 다시 니체의 표현을 빌리면, 이것은 '하이브리드 철학'이었다.

첫 번째 시켈리아 여행에서 돌아온 플라톤은 새로운 철학을 펼칠 곳을 찾았다. 아고라는 더 이상 철학에 마땅한 장소가 아니었다. 장터에서 남녀노소 구별 없이 온갖 사람들과 교류한 소크라테스와 달리 플라톤에게는 젊은이들을 교육할 새로운 장소가 필요했던 것이다. 아테네 성문을 벗어나 북서쪽으로 2킬로미터 정도 떨어진 곳이 그의 마음을 끌었다. 이곳에는 영웅 아카데모스의 이름을 딴 우거진 숲과 신들을 기리는 성소와 제단 들이 놓여 있었고, 체력 단련장이 있어서 젊은이들을 모으기에 안성맞춤이었다. 플라톤은 처음에 이 체력 단련장에서 젊은이들을 교육하다가 가까운 곳에 있던 정원을 구입해 '무사의 전당'을 세우며 아카데미아의 규모를 확장했다. 나중에 아카데미아에는 집 한 채와 여러 부속 건물에 도서관까지 있었다고 한다.

철학을 위한 장소로서 아고라 대신 도성 밖의 외진 곳을 선택했다는 사실은 플라톤 철학의 근본 방향을 이해하는 데 중요한 실마리가 된다. 아고라는 보이는 것을 다루는 장소다. 거기서 사고파는 물건이 그렇고, 거기서 결정하고 처리하는 세상일이 그렇다. 플라톤의 관심은 그렇게 보이는 것이 아니라 보이지 않는 것, "보다 높은 세계"를 향해 있었다. 피타고라스학파와 교류하면서 기하학이나 수학의 진리를 믿은 그는 기하학의 도형이나 수학의 대상처럼 완전히 정의될 수 있으며 시간이나 공간에 따라 달라지지 않는 것들만이 진정한 진리의 세계를 이룬다고 생각했다. 시간과 장소에 따라 모습을 달리하는, 눈에 보이는 것들은 그에게 진리와 거리가 먼 가상의 존재에 지나지 않았다. 하지만 보이지 않는 것들에 대한 이야기는 아고라의 사람들에게 맞지 않았다. 그들에게는 눈에 보이는 것이 전부니까. 그래서 그에게는 새로운 세대의 젊은이들이 필요했다. 그나마 젊은이들은 완전하고 순수한 것을 동경하며 수학이나 기하학의 진리처럼 완벽한 진리가 통하는 세상에 대한 이야기에 귀를 기울인다. 아리스토텔레스의 말대로, "젊은이는 세상 경험이 없는 탓이다"(『니코마코스 윤리학』 VI 13). 플라톤의 아카데미아는 시장이 끝나는 곳, 현실 세계에서 벗어난 곳으로 젊은이들을 모아 보이지 않는 세계에 대해 토론할 수 있는 장소였다.

아카데미아는 성공적으로 운영되었다. 아테네뿐만 아니라 먼 도시의 젊은이들까지 성문 밖 숲속 '무사의 전당'으로 몰려들었다. 펠로폰네소스, 트라키아, 프리기아, 뮈시아는 물론 더 멀리 동쪽으로 흑해 연안의 도시들과 서쪽으로 남부 이탈리아에서도 학생들이 왔다. 『그리스철학자열전』을 쓴 디오게네스 라에르티오스의 기록에 당시 아카데미아 학생들의 명단이 실려 있는데, 출신지를 따져보면 아테네 출신 학생들이 오히려 소수다. '여학생' 두 명의 이름도 명단에 있어 흥미롭다. '만티네이아의 라스테네이아'와 '프리우스의 악시오테아'라는 여성인데, 이 중 악시오테아는 남장을 하고 아카데미아에 출입했다고 한다. 그런데 독립된 정체政體가 있는 도시 출신 아카데미아 유학생들에게는 아테네 시민권이 허락되지 않았다. 그들은 거류민, 즉 세금 납부의 의무를 지고 제한된 법적 권리를 행사하는 외지인이었다. 아테네에서 멀리 떨어진, 그리스 북부의 작은 도시 출신으로 아카데미아에 머물던 아리스토텔레스도 그런 거류민 가운데 하나였다.

스타게이라 사람, 아리스토텔레스

아리스토텔레스는 기원전 384년 그리스 북부의 작은 도시 스타게이라에서 태어났다. 아카데미아가 세워지고 3년 뒤의 일이다. 그래서 살았을 때나 죽은 뒤에나 그에게는 '스타게이라 사람'이라는 별명이 따라다녔다. 아테네에서 북쪽으로 600킬로미터 정도 떨어진 칼키디케 반도의 '올림피아다'가 그의 탄생지, '고대의 스타게이라'다. 올림피아다의 남동쪽 산언덕에는 그를 기리는 '아리스토텔레스 마을'이 있다.

나는 그리스에서 아테네 다음으로 큰 도시인 테살로니키에서 차로 한 시간 반을 달려 올림피아다에 찾아갔다. 피서철의 금요일 오후였지만, 오가는 고속도로나 사람들이 모인 해안가에서도 부산한 느낌은 들지 않았다. 맑은 물과 고운 모래가 길게 펼쳐진 해안에서 사람들은 홍겹고 편안한 한때를 보내고 있었다. 주변을 둘러보니 남동쪽 언덕 위에 둥근 성벽이 눈에 들어왔다. 성벽까지 걸어가는 데 20분도 안 걸렸다. 그 정상에 고대 도시 스타게이라의 아크로폴리스가 있다. 스타게이라는 겨우 언덕 두 개를 중심에 둔 작은 도시지만, 여느 그리스 도시와 똑같이 아크로폴리스와 아고라가 있었다. 아크로폴리스를 중심으로 산등성이를 꼬불꼬불 돌면서 좁은 둘레길이 이어진다. 언덕마루에는 집터의 흔적도 남아 있다. 이 언덕 위 '아리스토텔레스 마을'은 파괴와 재건 과정을 거쳤고, 긴 세월의 변화 속에 이제 돌무더기만 남았다. 하지만 아크로폴리스에서 바위 절벽 아래로 내려다본 스타게이라 주변의 푸른 바다는 옛 모습을 잃지 않은 듯했다. 무한히 펼쳐진 감청색 바다, 그 바다에서 몰려드는 파도, 바다와 산이 만나 이루어진 들쑥날쑥한 해안, 그 해안에 흩어진 바위. 옛 도시는 이제 폐허로 남았지만, 그 폐허에서 내려다본 자연의 시간은 마치 정지한 것 같았다. 어린 아리스토텔레스가 처음 접한 경이로운 자연이 바로 이 언덕에서 내려다본 바다가 아니었을까?

올림피아다에서 해안과 산중 도로를 거쳐 남서쪽으로 25킬로미터 정도 돌아들면, 아리스토텔레스를 기억하는 또 다른 장소가 있다. 그의 고향 이름을 딴 스타게이라 마을 입구에 있는 '아리스토텔레스의 숲'이다. 적당한 장소에 잘 꾸며진 공원 한복판, 아리스토텔레스가 오른손에 파피루스 두루마리를 펼쳐 든 채 높은 기단 위에 서 있다. 그의 뒤로 검은색에 가까운 초록빛 산이 웅크리고 있고, 앞으로는 감청색 바다가 멀리 보이는 아름다운 숲이다. 내가 찾았을 때는 땅거미가 내리기 시작하는 늦은 오후라서 분위기가 더 그윽했다. 게다가 조용하고 시원했다. 숲 한구석의 살구나무에서 살구를 마음껏 따 먹을 수도 있었다. 나중에 배탈이 전혀 안 났으니, 농약을

치지 않은 것 같다. 해시계·컴퍼스·렌즈·프리즘·망원경 등 갖가지 관측기구가 아리스토텔레스의 입상을 에워싸고, 잔디밭 곳곳에 놓인 석판에는 아리스토텔레스의 글귀가 새겨져 있다. '운동'이 전시의 주제다.

> "어떤 것도 영원히 운동하지 않는다."
> "움직이는 것은 필연적으로 어떤 것에 의해 움직여진다."
> "모든 움직이는 것 가운데 맨 처음 움직임을 낳는 것은 움직이지 않기에."

『자연학*Physica*』의 글귀들이다. 이 공원이 소개하는 아리스토텔레스는 철학자보다 자연학자다.

아리스토텔레스가 태어날 무렵 스타게이라는 역사가 길지 않은 도시였다. 이 도시는 기원전 7세기 중반에 세워졌다. 기원전 656년, 그리스인들의 식민지 개척이 한창이던 때 남쪽 섬 안드로스 사람들이 이곳에 정착하기 시작한 것이 도시의 기원이다. 그 뒤 에우보이아 섬의 칼키스에서도 사람들이 왔다. 이런 이주의 역사는 스타게이라가 있는 반도의 이름 '칼키디케'에 흔적을 남겼다. '칼키디케'는 '칼키스 사람들의 땅'이라는 뜻이다.

스타게이라는 인근의 은광 덕에 번영을 누리면서, 고대 그리스에 밀어닥친 역사의 쓰나미를 피할 수 있었다. 변방이라, 그리스 전역을 휩쓴 페르시아전쟁(기원전 492~기원전 479)의 화를 피한 것이다. 크세르크세스의 군대가 "스타게이로스(스타게이라) 옆을 지나"(헤로

아리스토텔레스의 숲

아리스토텔레스의 고향 이름을 딴 스타게이라 마을 입구에 '아리스토텔레스의 숲'이라는 공원이 있다. 높은 기단 위에 선 그의 손에는 지식 전달의 도구인 파피루스가 들려 있고, 해시계를 비롯한 갖가지 관측기구와 잔디밭 곳곳에 놓인 석판은 그를 자연학자로서 소개한다.

도토스, 『역사』 VII 115) 그리스 본토로 진군했기 때문이다. 페르시아전쟁이 끝나고 약 50년이 지난 뒤 펠로폰네소스전쟁이 일어나 그리스 도시국가들이 갈등과 분열 상태에서 힘을 소진하는 동안에도 스타게이라의 상황은 크게 달라지지 않은 것으로 보인다. 전쟁이 지루하게 이어진 30년 동안 스타게이라를 비롯한 칼키디케 반도의 여섯 도시국가들은 상대적으로 독립적이고 중립적인 태도를 견지했기 때문이다. 전쟁이 끝난 뒤 스타게이라는 칼키디케 반도에서 가장 큰 도시국가 올륀토스의 주도하에 주변의 도시들과 칼키디케 동맹을 맺었지만, 이 때문에 자율성을 잃지는 않았다.

이렇게 상대적으로 안정을 누리던 스타게이라는 인근 마케도니아왕국이 새로운 세력으로 부상하면서 상황의 변화를 맞는다. 이웃이 땅을 사고 건물을 높이면 당장 내 집 창가에 그늘이 드리우는 것을 피할 수 없다. 스타게이라의 상황이 그랬다.

본래 마케도니아는 그리스 세계에서 존재감 없는 변방의 작은 왕국이었다. 지역적인 차이뿐만 아니라 정치적인 이유에서도 다른 그리스인들에게 이방의 나라처럼 대우받던 곳이다. 토호의 힘이 강한 마케도니아에서는 그리스 도시국가들의 특징인 시민 공동체가 발달하지 않았기 때문이다. 아리스토텔레스도 마케도니아 사람을 미개인으로 취급했을 정도다.

하지만 기원전 5세기 초부터 서서히 변화가 일어났다. 마케도니아도 기원전 495년 이후 그리스 전역의 도시국가들을 위한 올림피아 경기에 참여하게 되었고, 그리스 문화와 활발한 접촉을 꾀하기 시작했다. 특히 '그리스의 친구' 아르켈라오스 1세(재위 기원전 413~

기원전 399)가 그리스인들과 유대를 강화하는 데 기여했다. 그는 수도를 아이가이(현재의 베르기나)에서 펠라로 옮기고, 새로운 수도로 당대의 유명한 예술가와 시인 들을 초청했다. 그리스 고전기 비극을 대표하는 최후의 인물 에우리피데스도 펠라에서 만년을 보내며 작품을 썼다. 소크라테스도 초청받았지만 거절했다고 한다. 고지와 저지로 분열되어 토호가 득세하던 마케도니아는 아르켈라오스 1세가 죽은 뒤 7년 동안 혼란의 수렁에 빠져들었지만, 이 상황이 신흥 강국의 부상을 좌절시킬 만큼 심각하지는 않았다. 펠로폰네소스전쟁으로 힘을 뺀 뒤에도 패권 다툼을 거듭하던 그리스 남쪽의 도시 국가들이 처한 상황이 더 심각하고 혼란스러웠기 때문이다. 혼란을 수습하고 왕위에 오른 아뮌타스 3세(재위 기원전 393~기원전 370)는 분열되어 있던 마케도니아를 마침내 통일했다. 그는 스타게이라를 포함한 칼키디케 반도의 도시들과 동맹을 맺고 그리스인들에게 접근하면서 세력을 키웠다. 이렇게 필립포스 2세와 그의 아들 알렉산드로스를 위한 무대가 마련되고 있었다. 아리스토텔레스가 태어날 즈음의 상황이 이랬다. 훗날 마케도니아왕국을 그리스의 패권 국가이자 세계 제국으로 키워낸 필립포스와 알렉산드로스는 아직 태어나지 않았다.

의사 아버지의 그림자

아리스토텔레스의 집안은 마케도니아 왕가와 가까운 사이였다.

그의 아버지 니코마코스가 유서 깊은 의사 가문 출신으로, 아뮌타스 3세의 궁정 의사이자 친구였기 때문이다. 어머니 파이스티스도 에우보이아 섬 칼키스의 의사 집안 출신이었다고 한다.

이러한 가족사는 아리스토텔레스의 유년 시절을 추측하는 데 중요한 단서가 된다. 스타게이라에서 마케도니아의 수도 펠라까지는 150킬로미터가 넘는다. 자동차로 달려도 두 시간이 넘게 걸리는 이 거리를 오가면서 니코마코스가 아뮌타스 3세를 돌봤으리라고 생각하기는 어렵다. 그는 펠라의 왕궁에 머물렀을 것이고, 아들도 아버지를 따라 그곳에서 많은 시간을 보냈을 것이다. 이렇게 마케도니아 왕가와 맺어진 인연은 평생 아리스토텔레스를 따라다녔다. 스타게이라와 마케도니아를 떠나고 25년이 지난 뒤 아리스토텔레스는 아뮌타스 3세의 손자 알렉산드로스의 가정교사로서 다시 펠라를 찾는다. 오랜만에 다시 찾은 왕궁에서 그는 자신의 유년 시절과 아버지의 모습을 어떻게 떠올렸을까?

아리스토텔레스에게는 누나 아림네스테와 동생 아림네스토스가 있었다. 그의 양친은 3남매를 남기고 일찍 세상을 떠났다. 기원전 370년 이전의 일로 추측되는데, 그렇다면 아리스토텔레스가 열네 살도 되기 전이다. 그 뒤 그를 돌본 사람은 소아시아의 도시 아타

스타게이라의 언덕에서 내려다본 바다

아리스토텔레스의 고향 스타게이라는 폐허로 변했지만, 그 아래로 내려다보이는 자연의 시간은 마치 정지한 것 같다. 무한히 펼쳐진 감청색 바다, 바다와 산이 만나는 들쑥날쑥한 해안. 어린 아리스토텔레스가 처음 만난 경이로운 자연이 바로 이 바다가 아니었을까?

르네우스 출신인 프로크세노스다. 아타르네우스는 레스보스섬 건너편에 있는 도시로 지금은 터키 땅이다. 프로크세노스는 니코마코스의 친구로 마케도니아 왕가와 교류했으며 나중에는 아리스토텔레스의 누이와 결혼했다. 자형이 10대 중반의 아리스토텔레스를 돌본 셈이다. 훗날 아리스토텔레스는 자형의 고향인 아타르네우스와 새로운 인연을 맺지만, 10대에도 그곳에 머물렀는지는 확실하지 않다. 프로크세노스에 대해서도 알려진 것이 많지 않지만, 아리스토텔레스 연구자들은 그가 아리스토텔레스의 교육을 위해 많은 노력을 기울였을 것이라고 추측한다. 후견인의 노력 덕분에 아리스토텔레스가 아테네의 아카데미아로 유학을 떠날 수 있었다는 것이다. 프로크세노스가 플라톤이나 아카데미아의 다른 구성원들과 친분이 있었고, 이들을 통해 어린 아리스토텔레스를 추천한 것 같다. 물론 아리스토텔레스도 그의 은혜를 잊지 않았다. 그는 프로크세노스를 위해 조각상을 세워달라는 유언을 했다. 또 유언장에서 그가 장래의 사위로 지목한 니카노르가 바로 프로크세노스의 아들이다.

아리스토텔레스의 집안 이야기로 돌아가보자. 앞서 말했듯이, 그의 어머니는 칼키스에서 스타게이라로 이주한 사람들의 후손이다. 아리스토텔레스는 칼키스에 남아 있던 어머니의 집에서 생애의 마지막 해를 보내기도 했다. 어머니를 위해 데메테르에게 바치는 상을 세워달라는 부탁이 그의 유언장에 담겨 있다. 반면에, 그는 아버지에 대한 말을 한마디도 남기지 않았다. 유언장은 물론이고 후대의 전기적 기록에도 그의 아버지에 대한 언급이 전혀 없다. 우리가 아는 것은 아버지 이름이 니코마코스였으며 아리스토텔레스가 열네 살이 되기 전에 그가 세상을 떠났다는 사실뿐이다.

아리스토텔레스의 아버지가 이처럼 철저히 베일에 가려진 이유는 무엇일까? 아리스토텔레스에게 아버지는 어떤 존재였고 어떤 영향을 미쳤을까? 확인할 수 있는 것은 없다. 기껏해야 아리스토텔레스의 저술 곳곳에 흩어진, 의사와 의술에 대한 발언을 통해 아버지의 희미한 그림자를 확인할 수 있을 뿐이다. 아리스토텔레스는 여러 차례 의사의 치료 과정에서 자연현상을 유추했고, 정치가나 자연학자 등의 활동을 의사의 활동과 비교해 설명했다. 조금 과장하면, 그에게 의사의 치료 과정이나 활동은 자연의 사건과 인간의 활동을 이해하는 지침이 된다. 아버지의 모습이 아리스토텔레스의 학문적 태도에 깊은 흔적을 남긴 것이 아닐까?

물론 아리스토텔레스 이전 철학도 의술에서 많은 것을 배우고 철학적 논의에 의술의 사례를 많이 가져왔다. 예를 들어, 플라톤은 『국가』에서 개인이나 국가 공동체의 정의로운 상태를 신체의 건강에 비유했다. 즉 건강이 다양한 신체 요소의 조화에서 비롯하듯, 개인의 정의는 영혼을 이루는 서로 다른 부분의 조화에 그리고 국가의 정의는 국가를 구성하는 여러 부류 사람들의 조화에 놓여 있다고 말한다. 플라톤은 정치가의 조건을 의사의 조건과 비교하기도 한다. 훌륭한 의사가 몸에 대해 잘 알듯이 훌륭한 정치가는 사람들의 마음, 즉 그들의 '영혼'에 대해 잘 알아야 한다는 것이다. "영혼의 탁월함과 국가의 행복을 전문적인 일로 삼는 훌륭한 입법자는 훌륭한 의사처럼 사람의 본성에 대해 잘 알아야 한다"(『프로트렙티코스*Protrepticus*』)는 아리스토텔레스의 말에도 똑같은 생각이 담겼다. 하지만 근본적인 차이가 하나 있다. 플라톤은 철학적 논의의 중요한 대목마다 의술의 사례를 끌어오면서도 정작 의술의 실제 대상, 즉 사람의 몸을 포함한 물질의 세계를 학문적 논의의 영역에서 배제했다. 물질적인 것들은 끊임없이 변하고 사라지기 때문에 "최고의 시문학"인 철학이 다루기에 충분한 가치를 갖지 못한다는 것이 그 이유였다. 아리스토텔레스는 이런 생각을 결코 받아들이지 않는다.

> 만일 어떤 사람이 다른 생명체들에 대한 관찰을 무가치한 것으로 여긴다면, 그는 자기 자신에 대해서도 똑같은 방식으로 생각해야 마땅하다. 왜냐하면 커다란 혐오감 없이는 인간을 이루는 부분들, 즉 피·살·뼈·혈관을 비롯해 그런 종류의 다른 부분들을 눈에 담을 수 없기 때문이다.
>
> —『동물부분론*De Partibus Animalium*』I 5

아리스토텔레스가 비판하는 "어떤 사람"이 플라톤일 수도 있다. 플라톤은 아리스토텔레스에게 '아버지' 같은 존재, 독일에서 박사 논문 지도 교수를 가리키는 '독터파터Doktorvater'와 같았다. 그는 아버지와 함께한 시간보다 스승과 함께한 시간이 더 길었다. 하지만 아리스토텔레스 철학의 기본 방향을 결정한 것은 아버지 니코마코스와 유년 시절 그의 곁에서 체험한 의사의 세계, 인체를 포함한 물질의 세계다.

아카데미아의 지독한 책벌레

아리스토텔레스의 아카데미아 유학 동기에 대해 여러 가지 설이 전해진다. 전기 작가 디오게네스 라에르티오스의 기록 가운데 아리스토텔레스가 아버지의 유산을 탕진한 뒤 지원한 군대에서 적응하지 못해 약초를 팔러 다니다가 아카데미아에 입학했다는 험담도 실려 있다. '약초를 팔러 다녔다'는 말에 일말의 진실이 담겨 있는 것 같다. 어렸을 때부터 의사인 아버지 곁에서 각종 질병에 효험 있는 약초를 보고 자란 아리스토텔레스는 식물의 모양새와 효능을 귀신같이 구별해낼 수 있었을 것이다. 19세기에 가장 탁월한 관찰자이자 자연학자였던 알렉산더 폰 훔볼트의 어렸을 때 별명도 '꼬마 약재상'이라고 하지 않나? 하지만 아리스토텔레스의 아카데미아 입학 동기에 대한 다른 이야기들은 그대로 받아들이기 어렵다. 그를 경쟁자로 여긴 에피쿠로스가 악의적 소문을 퍼뜨렸고, 그의 제자들도 아리스토텔레스를 헐뜯는 기록을 많이 남겼기 때문이다. 더 믿을 만한 다른 기록에 따르면, 아리스토텔레스를 돌봐준 프로크세노스가 플라톤과 친분이 있었기 때문에 그에게 아리스토텔레스를 보냈다고 한다. 정말 두 사람 사이에 친분이 있었는지는 확실치 않지만, 교육을 중시한 프로크세노스의 배려와 이미 높은 명성을 누리던 아카데미아에서 공부하려는 아리스토텔레스의 바람이 그를 플라톤 문하로 이끌었다고 추측할 수 있다.

하지만 아리스토텔레스가 유학을 위해 아카데미아를 찾은 기원전 367년 아테네에 플라톤은 없었다. 그가 두 번째 시켈리아 여행을 떠났기 때문이다. 플라톤이 자리를 비운 2년 동안 아카데미아의 임시 책임자는 30대 초반의 천문학자이자 수학자인 에우독소스였다. 그의 이름은 아리스토텔레스의 저술에도 등장한다. 『형이상학』 12권에 그의 천문학 이론이 자세히 소개되어 있고, 『니코마코스 윤리학』에는 쾌락주의를 대표하는 사람으로 등장한다. 에우독소스는 주변 사람들에게 존경받는 인격자였기 때문에, 즐거움이 최고의 선이라는 그의 말을 사람들이 쉽게 받아들였다고 한다. 그에게는 성품을 통해 사람을 설득하는 힘이 있었던 것 같다.

아리스토텔레스는 20년 동안 아카데미아에 머무르며 처음 10년은 학생으로서 배우고, 다음 10년은 강의자로서 교육과 연구에 몰두했다. 그를 비방하는 사람들조차 그의 재능은 인정하지 않을 수 없었다. 그를 유산을 탕진하고 낯선 도시로 흘러든 떠돌이 '약장수'로 조롱한 에피쿠로스까지 그가 '재능이 없지 않아서' 점차 아카데미아의 청강생 수준을 벗어나 높은 단계에 접어들었다는 말을 남겼다. 그 무렵 플라톤을 찾아 아카데미아에 왔다가 젊은 아리스토텔레스의 강의에 매료되어 그를 스승으로 삼은 사람 가운데 훗날 일생일대의 동반자가 된 테오프라스토스라는 젊은이도 있었다. 아리스토텔레스의 학문적 성취가 뛰어난 재능 덕만은 아니다. 그가 잘 때 청동 구슬을 손에 쥐고 그 밑에 접시를 두었다는 말이 있는데, 구슬이 접시에 떨어지면 그 소리를 듣고 잠에서 깨기 위해 그랬다고 한다.

그는 지칠 줄 모르고 도서관에서 글을 읽었고, 그 모습을 지켜본 사람들은 그를 '독서가'라고 불렀다. 혼자 글을 읽고 쓰는 것보다 사

아일랜드 더블린에 자리한 트리니티대학교 도서관의 아리스토텔레스 흉상

단테 알리기에리가 "모든 지식인의 스승"이라고 부른 아리스토텔레스는 서양 학문의 역사에서 자연 세계를 관찰과 연구의 대상으로 열어 보여준 최초의 거인이다. 유럽의 유서 깊은 대학 곳곳에서 그의 다양한 모습과 마주치는 것은, 그의 학문이 우리 시대에도 여전히 유효한 통찰을 담고 있기 때문이다.

람들 사이에서 연설하고 토론하는 것을 더 중시한 당시 아테네의 분위기를 생각하면, 이 별명에 호의만 담기지는 않았을 것이다. 플라톤 역시 글을 '죽은 말'이라고 폄하했으니, 아카데미아에서 '독서가'는 '책벌레'처럼 얼마간 비웃음을 담은 표현이 아니었을까? 헝클어진 머리, 꼬질꼬질한 옷차림, 오직 종이 위에서만 빛나는 안광, 골방의 독서……. 하지만 아리스토텔레스의 실제 모습은 책벌레라는 말에서 우리가 떠올리는 것과 달랐다. 아테네 고고학 박물관에 있는 노년의 아리스토텔레스 두상은 적은 머리숱, 생각에 잠긴 듯 작은 눈, 튀어나온 광대뼈와 움푹 파인 볼을 덮은 턱수염이 특징적이다. 그가 외모를 잘 꾸미는 멋쟁이였다는 기록도 많다. 유행에 맞춰 머리를 짧게 깎고 손가락에 반지를 여러 개 끼었으며 다리는 길고 가늘었다고 한다. 말도 유창해서 대화나 강의에서 사람들을 끄는 힘이 있었다고 한다. 이런 몸가짐이나 태도에 아버지의 영향이 남은 것 같다. 당시 의사들이 겉모습과 말을 중요하게 여겼기 때문이다. 『히포크라테스 전집*Corpus Hippocraticum*』에 속한 「의사에 대하여De Medico」라는 짧은 논문에 따르면, 의사는 혈색과 피부가 좋아야 하고 깨끗하고 정숙한 옷차림에 은은한 향기를 풍기는 기름을 발라야 한다. 건강을 과시하면서 환자에게 쾌적함을 주기 위해서다. 또 의사는 절도 있고 머뭇거리지 않는 말로 상대방에게 신뢰감을 주어야 한다. 이런 것은 이 마을과 저 마을, 이 도시와 저 도시를 떠돌면서 환자들을 모아야 했던 의사들에게 꼭 필요한 몸가짐이자 덕목이었다.

아카데미아 시절 아리스토텔레스에게는 더 영광스러운 별명도 있었다. 남다른 재능을 인정받아 '아카데미아의 지성'이라고 불린 것이다. 하지만 아카데미아의 지성은 아카데미아의 학풍을 답습하지 않았다. 아리스토텔레스는 플라톤이 살아 있을 때부터 그의 철학, 특히 이데아론에 대한 날카로운 비판자였다. 그가 보기에, 비물질적이고 영원히 존재하는 원형에 관한 이데아론은 세상을 감각적인 사물과 보이지 않는 이데아로 불필요하게 나누는 이론이었기 때문이다. 아리스토텔레스는 아카데미아 시기에 쓴 초기 저술들에서부터 이미 플라톤의 이데아론을 "매미 소리"라고 잘라 말한다. 뜻 없는 '헛소리'라는 말이다. "형상에 대해 이별을 고하자. 형상은 매미 소리이며, 만일 그것들이 있다고 해도 설명에 아무 쓸모도 없다."(『분석론 후서*Analytica Posteriora*』 II 22) 이렇게 신랄한 비판에도 그가 별 탈 없이 아카데미아에 20년 동안 머물렀다는 사실이 믿어지지 않을 정도다. 플라톤은 아리스토텔레스의 비판이 듣기 거북해도 관대함을 잃지 않은 것 같다. 사실 아리스토텔레스뿐만 아니라 그보다 나이가 많은 스페우십포스나 크세노크라테스도 플라톤의 이론과 다른 이론을 내세웠지만, 아리스토텔레스의 비판은 그보다 훨씬 더 근본적인 것이었다. 다른 두 사람이 수의 본성을 비롯한 수학적 문제들에 몰두해 플라톤의 철학 경향을 고수한 반면, 아리스토텔레스는 그러지 않았기 때문이다.

논변의 도구 '오르가논'

아카데미아 시절 아리스토텔레스는 대중을 위한 대화편과 아카데미아 내부 구성원들을 위한 강의록을 썼다. 논리학 저술 중 많은 부분이 이 시기 작품으로 알려져 있고, 후대에 이것들은 학문의 '도구'를 뜻하는 '오르가논'이라는 이름으로 함께 묶였다. 아카데미아를 대표하는 '지성'의 치밀하고 예리한 분석력을 남김없이 보여 주는 논리학 저술들은 로고스를 중시한 그리스 문화의 정점이다.

논리학은 '로고스', 즉 '말'에 대한 학문이다. 말의 기본 특징은 단순한 것들이 결합해 복잡한 것을 이루는 데 있다. 낱말이 결합해 진술을 이루고, 진술이 결합해 추론을 이룬다. '로고스'라는 단어는 말의 이런 중층 구조를 잘 보여준다. 로고스는 '모으다'를 뜻하는 동사 '레게인legein'과 어원이 같다. 예를 들어, 돌을 모아 벽을 쌓는 행동을 그리스인들은 '레게인'이라고 불렀다. 낱말에서 진술을, 진술에서 추론을 만들어내는 말하기는 낱낱의 돌을 모아 벽을 쌓아 올리는 과정과 같다.

따라서 '로고스에 대한 학문'으로서 '논리학'이 복합적인 것을 이루는 단순한 요소를 찾아내고 그 성분과 기능을 분석하는 데 먼저 관심을 기울이는 것은 당연하다. 예컨대 "소크라테스는 사람이다"라는 진술은 '소크라테스' '사람' '이다'가 합쳐진 것이기 때문에 이 부분들의 성분과 기능을 따져봐야 한다. 하지만 말에 대한 연구에서 부분에 대한 분석보다 더 중요한 것이 있다. 단순한 것들이 모여 더 복잡한 수준의 말이 되게 하는 방식, 즉 결합 방식에 대한 올바른 규정이다. 똑같은 부분들로 이루어져도, 결합 방식에 따라 전혀 다른 말이 될 수 있기 때문이다. "사람은 소크라테스다"와 "소크라테스는 사람이다"는 똑같은 부분들로 이루어져 있지만, 진술의 진리값이나 의미가 전혀 다르다. 결합 방식의 차이 때문이다. 따라서 말에 대한 학문인 논리학에서는 복합적인 말의 부분을 분석하는 일과 함께 그 부분의 관계와 결합 방식을 살피는 일이 핵심 과제가 된다.

아리스토텔레스의 논리학 체계는 이런 말의 중층 구조를 반영해서 짜여 있다. 그의 논리학에서 첫자리에 오는 『범주론』은 "결합되지 않는 말들"을 다룬다. 다음 진술을 보자.

"소크라테스는 사람이다." (실체)

"소크라테스는 지혜롭다." (질)

"소크라테스는 키가 크다." (양)

"소크라테스는 말한다." (능동적 작용)

"소크라테스는 아고라에 있다." (장소)

"소크라테스는 크산티페의 남편이다." (관계)

『범주론』은 이 다양한 진술에서 술어 자리에 오는 '사람' '지혜롭다' '키가 크다' '말한다' '아고라에 있다' '크산티페의 남편' 등을 '실체' '질' '양' '능동적 작용' '장소' '관계' 같은 범주로 분류한다. 아리스토텔레스는 특히 실체의 범주에서 '첫째 실체'와 '둘째 실체'를 구별하면서, 진술에서 술어가 되지 않고 항상 주어 구실만 하는 '소크라테스'와 같은 개체를 '첫째 실체'라고 불렀다.

아리스토텔레스가 술어의 종류를 '범주'라고 부른다는 사실에 주목할 필요가 있다. 이 표현은 그가 『범주론』를 쓰면서 어떤 상황을 염두에 두었는지를 잘 보여주기 때문이다. 범주를 뜻하는 그리스어 '카테고리아kategoria'나 '카테고레인kategorein'은 본래 법률 용어다. 카테고리아는 '고발'을 뜻하며 카테고레인은 '고발하다' '(고발장에서) 진술하다'를 뜻한다. 소크라테스를 고발해서 법정에 세우려면 그의 신상과 행동에 대한 진술이 필요하다. 앞에서 본 "소크라테스는 아고라에 있다" "소크라테스는 크산티페의 남편이다" 등이 그런 진술의 예다. 아리스토텔레스는 말을 분석하면서 법정의 진술을 출발점으로 삼았는데, 이는 시민 배심원의 참여하에 재판을 진행한 그리스의 법 문화와 논리학의 연관성을 드러내는 대목이다.

'결합되지 않는 말'(낱말)이 모여 '결합된 말'(진술)을 이룬다. "소크라테스는 사람이다" "소크라테스는 아고라에 있다" "소크라테스는 말한다" 등은 그렇게 결합된 말이다. 물론 이런 긍정 진술만 있는 것은 아니다. "소크라테스는 돼지가 아니다" "소크라테스는 말을 듣지 않는다" 같은 부정 진술도 있다. 진술의 종류를 나누는 다른 관점도 가능하다. "소크라테스는 사람이다"는 한 사람에 대한 진술이지만, "모든 사람이 동물이다"는 모든 사람에 대한 진술이다. 또 "몇몇 사람들은 아테네인이다"처럼 일부 대상에 대한 진술도 있고, "쾌락은 좋은 것이 아니다"처럼 주어에 수적인 규정이 붙지 않는 진술도 있다. 이렇게 진술을 긍정이나 부정, 전칭이나 특칭 등 여러 관점에서 분류하고 각각의 구성 조건을 다루는 것이 아리스토텔레스의 『명제론』이다.

아테네 학술원의 소크라테스 좌상

아테네 철학의 족보는 소크라테스에서 플라톤으로, 플라톤에서 아리스토텔레스로 이어진다. 앞선 두 스승의 철학이 인간과 그 너머의 초월적 세계를 향했다면, 아리스토텔레스는 철학의 관심을 자연으로 돌려놓았다.

하지만 뭐니 뭐니 해도 아리스토텔레스 논리학의 정점은 이른바 '삼단논법'의 형식을 분석한 『분석론*Analytica*』이다. 우리가 잘 알듯이, 삼단논법은 세 개의 진술로 이루어진 추론 형식이다. "모든 동물은 죽는다. 모든 사람은 동물이다. 따라서 모든 사람은 죽는다"가 대표적인 예다. 그런데 삼단논법이라고 옮긴 그리스어 '쉴로기스모스syllogismos'의 본래 뜻은 훨씬 더 넓다. '로고스들을 모으다'라는 뜻의 이 말은 진술뿐만 아니라 수나 사실을 모아서 계산하거나 추리하는 모든 과정을 가리킨다. 아리스토텔레스도 쉴로기스모스를 "어떤 것이 정립된 뒤 그렇게 놓인 것과 다른 어떤 것이 앞서 정립된 것들이 참이라는 이유에서 필연적으로 따라 나오는 진술"(『분석론 전서*Analytica Priora*』 I 1)이라고 정의했다. 이 정의에 따르면 전제가 꼭 두 개여야 할 필요는 없다. 그럼 아리스토텔레스는 왜 『분석론』에서 두 가지 전제와 한 가지 결론으로 구성된 추론을 전형으로 삼아 삼단논법의 형식을 분석하려고 했을까?

앞에 있는 삼단논법의 예를 다시 한 번 살펴보자. 삼단논법을 이루는 진술에 세 낱말이 등장하는데, 이것들이 다음과 같은 형태의 조합을 이룬다.

죽는다 ············ 동물 ············ 사람
(대개념) (매개념) (소개념)

여기서 '죽는다'는 '동물'에 속하고(모든 동물은 죽는다), '동물'은 '사람'에 속한다(모든 사람은 동물이다). 이로부터 '죽는다'가 '사람'에 속한다(모든 사람은 죽는다). 즉 이 추론이 성립하는 것은 '죽는다'와 '동물'과 '사람' 사이에 이행 관계가 성립하기 때문이다. 그리고 이 이행 관계에서 중요한 것은 중간에 오는 '동물'이다. 이것이 '죽는다'와 '사람'을 연결하는 다리 구실을 하기 때문이다. 아리스토텔레스는 양쪽 끝에 오는 것들을 '대개념'과 '소개념'이라고 부르고, 중간에 오는 항을 '중개념' 또는 '매개념'이라고 부른다. 결국 삼단논법이란, 매개념을 통해 대개념이 소개념에 속하는 이유를 증명하는 추론이다. 이런 목적을 이루려면 추론의 전제에 최소한 세 가지 개념이 등장해야 하고, 이를 위해 적어도 두 가지 진술(전제)이 필요하다. 아리스토텔레스가 삼단논법을 추론의 전형적 사례로 내세운 이유는, 그것이 결론에서 드러나는 주어와 술어의 관계를 증명하는 데 필요한 최소 형식이라는 데 있다.

물론 세 가지 단어가 조합을 이룬다고 해서 항상 추론이 성립하는 것은 아니다. "모든 동물은 죽는다. 모든 사람은 죽는다. 따라서 모든 동물은 사람이다." 이 조합은 겉보기에 추론 같아도 '타당한' 추론이 아니다. 여기서 두 가지 전제는 모두 참이지만 그로부터 참인 결론이 따라 나오지 않는데, '죽는다'가 '동물'과 '사람' 양쪽에 술어가 됨으로써 둘을 연결하는 매개념 구실을 못 하기 때문이다. 아리스토텔레스는 『분석론』에서 세 가지 진술이 타당한 추론을 이루려면 어떤 방식으로 결합해야 하는지, 그리고 그렇게 타당한 형식의 추론이 학문적인 앎으로 이어지려면 결합하는 진술들이 어떤 진리값을 가져야 하는지를 체계적으로 연구했다.

삼단논법 추론을 다루는 『분석론』은 언제 보아도 놀라움을 자아낸다. 그야말로 '아카데미아의 지성'이 무에서 창조한 유의 세계다. 논리학이 아리스토텔레스 덕분에 '학문의 안전한 길'(『순수이성비판』)을 걸을 수 있게 되었다는 임마누엘 칸트의 말은 공연한 찬사가 아니다. 물론 16세기 이후에는 아리스토텔레스의 논리학을 구시대의 유물처럼 보는 사람들이 등장했다. 영국의 프랜시스 베이컨을 비롯해서 그런 사람들은 삼단논법이 새로운 사실을 발견하는 데 아무 도움도 못 준다고 투덜거렸다. 언뜻 적절한 불만 같지만, 이것은 아리스토텔레스의 본뜻을 전혀 고려하지 않은 비판이다. 그의 삼단논법 이론은 새로운 사실을 발견하기보다는 이미 주어진 사실이나 주장을 정당화하는 방법을 제시하는 데 목적이 있었기 때문이다. 이런 사실은 아카데미아의 교육 방법을 배경에 두고 살펴보면 분명해진다.

아카데미아의 교육과정에서 중요한 구실을 한 것은 자기주장을 정당화하고 타인의 주장을 반박하는 논변 연습이다. 이 연습은 두 대화자 가운데 한쪽이 질문하고 다른 쪽은 대답하면서 이루어진다. 이때 질문을 '프로블레마problema'라고 하는데, 이는 질문자가 대답하는 사람 앞에 던진 '장애물'을 뜻한다. 질문자가 묻는다. "쾌락은 좋은 것인가?" 대답자는 '예'와 '아니요' 중 하나를 선택하고 자기주장을 결론으로서 정당화할 수 있는 전제들을 찾아내야 한다. "쾌락은 모든 동물이 추구한다. 모든 동물이 추구하는 것은 좋다. 따라서 쾌락은 좋다." 이런 추론을 만들어 자기주장을 옹호할 수도 있다. 반면에, 질문자의 과제는 이 결론을 부정 추론으로 엮어내는 것이다. 앞의 추론에 대해 "쾌락은 이성의 활동을 방해한다. 이성의 활동을 방해하는 것은 나쁘다. 따라서 쾌락은 나쁘다." 하고 반론을 제기할 수 있다. 아리스토텔레스의 논리학, 특히 삼단논법에 관한 이론은 이런 논변 상황에서 자기주장을 근거 있게 제시하고 타인의 주장을 논파하기 위한 방법을 모색하는 과정에서 성취한 결과물이다.

아리스토텔레스는 결코 자기 업적을 내놓고 보이는 사람이 아니었다. 하지만 논리학 저술의 마지막 부분에는 아주 예외적으로 자신의 업적에 대한 자부심을 드러냈다.

> 연설의 기술에 대해서는 과거에도 많은 이야기가 있었다. 하지만 추론에 대해서는 우리가 오랜 시간 노력을 기울여 새로운 것을 발견해낼 때까지 할 말이 전혀 없었다. 시작할 때의 이런 상황을 고려하건대 이 탐구가 여러분에게 전통으로부터 성장한 다른 연구에 견주어 모자람 없이 만족스러운 상태에 있는 것처럼 보인다면, 이제 이 강의를 듣는 여러분 모두에게는 탐구에서 빠진 점에 대해서는 아량을 보이고 탐구된 것에 대해서는 큰 고마움을 나타내는 일이 남았을 것이다.
>
> —『소피스트적 논박*Sophistici Elenchi*』 I 34

아리스토텔레스의 대화편 『에우데모스』

법정 연설문 형식인 『소크라테스의 변론』이나 편지 몇 통 등 극히 일부를 제외하면 플라톤이 쓴 글은 모두 대화 형식이다. 아리스토텔레스를 비롯한 아카데미아의 구성원들도 플라톤의 글쓰기 방식을 본받아 대화편을 썼다. 문헌에 따르면, 아리스토텔레스의 대화편은 17~18편에 이르며 파피루스 두루마리로 16개 정도다. 이는 플라톤 대화편의 3분의 1, 전체 아리스토텔레스 저술의 10퍼센트를 차지하는 분량이다. 이 대화편들을 직접 읽은 키케로는 "황금의 강물이 흐르듯 유려한 아리스토텔레스"라는 찬사를 남겼지만, 현재 우리에게는 단편만 전한다. 이마저 본래 대화편의 내용이 아니라 후대의 요약문이라서 키케로가 예찬한 아리스토텔레스 대화편의 참맛을 확인하기는 어렵다.

제목과 단편만 전하는 아리스토텔레스의 대화편 가운데 가장 널리 알려진 것은 『영혼에 대하여』이다. 이 대화편은 주인공의 이름에 따라 『에우데모스』로 더 잘 알려져 있다. 대략 기원전 354년 이후, 그러니까 아리스토텔레스가 서른을 넘긴 뒤 쓴 것으로 추측되는 이 대화편의 주인공 에우데모스는 퀴프로스 출신으로 플라톤의 제자였으며 기원전 354년 쉬라쿠사이 인근에서 벌어진 전투 중 사망했다.

『에우데모스』는 주인공이 마케도니아 원정 중 페라이라는 도시에서 병을 얻어 사경을 헤맬 때 꾼 꿈 이야기로 시작된다. 꿈에 아름다운 젊은이가 나타나 5년 뒤 고향으로 돌아갈 것이라고 예언한다. 5년 뒤 시켈리아에서 에우데모스가 꿈을 떠올리면서 귀향을 기대하지만 희망은 이루어지지 않았다. 실제로 그에게 다가온 것은 귀향이 아니라 죽음이었다. 에우데모스의 꿈은 거짓이었을까?

대화편에 담긴 것은 또 다른 귀향 이야기다. 이에 따르면, 에우데모스의 영혼이 죽음을 통해 육체에서 풀려나 참된 '고향'으로 돌아갔다. 죽음은 영혼이 육체로부터 해방되는 것이고, 그 뒤에는 더 나은 삶이 있다. 이는 플라톤의 대화편 『파이돈』에 담긴 생각과 똑같다. 잘 알려져 있듯, 『파이돈』은 소크라테스가 감옥에서 독배를 마시기 전에 그를 찾아온 사람들과 나누는 영혼의 불멸성에 관한 대화다. 이 대화편에서 플라톤은 스승의 입을 빌려 영혼의 불멸성을 논증하면서, 인간의 영혼이 육체와 분리되어 존재할 수 있는 독립적 실체고 여러 육체를 옮겨 다닐 수 있다고 주장한다. 영혼은 육체를 벗어나 있던 과거에 얻은 이데아의 세계에 대한 앎을 다시 기억해낼 능력을 갖는다는 플라톤의 '상기론'도 이런 영혼론에 바탕을 둔다. 대화편 『에우데모스』는 『파이돈』에서 펼쳐진 이런 생각들을 에우데모스의 죽음에 관한 이야기를 실마리로 삼아 재현한다. 아리스토텔레스가 영혼에 관한 플라톤의 생각을 받아들인 것일까?

『에우데모스』의 단편을 전한 프로클로스를 비롯한 신플라톤주의자들은 이 대화편에 담긴 영혼관이 아리스토텔레스 자신의 생각을 보여준다고 주장했다. 하지만 설득력이 별로 없다. 영혼불멸론과 이데아론은 플라톤의 철학이 낳은 쌍둥이인데, 아카데미아 시절부터 이데아론을 비판한 아리스토텔레스가 같은 시기에 쓴 작품에서 영혼불멸론이나 상기론을 받아들였다고 보기는 어렵기 때문이다. 아리스토텔레스는 『에우데모스』에 자신의 영혼관이 아니라 인간의 영혼에 대한 여러 견해를 소개했을 수 있다. 또는 친구를 향한 '죽음의 위로'가 아니었을까?

자크 루이 다비드, 〈소크라테스의 죽음〉(1787)

02

ARISTOTELES

말에의 의지, 힘에의 의지, 앎에의 의지

현실 정치에 대한 경험

데모스테네스의 연설

아크로폴리스에서 서쪽으로 1킬로미터도 떨어지지 않은 곳에 바위 언덕이 있다. 관광객들의 발길이나 눈길이 잘 닿지 않는 곳이다. 하지만 이곳은 고대 그리스 민주주의의 역사에서 빼놓을 수 없는 장소다. 기원전 507년 이후 이 바위 언덕에서 그리스 시민들이 참여하는 민회가 처음 열렸기 때문이다. 민회가 열릴 때는 6,000명이 넘는 시민이 이 언덕에 몰려들어 발 디딜 틈도 없이 '빽빽하다pyknos'고 해서 '프뉙스Pnyx'라는 이름이 붙었다. 시민이라면 누구나 중앙 연단에 올라서서 자신의 의견을 자유롭게 펼칠 수 있었지만, 대개 그곳의 주인공은 연설가들이었다. 필립포스 타도를 외치며 반마케도니아 운동을 이끈 연설가 데모스테네스도 그 가운데 한 사람이다.

데모스테네스는 아리스토텔레스와 같은 해에 태어나고 같은 해에 세상을 떠났다. 마치 심술궂은 운명의 여신이 정해놓은 듯, 두 사

그리스 민주주의의 상징, 프닉스 언덕

기원전 507년 이후 시민들이 직접 국가의 중요 정책을 결정하는 민회가 프닉스 언덕에서 열렸다. 이소크라테스, 데모스테네스와 같이 유명한 연설가들이 발 디딜 틈도 없이 빽빽하게 모인 시민들을 향해 자신의 의견을 펼친 무대이기도 하다.

람은 여러 면에서 피할 수 없는 경쟁의 운명을 타고났다. 한 사람은 플라톤의 아카데미아에서 변증술을 배운 철학자고, 다른 사람은 이사이오스에게서 연설술을 익힌 연설가다. 한 사람은 아테네에 거류민으로 머물던 친마케도니아 인사고, 다른 사람은 아테네의 시민으로서 여론을 주도하던 반마케도니아 인사다. 대외 정책 면에서도 두 사람은 하늘과 땅의 차이가 있었다. 아리스토텔레스는 페르시아를 시민의 자유와 권리를 억압하는 참주제의 나라로 적대시한 반면, 데모스테네스는 마케도니아의 팽창을 막으려면 페르시아와 연대할 필요도 있다고 주장했다. 두 사람은 결코 동시에 한 무대에 설 수 없는 운명이었다.

데모스테네스가 연설가로서 공적인 무대에 등장해 주목받기 시작한 때는 마케도니아의 군사적 위협이 가시화되던 시기와 일치한다. 기원전 359년에 왕위에 오른 필립포스 2세가 10년 동안 거침없이 팽창 정책을 펼쳐도 많은 아테네인들은 마케도니아를 폄하하면서 크게 경계하지 않았다. 그들에게는 자신감이 있었고, 이소크라테스처럼 친마케도니아적인 인물도 많았다. 하지만 데모스테네스는 일찌감치 아테네인들에게 필립포스의 팽창 정책에 대한 경각심을 일깨우는 데 앞장섰다. 이런 점에서 그에게는 분명 선구적 안목이 있었다.

데모스테네스는 필립포스를 아테네 최대의 적으로 단정하며 그가 페르시아 왕만큼 위험한 인물이라고 경고했다. 그리스 역사의 중요한 고비마다 네 차례 행한 반필립포스 연설에서 그는 필립포스가 내세우는 군사독재에 맞서 도시국가의 자유로운 정치제도들을 수호하기 위한 공동 방어 정치를 옹호했다. 그에게 아테네의 주도권은 포기할 수 없는 지상의 가치였고, '아테네의 자유'와 '아테네의 주도권'은 동의어였다.

기원전 350년, 필립포스의 위협을 받은 올륀토스인들이 아테네에 도움을 호소하는 상황에서 한 「첫 번째 올륀토스 연설Olynthiaca 1」의 한 대목을 보자.

> 아테네인 여러분, 할 말이 더 있습니다. 여러분은 이 점을 결코 잊지 말아야 합니다. 여러분이 거기서 싸워야 할지 아니면 그가 우리 옆에 와서 싸워야 할지, 그것이 지금 여러분의 선택에 달려 있습니다. 올륀토스가 버텨낸다면, 여러분은 거기서 싸울 것이고 그의 나라에는 피해를 주겠지만 우리는 우리 자신의 영토에서 열매를 즐겁게 향유할 것입니다. 하지만 필립포스가 그곳을 취한다면, 그가 이곳으로 진군할 때 누가 막을 수 있을까요? 테베인들이 그렇게 할까요? 너무 씁쓸한 말이겠지만, 그들은 기꺼이 필립포스에 가세해서 함께 공격해올 것입니다. 포키스인들이 나설까요? 그들은, 여러분이 돕지 않으면 자기 영토도 지킬 수 없는 사람들입니다. 다른 누가 나설까요? 혹자는 이렇게 말할 겁니다. "아, 이 사람아, 그는 공격하려고 하지 않을 것이네." 지금 제정신이 아니라는 말을 들어가면서도 필립포스가 내뱉는 것들을 힘을 가진 상태에서 실행하지 않는다면, 이것이야말로 황당함의 극치일 것입니다. 여기서 싸우는 것과 거기서 싸우는 것의 차이는 엄청납니다. (…) 만일 여기서 전쟁이 일어난다면, 우리가 치러야 할 손실이 얼마나 될까요? 거기

에 만행이 더해지고, 그 사태에 대한 수치심이 더해질 것입니다. 현명한 사람들에게 그보다 더 큰 손실은 없습니다.

—「첫 번째 올륀토스 연설」25~27

데모스테네스의 연설은 당시 그리스와 아테네가 처한 상황을 선명하게 보여준다. 도시국가들의 사분오열과 합종연횡이 그 시대의 모습이다. 아테네는 스스로 방어할 만한 군사력이 있었지만 더는 그리스 세계의 맹주가 아니었다. 한때 '전체 그리스의 본보기'라고 자부하던 아테네의 황금시대는 이미 100년 전의 과거였다. 데모스테네스는 마케도니아의 팽창을 막을 최고의 전략으로 원군 파견을 강력히 요청한다. 그는 외쳤다. "오늘 올륀토스에서 싸우지 않으면 내일의 전장은 아테네다!"

데모스테네스의 연설은 설득력을 발휘했고, 아테네인들은 올륀토스 방어를 위해 원군을 파견했다. 하지만 너무 늦었다. 원군이 도착하기도 전에 필립포스의 군대가 번개처럼 올륀토스를 함락했기 때문이다. 망연자실한 아테네인들은 이때부터 마케도니아의 세력 팽창을 실제 위협으로 받아들이게 되었다. 그들은 안팎으로 반마케도니아 전선을 구축했고, 아테네의 친마케도니아 인사들은 숨죽이거나 숨을 수밖에 없었다. 아테네 시민이 아니면서 친마케도니아 인사였던 아리스토텔레스에게 설 자리가 없어진 것은 당연하다.

아리스토텔레스가 아테네를 떠난 기원전 347년을 생각하면, 어둑한 연극 무대와 그 위에 올라선 세 주인공이 떠오른다. 그들의 시선은 서로 다른 방향을 향해 있다. 그때까지 그들은 서로 다른 삶

연설가 데모스테네스

7세에 고아가 된 데모스테네스는 아버지의 유산을 빼앗아간 후견인들을 고소하기 위해 수사학을 배웠다. 뛰어난 연설가로서 반마케도니아 여론을 주도한 데모스테네스와, 친마케도니아 인사이면서 현실과 거리를 두었던 아리스토텔레스는 같은 해에 태어나고 죽었지만 서로 정반대의 길을 걸었다.

을 살아왔다. 한 사람은 의사의 아들로 태어나 어려서부터 인체를 관찰하는 데 익숙해졌다. 어린 그의 눈은 아버지의 손끝을 따라 살, 뼈, 피를 비롯한 인체의 부분들을 관찰했으며 이렇게 잘 훈련된 관찰자의 눈으로 세계 전체를 관찰하고 설명해내려고 했다. 그와 동갑인 다른 한 사람은 부유한 무기 제조상의 아들로 태어났다. 그는 아버지를 일찍 잃고 아버지가 남긴 많은 재산을 후견인들에게 빼앗겼다. 하지만 그에게는 포기할 수 없는 꿈이 있었다. 어릴 때 우연히 본 재판 광경의 강렬한 기억이 평생 그를 따라다녔다. 재판에서 뛰어난 연설로 재판관들을 설득하고 승소한 칼리스트라토스가 사람들의 환호 속에 당당하게 재판정을 빠져나가던 광경이다. 그런 연설가가 되고 싶던 데모스테네스는 두문불출 연설 기술을 익히는 데 몰두했다. 이것이 그에게는 후견인들에게 빼앗긴 유산을 되찾고 사람들 사이에서 명성을 얻는 길이었다. 화려한 연설로 사람들을 설득해 그들의 마음을 얻는 것이 데모스테네스의 포기할 수 없는 꿈이었다. 세 번째 주인공은 두 사람보다 두 해 늦게 작은 왕국의 왕자로 태어났다. 앞의 두 사람이 저마다 철학 토론과 연설 기술에 몰두하고 있을 때, 열네 살 소년 필립포스는 다른 나라에 볼모로 붙잡혀 있었다. 하지만 사춘기의 이런 시련이 그를 새로 태어나게 하고 단련시켰다. 그의 관심은 그를 인질로 붙잡고 있던 힘센 나라의 군대였다. 이 총명한 왕자에게 그 나라 최고 지휘관이 병법과 외교의 기술을 가르쳤다. 그 뒤 왕자에게 새로운 꿈이 생겼다. 그리스 세계의 주도권을 장악하고 숙적 페르시아를 정벌하는 것이었다. 그의 꿈은 자연에 대한 앎도 아니고, 연설을 통한 설득도 아니고, 무력을 통한 지배였다. 어찌 보면 기원전 347년 이후 그리스의 역사는 이 세 인물이 품은 서로 다른 욕망의 각축장이었다.

에게해를 건너 아소스로

아리스토텔레스는 마케도니아의 세력 팽창으로 아테네의 정치적 긴장감이 최고조에 이르렀을 때 이 도시를 떠난다. 어디로 갈 것인가? 아테네를 떠난 뒤 아리스토텔레스가 보인 행보는 여러 면에서 플라톤과 대조적이다.

플라톤도 소크라테스가 죽은 뒤 생명의 위협을 느껴 아테네를 떠났다. 그가 찾은 곳은 그리스 세계의 서쪽 지역이었다. 스물여덟 살 때부터 대략 12년 동안 플라톤은 이집트와 북아프리카의 키레네 등지를 여행하면서 소크라테스의 대화를 기록으로 남겼고, 마흔 살 무렵에는 이탈리아 남부의 시켈리아를 방문했다. 만일 이런 '주유'가 없었다면 지금 우리가 아는 플라톤은 존재할 수 없었을 것이다. 시켈리아 여행 중에 그는 수학을 중시하면서 수를 원리로 삼아 세계를 해석하려고 한 피타고라스학파와 만난다. 수학적 학문과 만나지 않았다면, 보이는 것보다 보이지 않는 것을 우선시하는 플라톤의 철학은 탄생하지 못했을 것이다. 플라톤이 자신의 정치적 이념을 구체화하도록 계기를 제공한 것도 시켈리아 여행이다. 그는 시켈리아 지방의 새로운 그리스 식민지 쉬라쿠사이의 지배자 디오니쉬오스 왕가와 친분을 맺게 되었고, 그들을 교육해서 철학자가 통치하는 나라를 만들려고 한다. 물론 플라톤의 노력은 현실 정치의 벽을 넘어서지 못했다. 하지만 이런 실패에도 그의 정치적 이상이 사라지기는커녕 더욱더 확고해졌다. 여행을 끝낸 플라톤은 철학적인 정치를 위한 학교이자 정치적인 철학을 위한 학교, 아카데미아를 세웠기 때문이다.

37세에 아테네를 떠난 아리스토텔레스의 행로를 플라톤의 그것과 비교하면 마치 거울상을 보는 것 같다. 아리스토텔레스는 플라톤과 정반대 방향을 택했다. 아리스토텔레스가 찾아간 곳은 아소스, 현재 터키의 베람칼레다. 당시 이곳은 그리스와 페르시아제국이 만나는 경계였다. 플라톤이 그리스 세계의 서쪽 끝으로 갔다면, 아리스토텔레스가 간 곳은 그리스 세계의 동쪽 끝이었던 셈이다.

두 사람의 행로는 그들의 철학을 이해하는 데 매우 중요하다. 서양철학사에서 그리스의 서쪽과 동쪽 철학은 각각 '이탈리아 철학'과 '이오니아 철학'이라고 불린다. 둘 다 지명에서 온 이름이지만, 이렇게 대비할 수 있는 것은 두 지역의 철학이 완전히 상반된 경향을 보이기 때문이다. 한쪽은 매우 추상적이고 관념적인 데 반해, 다른 한쪽은 구체적인 자연현상을 중시한다. 쉽게 말해서 그리스 동쪽 이오니아 지방의 철학이 보이는 것들에 대한 과학적 탐구에 관심을 두었다면, 그 반대쪽 이탈리아 지방의 철학은 보이지 않는 것들에 대한 철학적 사변에 치중했다. 플라톤과 아리스토텔레스는 이렇게 상반된 철학 전통의 계승자들이다.

하지만 아리스토텔레스가 이오니아 철학을 선망해 동쪽으로 간 것은 아닐 터, 그의 동쪽 여행은 무엇을 목적으로 했을까? 이 물음

고대 아소스의 흔적을 간직한 해안 도시 베람칼레

플라톤은 소크라테스의 죽음 뒤 아테네를 떠나 그리스 세계의 서쪽 시켈리아로 갔다. 아테네의 정치적 격랑을 피해 방랑길에 오른 아리스토텔레스는 첫 장소로 그리스의 동쪽 아소스를 택했다. 이렇게 상반된 두 사람의 행보는 그들의 철학에도 그대로 반영되었다.

에 대해 여러 추측이 있다.

몇몇 학자들은 아소스에 아리스토텔레스의 지인들이 살았다면서 이것이 아소스 여행의 동기라고 생각한다. 이런 추측은 그의 후견인이자 자형인 프로크세노스의 고향 아타르네우스가 아소스에서 160킬로미터 정도 떨어졌다는 데 근거를 둔다. 한편 어떤 학자들은 아소스의 지배자 헤르메이아스가 아리스토텔레스를 초청했다고 주장한다. 이는 많은 학자들이 설득력 있는 설명으로 받아들이는 견해다. 하지만 헤르메이아스가 아리스토텔레스를 초청한 이유에 대해서는 의견이 일치하지 않는다. 아소스의 지배자가 프로크세노스의 친구였다는 설이 있고, 헤르메이아스가 일찍이 아카데미아에 머물며 아리스토텔레스를 알았다는 추측도 있다. 물론 둘 다 옳을 수 있다.

아리스토텔레스의 아소스 방문과 체류를 매우 정치적으로 설명하는 사람도 있다. 아리스토텔레스의 삶을 추적한 연구로 널리 알려진 안톤 헤르만 크러스트Anton-Hermann Chroust에 따르면, 마케도니아의 왕 필립포스 2세가 어린 시절의 인연을 이용해 아리스토텔레스를 소아시아로 보냈다(『아리스토텔레스 *Aristotle*』 1권, 120쪽). 정치적 영향력을 확대하려고 아리스토텔레스를 헤르메이아스에게 '파견'했다는 것이다. 아리스토텔레스의 여행에 그의 동료 크세노크라테스가 함께했고, 헤르메이아스의 왕궁에서 이들이 따뜻한 환대를 받았으며 필립포스와 헤르메이아스의 정치적 유대를 공고히 하는 데 기여했다는 것이 크러스트의 추측이다. 정말 아리스토텔레스가 필립포스와 헤르메이아스를 잇는 정치적 가교 구실을 했을까? 마케도니아 왕가와 아리스토텔레스 집안의 오랜 인연이나 당시 정치 역학을 고려하면 터무니없는 추측은 아니다. 하지만 우리는 크러스트의 설명에 가정법과 추측 동사들이 가득하다는 점도 생각해야 한다.

아마 당시 그리스의 역사적 맥락 속에서 헤르메이아스의 아리스토텔레스 초청을 이해하는 편이 더 옳을 것이다. 그 무렵 지중해와 에게해 지역에는 그리스의 식민 도시들이 흩어져 있었다. 새로운 도시의 지배자가 유력 인사를 초청해 기본법을 만들거나 정치적 자문을 구하는 경우가 흔했다. 중국의 춘추전국시대처럼 기원전 5세기와 4세기 그리스 철학자들은 자신의 정치적 이상을 실현하기 위해 여러 도시를 방문했고, 지배자들은 자신의 권력을 다지기 위해 철학자들에게 지혜를 구했다. 헤르메이아스도 같은 이유에서 아리스토텔레스를 초청했을 가능성이 높다. 심지어 아리스토텔레스의 아소스 방문을 플라톤이 주선했다는 추측도 있다. 플라톤의 「여섯 번째 편지Epistula 6」가 이 추측의 근거다. 이 편지의 수신자는 헤르메이아스와 플라톤의 두 제자, 에라스토스와 코리스코스인데, 이들은 아소스와 멀지 않은 스켑시스에 머물고 있었다. 플라톤은 편지에서 이 세 사람에게 서로 떨어지지 말고 "우정의 결속"을 유지하라고 조언한다. 이에 따르면, 플라톤은 헤르메이아스를 직접 만난 적은 없지만 알고 있었으며 그와 자신의 제자들이 경험을 나누고 친분을 유지하기를 원했다. 편지의 진위는 논란거리지만, 그 내용이 사실이라면 아리스토텔레스가 방문하기 전부터 헤르메이아스의 곁에 플라톤의 제자들이 있었다는 말이 된다. 정말로 플라톤이 세상을 떠나면서 아리스토텔레스가 갈 곳을 미리 마련해두었을까? 아테네를 떠난 아리스토텔레스를 맞이한 아소스의 지배자 헤르메이아스는 어떤 사람이었을까?

철학자와 정치가의 우정

헤르메이아스의 사람됨에 대한 평가는 고대부터 이미 엇갈렸다. 기원전 4세기 역사가 테오폼포스의 기록이 양면적 평가의 전형을 보여준다. 테오폼포스는 헤르메이아스가 살아 있을 때 그를 "세련되고, 아름다움을 사랑하는 사람"이라고 칭송하지만 그가 죽은 뒤 쓴 글에서는 "모든 참주 가운데 가장 잔인하고 사악한 참주"라고 비난한다(카를로 나탈리Carlo Natali, 『아리스토텔레스: 그의 생애와 학파*Aristotle: His Life and School*』, 34쪽에서 재인용). 한 사람에 대한 평가가 죽음을 경계로 엇갈리는 것이 흔한 일이지만, 이렇게 극단적으로 달라지는 경우는 많지 않다. 이 상반된 평가에 강한 권력에 대한 의지를 가진 참주이며 철학자의 친구였던 헤르메이아스의 두 얼굴이 모두 담겼을 수도 있다.

이렇게 양립하기 어려워 보이는 평가들도 있지만, 몇몇 기록은 헤르메이아스에 대한 역사적 진실로 널리 인정받는다. 그가 아리스토텔레스의 친구이며 아소스와 아타르네우스의 지배자였다는 점은 명백한 사실이다. 헤르메이아스는 사채업을 하다 아타르네우스와 아소스의 참주가 된 에우불로스의 노예였고 거세된 사내라고 한다. 에우불로스에게 권력을 물려받은 헤르메이아스가 통치한 곳은 그리스 세계와 페르시아제국의 접경 지역이었다. 그리고 이 점은 그가 처해 있던 정치적 상황을 이해하는 데 결정적 단서를 제공한다. 그는 한편으로 페르시아에 유화정책을 펼쳐 대제국에 대한 자극을 피하면서, 다른 한편으로 친마케도니아 정책을 고수해 필립포스 2세와 친밀한 관계를 유지했다. 기원전 341년에 행한 반필립포스 연설에서 데모스테네스가 헤르메이아스를 "페르시아 왕에 맞서 필립포스가 꾸미는 모든 계략의 공모자이자 실행자"(「네 번째 반필립포스 연설」 32)라고 한 것은 이런 배경에서 이해할 수 있다. 물론 헤르메이아스의 양다리 정책을 보는 페르시아 왕의 심기가 편했을 리 없다. 헤르메이아스는 페르시아인들에게 눈엣가시 같은 존재였다. 충돌하기 직전 두 대국의 틈바구니에서 아슬아슬한 외교를 펼치던 그는 결국 페르시아인들의 손에 비참한 최후를 맞는다.

헤르메이아스의 이런 정치적 운명과 무관하게 그와 아리스토텔레스의 관계는 정치와 철학이 성공적으로 만난 경우다. 플라톤도 쉬라쿠사이에서 참주 디오니쉬오스 가문과 교류하며 정치적 뜻을 펼쳐보려고 했지만, 결과는 환멸뿐이었다. 디오니쉬오스와 그의 아들이 플라톤의 이름을 자신들의 정치권력을 정당화하는 수단으로 이용하려고 했기 때문이다. 아리스토텔레스와 헤르메이아스의 만남은 전혀 달랐다. 헤르메이아스는 앞서 말한 플라톤의 두 제자와 친분을 유지하면서 참주 정체를 온건한 입법 정체로 바꿨다. 그는 아리스토텔레스의 정치적 조언에도 귀를 기울인 것 같다. 아리스토텔레스가 자신을 초청한 지배자에게 조언하지 않았을 리 없고, 그의 조언을 무시하는 사람에게 몸을 의탁했을 리도 없다. 철학과 정

아소스의 아테나 신전

아소스의 참주 헤르메이아스는 아리스토텔레스의 든든한 후원자이자 친구였다. 그는 페르시아인들의 손에 죽임을 당하는 마지막 순간에 이런 말을 남겼다고 한다. "친구들에게 전해주오. 나는 철학에 부끄러운 일을 하지 않았다고."

치의 이런 공생은 아리스토텔레스와 헤르메이아스의 돈독한 우정 때문에 가능했다. 『니코마코스 윤리학』의 '우정 예찬'을 그 증거로 봐도 좋을 것이다.

> 친애는 일종의 탁월성이거나 탁월성을 수반하며, 삶에서 가장 필요한 것이다. 나머지 좋은 것을 모두 가진다고 해도 친구가 없는 삶을 선택할 사람은 아무도 없을 테니까. 실제로 부자나 통치권과 힘을 가진 사람에게도 친구는 더없이 유용하다. 선행은 친구를 향할 때 가장 값지고 찬양받을 만한 것이 되는데, (친구가 없어) 그런 선행의 기회를 잃는다면 영화를 누리는 것이 무슨 쓸모가 있을까? 아니, 친구 없이 어떻게 영화를 지키고 보존할 수 있을까? 영화가 커질수록 위험도 더 커지니 말이다. 사람들은 가난이나 다른 어려움을 겪을 때도 친구가 유일한 피난처라고 여긴다.
>
> —『니코마코스 윤리학』 VIII 1

헤르메이아스는 재산이 있고 "통치권과 힘을 가진 사람"이었다. 아리스토텔레스에 대한 환대는 친구를 향한 선행이었다. 그리고 아리스토텔레스에게 헤르메이아스는 곤궁과 어려움을 겪던 시기의 "유일한 피난처"였다. 이런 점에서 아리스토텔레스는 자신과 헤르메이아스의 관계를 친애에 대한 논의의 실마리로 삼을 수 있었다. 그는 친애가 모든 사람에게 필요하며 연령에 따라 다른 효력이 있다고 말한다.

> 젊은이에게는 잘못을 피하는 데, 노인에게는 돌봄을 받거나 쇠약해서 행동이 미치지 못함을 보완하는 데, 한창때의 사람에게는 훌륭한 행동을 하는 데 친구가 필요하다. '둘이 함께 가면' 생각과 행동이 더 큰 힘을 얻기 때문이다.
>
> —『니코마코스 윤리학』 VIII 1

헤르메이아스는 아리스토텔레스의 든든한 후원자였다. 그의 후원은 갈 곳 없는 철학자에 대한 개인적 배려를 넘어 학술적 지원으로 이어진 것 같다. 아소스에서 아리스토텔레스는 분명 혼자가 아니었다. 그의 곁에는 이미 헤르메이아스와 친교를 나누던 에라스토스와 코리스코스뿐만 아니라 그와 함께 온 크세노크라테스도 있었다. 아소스에 "아카데미아의 분교"가 세워진 것과 다름없었다. 베르너 예거Werner Jaeger의 이런 주장이 다소 과장되기는 했어도 근거가 전혀 없지는 않다(『아리스토텔레스: 그의 발전사 연구*Aristotle: Fundamentals of the History of His Development*』, 115쪽).

아리스토텔레스와 헤르메이아스의 우정은 인척 관계로도 발전했다. 아리스토텔레스는 나중에 헤르메이아스의 (조카인지 딸인지 분명치 않은) 혈육 퓌티아스와 결혼한다. 결혼 시기가 헤르메이아스의 궁정에 머물 때인지, 레스보스로 떠난 뒤인지, 헤르메이아스가 페르시아인의 음모에 따라 포획된 뒤인지는 확실하지 않다. 아리스토텔레스와 퓌티아스 사이에서 어머니와 같은 이름의 외동딸이 태어났다. 기원전 322년에 그가 62세로 세상을 떠날 때, 딸 퓌티아스는 결혼하기에 이른 나이인 15세 정도였다. 그렇다면 아리스토텔레스의 결혼 시기는 그가 45세에 가까웠을 때, 즉 마케도니아 왕궁에 머물던 기원전 342년 이후로 잡아야 할 것이다.

신들의 시기를 샀을까? 기원전 340년에 헤르메이아스가 죽음을 맞이하면서, 그와 아리스토텔레스의 우정도 끝났다. 마케도니아와 모의해서 대제국 페르시아에 대항하려던 그를 페르시아인들이 가만두지 않았다. "페르시아 왕에 맞서 필립포스가 꾸미는 모든 계략의 공모자이자 실행자"는 페르시아의 사주를 받은 멘토르라는 인물이 꾸민 음모에 희생되었다. 멘토르는 그를 사슬로 묶어 페르시아의 왕 아르타크세르크세스에게 보냈고, 페르시아 왕은 그에게 온갖 고문을 하며 필립포스와 공모한 내용에 대한 자백을 받으려 했다. 하지만 헛일이었다. 헤르메이아스는 끝까지 정신을 놓지 않았다. 그는 마지막 순간에 이렇게 말했다고 한다. "친구들에게 전해주오. 나는 철학에 부끄러운 일을 하지 않았다고." 아리스토텔레스는 이런 친구를 위해 덕의 찬가를 지었다. 20년이 지난 뒤 이 찬가 때문에 불경죄로 고발당할 줄은 꿈에도 몰랐을 것이다.

> 덕이여, 죽을 수밖에 없는 족속이 크나큰 노고를 통해 얻는 것,
> 삶의 더없이 아름다운 사냥감,
> 그대의 아름다운 모습 탓에, 처녀여, 죽는 것도
> 그칠 없는 모진 노고를 견디는 것도,
> 헬라스에서는 부러움을 사는 운명이다.
> 그대가 가슴속에 낳는 열매는 불사와 같고 황금보다,
> 부모보다, 나른한 눈길의 잠보다 더 낫구나.

그대를 위해 제우스의 아들 헤라클레스도, 레다의 아이들도
수많은 시련을 마다하지 않았으니, 그대의 힘을 취하기 위함이라.
그대에 대한 동경 탓에 아킬레우스도, 아이아스도 하데스의 집에 이르렀도다.
그대의 친구 같은 모습 때문에 아타르네우스의
아들도 태양의 눈빛을 떠났노라.
그 공로로 그는 노래 속에 살고 무사 여신들은 그를 불사의 경지까지 높이리라.
므네모쉬네의 딸들은 나그네의 신 제우스의 존엄과
흔들림 없는 우정의 선물을 널리 칭송하리라.

—『그리스철학자열전』V 1

헤르메이아스의 권력은 오래가지 못했다. 그가 죽은 해를 기원전 340년으로 잡는다면, 길어야 10년 정도 집권했을 것이다. 그리고 이런 추정이 옳다면, 아리스토텔레스는 그가 살해당하기 전에 이미 레스보스로 이주했을 것이다. 마케도니아 왕 필립포스의 부름을 받아 펠라의 마케도니아 왕궁으로 가기까지 2년 동안 아리스토텔레스는 레스보스섬에 머문다.

아리스토텔레스가 인생에서 마주친 결정적 인물들

	BC	
아리스토텔레스가 스타게이라에서 태어나다.	384	데모스테네스가 아테네에서 무기 제조상의 아들로 태어나다.
	382	필립포스 2세가 펠라에서 아뮌타스 3세의 셋째 아들로 태어나다.
	377?	플라톤이 『국가』를 저술하다.
	368?	필립포스가 테베에 인질로 머물다.
아카데미아에 입학하다.	367	플라톤이 2차 시켈리아 여행을 떠나다.
	365?	필립포스가 마케도니아로 귀환하다.
	361	플라톤이 3차 시켈리아 여행을 떠나다.
	359	필립포스가 마케도니아 왕으로 즉위하다.
	356	필립포스와 올림피아스 사이에서 알렉산드로스가 태어나다.
	351	데모스테네스가 1차 반필립포스 연설을 하다.
	349	데모스테네스가 올륀토스 지원을 요청하는 연설을 하다.
	348	필립포스가 올륀토스를 정복하다.
아소스로 이주해 헤르메이아스의 궁정에 머물다.	347	플라톤이 사망하다.
레스보스섬으로 건너가 생물학을 연구하다.	345	
	344	데모스테네스가 2차 반필립포스 연설을 하다.

플라톤, 아카데미아의 스승

데모스테네스, 운명적 경쟁자

필립포스의 초청을 받아 펠라로 가다. 알렉산드로스를 가르치다.	342	
	341	헤르메이아스가 페르시아인들에게 처형당하다. 데모스테네스가 3, 4차 반필립포스 연설을 하다.
스타게이라로 귀향하다.	340	필립포스가 비잔티온으로 원정을 떠나고 알렉산드로스가 섭정을 맡다.
	338	필립포스가 카이로네이아에서 그리스 연합군을 격파하고 코린토스 동맹을 맺다.
	337	그리스가 페르시아 원정을 결의하고 필립포스를 범그리스 원정대의 총사령관으로 선임하다.
	336	필립포스가 호위병 파우사니아스에게 피살되다. 알렉산드로스가 왕위에 오르다.
아테네로 귀환해 뤼케이온을 세우다.	335	알렉산드로스가 트라키아, 일리리아를 정벌하고 테베를 파괴하다.
	334	알렉산드로스가 안티파트로스를 섭정으로 두고 페르시아 원정에 나서다.
	331	알렉산드로스가 이집트를 정복하고 알렉산드리아를 세우다. 가우가멜라 전투에서 승리하다.
	326	알렉산드로스가 포로스에 맞선 전투에서 승리하지만, 히파시스 강에서 군대의 항명으로 회군하다.
에우보이아 섬의 칼키스로 도피하다.	323	알렉산드로스가 바빌론에서 병사하다. 망명에서 돌아온 데모스테네스를 중심으로 반마케도니아 운동이 일어나다. 라미아전쟁이 발발하다.
병으로 세상을 떠나다.	322	데모스테네스가 안티파트로스의 군대로부터 추격을 받다 자살하다.

필립포스 2세, 유년기의 인연

알렉산드로스, 제자

03

ARISTOTELES

모든 자연물에는 어떤 놀라운 것이 있다

서양 생물학의 시작, 『동물지』

사포의 고향 레스보스

레스보스섬은 아테네에서 북동쪽으로 300킬로미터 정도 떨어져 있다. 그리스 땅이지만 터키와 가깝다. 아테네의 피레우스 항에서 레스보스섬의 미틸레네 항을 오가는 정기 여객선 '블루 스타 페리'는 웬만한 건물보다 큰 8층 높이의 배다. 여름에는 밤 9시에 피레우스 항을 떠나 키오스섬을 거쳐 다음 날 아침 8시에 미틸레네 항에 도착한다. 이 배로 레스보스에 갔다. 배에 탄 뒤 꼭대기 갑판으로 올라갔을 때 밤바람이 더없이 시원했다. 어둠이 깔린 바다와 고물 주변에 이는 하얀 물살 너머로 피레우스 항이 서서히 멀어져갔다. 항구 주변의 불빛이 밤하늘의 별빛처럼 빛났다.

아테네를 떠날 때 아리스토텔레스의 심정은 어땠을까? 열한 시간 거리의 뱃길에서 나는 2400년 전 아리스토텔레스가 에게해를 가로질러 낯선 곳으로 갈 때 느꼈을 것 같은 기분에 젖어보고 싶었지만, 처음부터 가능한 일이 아니었다. 다가왔다가 사라지는 섬들을 바다에 뒤덮인 어둠 때문에 볼 수 없다는 것이 아쉬울 뿐이었다. 흔들리는 객실에서 얕은 잠을 자다가 배가 키오스에 도착한다는 안내 방송에 반사적으로 일어났다. "눈먼 시인"의 고향, "바위가 많은 키오스"(『호메로스 찬가*Homērikoi Hymnoi*』). 새벽 4시 40분, 페리가 키오스섬에 닿았을 때 정면 건물의 '펜션 호메로스'라는 간판이 가장 먼저 눈에 들어왔다. 고대 그리스부터 키오스는 호메로스의 고향으로 알려져 있었다. 배는 키오스섬에 20분 정도 머무른 뒤 뱃머리를 북동쪽으로 돌리고 100킬로미터 거리를 두 시간 넘게 나아가 목적지인 레스보스의 미틸레네 항에 닿았다.

레스보스는 화산섬이다. 면적은 1,600제곱킬로미터 정도로 제주도보다 조금 작고 서울의 세 배다. 이 섬의 화산은 아직 살아 있으며 주변 에게해 지역은 지진이 끊이지 않는다. 한 해에 두 번 정도 지진이 일어난다고 한다. 내가 그리스 여행을 준비하던 6월 중순에도 에게해에서 진도 6이 넘는 강진이 일어나 키오스섬과 레스보스섬 남부를 강타하고 사상자가 나왔다. 이런 자연재해의 위험이 있지만 레스보스는 섬 전체가 유네스코 세계지질공원으로 지정될 만큼 특이한 경관을 자랑한다. 삼각형 섬 안쪽으로 파고든 바닷물이 만들어낸 커다란 호수 두 개가 섬의 특징적인 윤곽을 보인다. 하나는 미틸레네에 가까운 게라 만이고, 다른 하나는 섬의 중심부에서 남쪽 해안으로 열려 있는 칼로니 만이다. 섬의 서쪽 끝에는 화석림이 펼쳐진다. 2000만 년 전 화산 폭발 때 용암과 화산재를 뒤집어쓴 숲이 오랫동안 비바람에 냉각되면서 '돌 숲'으로 변했다. 이 섬에서 가장 높은 곳이 해발 968미터고, 산세는 험하지 않다. 바다를 굽어보는

아테네와 레스보스섬을 잇는 블루 스타 페리

아테네에서 에게해를 가로질러 북동쪽에 위치한 레스보스섬은 터키와 가깝다. 정기 여객선 '블루 스타 페리'가 아테네의 피레우스 항에서 레스보스섬의 미틸레네 항까지 운항한다. 이 배 위에서, 아테네를 떠날 때 아리스토텔레스의 심정을 느껴보고 싶었다.

산들이 줄줄이 이어지고, 산으로 둘러싸인 인적 없는 들판은 광활한 느낌을 준다. 산지가 섬 전체 면적의 70퍼센트를 차지하고, 나머지 평지에서는 올리브·과일·아몬드·목화 등이 생산된다. 포도주와 올리브유가 특히 유명하다.

레스보스의 역사는 이민의 역사다. 그리스인들은 기원전 11세기부터 이 섬에 거주했다. 기원전 12세기 말 그리스 본토의 미케네문명이 멸망한 뒤 새로운 터전을 찾아 나선 사람들 중 일부가 이 섬과 그 주변 지역에 정착하기 시작한 것이다. 그들은 그리스의 한 부족인 아이올리아인이다.

우리에게 레스보스섬은 무엇보다도 기원전 6~7세기의 시인 사포의 고향이자 레즈비언의 고향으로 알려져 있다. 레스보스의 귀족 출신인 사포는 미혼 여성들을 가르치는 일종의 '기숙학교'를 운영했다. 이 학교에서 제자들을 가르치며 깊은 정을 나눈 사포의 많은 시는 소녀들과 나눈 우정과 사랑, 결혼할 제자를 떠나보낼 때 느낀 이별의 아픔을 노래한다. 이런 시들이 배경이 되어 레스보스섬이 레즈비언의 고향으로 알려졌다.

레스보스섬에서는 해마다 레즈비언 축제가 열린다. 9월에는 여성들만 손님으로 맞는 호텔들도 있다고 한다. 사포는 여전히 이 섬의 자랑거리다. 아이올리아 서정시를 대표하는 사포를 기리는 것들이 섬 곳곳에서 눈에 띈다. 미틸레네 항 근처에 뤼라를 든 사포의 입상이 그렇고, 그녀의 고향 에레소스의 해변에 세워진 갖가지 조형물도 그렇다. 그 가운데 널따란 사각형 대리석 판을 마주 보게 해서 뤼라를 든 사포의 모습을 연출한 조각이 특히 시선을 끌었다. 알맞

사포와 테오프라스토스

레스보스섬의 에레소스 마을은 서정시인 사포와 아리스토텔레스의 제자 테오프라스토스의 고향이다. 해변에 뤼라를 든 사포의 모습을 형상화한 조각(위)이 있고, 그녀의 시구와 테오프라스토스의 글귀가 새겨진 조형물(아래)이 눈에 띈다.

은 거리와 각도에서 봐야 사포의 모습이 드러나게 만든 것이 재미있다. 바위에 얹은 삼각뿔 모양의 조형물도 있는데, 각 면에 사포의 시구와 테오프라스토스의 글귀가 새겨져 있다. "대지는 신과 인간이 함께 머무는 고향이다." 아리스토텔레스의 제자인 테오프라스토스도 이 섬에서 태어났다.

하늘과 땅, 바다와 바람이 만들어내는 그리스의 자연은 정말 신들의 땅이라고 할 만큼 경이롭다. 나는 이 땅을 여행하면서 그리스 다신교의 원천이 다채로운 자연과 거기서 얻은 체험이라고 확신하게 되었다. 그리스의 풍요로운 자연은 유일신교를 낳은 사막의 단조로운 자연과 전혀 다르다. 그것은 단순한 모티브가 대위법의 질서 속에서 만들어내는 요한 제바스티안 바흐의 푸가처럼 물, 불, 바람, 흙이 온갖 결합의 질서 속에서 창조한 신비다.

다채로운 자연이나 사포의 애절한 서정시 말고도 레스보스섬을 기억해야 할 이유가 있다. 레스보스는 서양 생물학의 탄생지다. 아리스토텔레스가 이 섬에 머물면서 물고기와 철새 들을 연구한 것이 서양 생물학 연구의 시작이기 때문이다. 레스보스는 식물학과 광물학의 고향이기도 하다. 레스보스에 함께 머문 것을 시작으로 아리스토텔레스의 자연 탐구에 동행한 테오프라스토스가 식물과 광물을 연구했다. 아리스토텔레스 연구자들은 레스보스의 에레소스가 고향인 그가 아리스토텔레스에게 레스보스섬 체류를 권했을 것이라고 추측한다. 에레소스의 해변에 사포를 기리는 조형물과 함께 테오프라스토스의 두상이 있는 것은 이 때문이다.

『동물지』와 자연의 사다리

아소스를 떠난 아리스토텔레스는 레스보스의 퓌라에 거처를 마련했다. 그의 글에서 퓌라로 불리는 곳은 미틸레네 항에서 북서쪽으로 50킬로미터쯤 떨어진, 지금의 칼로니 만이다. 호숫가 마을 스칼라 칼로니스의 조그만 광장에 있는 아리스토텔레스의 두상이 그런 역사를 증언한다. 두상 기단에 이렇게 새겨져 있다.

> 여기 칼로니 호숫가에서 위대한 철학자가 기원전 345년부터 기원전 342년까지 생물학을 연구했다.

아리스토텔레스가 레스보스에서 관찰한 것들은 나중에 『동물지 *Historia Animalium*』에 기록되었다. 하지만 레스보스섬에서 흔히 볼 수 있는 물고기와 새들에 대한 관찰 기록이 『동물지』의 전부는 아니다. 아홉 권에 이르는 이 방대한 박물학 저술에는 그 이후 여러 곳에서 관찰한 어류 120종과 곤충 60종을 포함해 500종이 넘는 동물이 상세하게 기술되어 있다.

아리스토텔레스는 갖가지 동물을 신체 기관과 조직을 중심으로 다루면서 거대한 기본 질서를 머릿속에 그리고 있었다. '자연의 사다리scala naturae'라고 불리는 생명계의 설계도다. 그는 생명체를 크게 '피 없는 동물'(무척추동물)과 '피 있는 동물'(척추동물)로 구분하면서 그 안팎의 조직과 기관을 설명한다. 이에 따르면, 생명계를 구성하는 여러 종류의 생명체가 하나의 위계를 이룬다. 맨 밑에는 식물, 해면, 식충류 등이 있다. 그 위에 곤충이 자리하고, 게와 가재 같은 갑각류와 오징어와 문어 등 연체동물을 거쳐 물고기와 새, 바다에 사는 포유류, 네 발 짐승, 인간이 있다. 아리스토텔레스는 이렇게 수많은 생명체가 여러 단계를 이루면서 전체 생명계가 된다고 생각했다.

아리스토텔레스는 낮은 단계 생명체와 높은 단계 생명체를 나누는 기준을 생식 방식에서 찾았다. 자연의 사다리 밑바닥에는 자연발생적인 것들이 있다. 그는 일부 곤충이나 패류가 썩은 흙이나 물구덩이에서 저절로 생긴다고 생각했다. 그다음에는 애벌레에서 발달하는 곤충과 알에서 태어나는 갑각류, 연체류가 있다. 그 위에 자리하는, 알에서 생겨나는 것들은 체외수정을 하느냐 체내수정을 하느냐에 따라 두 단계로 나뉜다. 체내수정을 하는 것이 더 높은 자리를 차지하고, 이 때문에 수정된 '완전한 알'을 낳는 새들이 수정되어야 할 '불완전한 알'을 낳는 물고기들보다 더 높은 단계를 차지한다. 그다음에 오는 것은 새끼를 낳는 태생동물이다. 바다의 포유류, 새끼를 낳는 고래와 육상 포유류가 이에 속하고 마지막 자리는 사람이 차지한다. 아리스토텔레스는 유일하게 직립보행을 하며 지성으로 생각과 추리를 할 수 있다는 이유에서 사람을 가장 높은 자리에 두었다.

생명계의 기본 질서를 보이기 위해 아리스토텔레스가 만든 자연의 사다리 모델은 찰스 다윈이 제시한 '생명의 나무'와 대비된다. 두 모델이 생명의 거대한 연쇄를 그린다는 점은 같지만, 그 연쇄의 질서를 설명하는 방식은 다르다. 자연의 사다리에서는 생명체들이 고정된 위계질서 안에 일정한 자리를 차지하고 변화 없이 존재한다.

자연의 계단

18세기 자연학자이자 철학자인 찰스 보넷의 『자연사와 철학에 관한 작품』(1781)에 실린 그림. 이 그림에서도 사람은 모든 생명체 가운데 가장 높은 자리를 차지하고 있다.

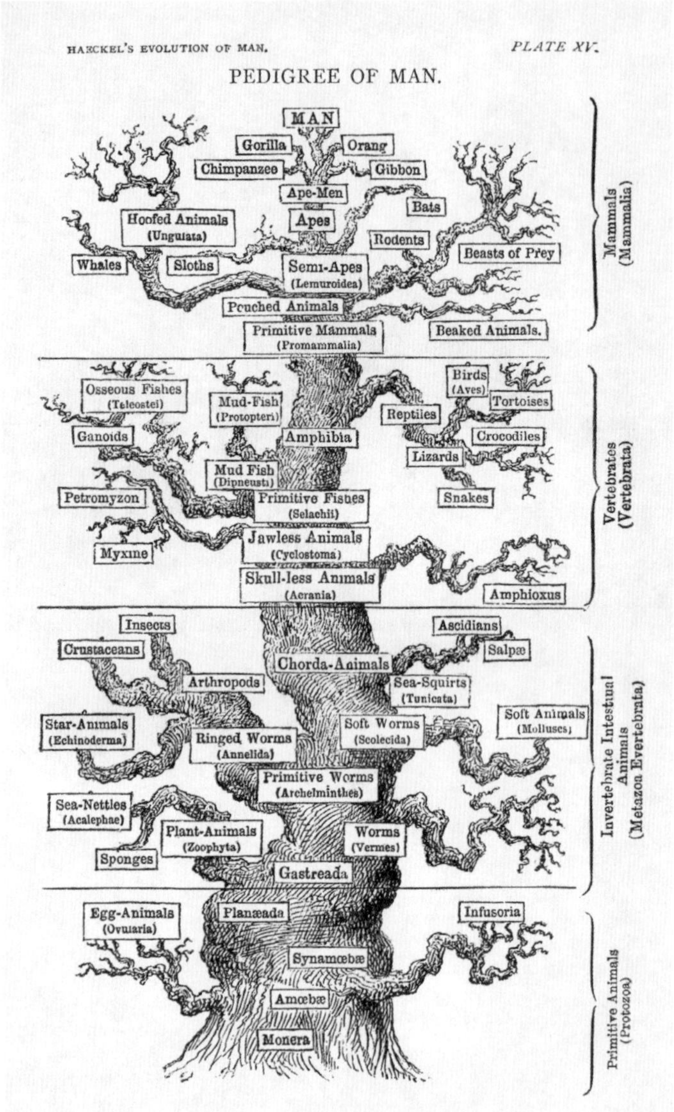

생명의 나무

독일의 생물학자 에른스트 헤켈은 다윈의 진화론을 널리 알리는 데 앞장섰으며 다윈이 제시한 '생명의 나무'를 여러 차례 그렸다.

여기에서는 시간 변화가 아무 구실도 못 한다. 이런 점에서 생명의 거대한 연쇄를 시간적 질서로 보는 다윈이 제시한 생명의 나무와 근본적으로 다르다. 이 진화론적 모델에 따르면, 지상의 모든 생명체가 마치 한 뿌리에서 나온 가지처럼 하나의 공통 유래에서 시간 변화에 따라 여러 종으로 갈라져 나온 것이기 때문이다.

아리스토텔레스의 모델은 생명체의 공통 유래나 시간적 분화의 가능성을 고려하지 않았다는 점에서 다윈의 모델과 다르지만, 두 모델 사이에는 우리가 놓쳐서는 안 될 중요한 공통점도 있다. 바로 자연의 연속성이다. 아리스토텔레스는 자연의 위계를 고정된 것으로 보면서도 각 단계 사이에 연속성이 있다는 사실을 강조한다. 그에게는 이 연속성을 설명할 만한 이론, 즉 진화론이 없었다. 하지만 그는 진화론적 연속성을 누구보다 세밀하게 관찰해서 기록했다.

> 우렁쉥이는 본성상 식물과 사소한 차이밖에 없어도 해면보다 더 동물적인 성질이 있는데, 해면은 식물의 능력밖에 가진 것이 없기 때문이다. 자연은 생명이 없는 것에서 시작해 살아 있기는 해도 동물이 아닌 것(식물)의 단계를 거쳐 동물로 연속해서 나아간다. 그 결과, 서로 매우 근접해 있기 때문에 그들의 차이는 매우 사소해 보인다.
>
> —『동물부분론』IV 5

아리스토텔레스 이후 생명계의 질서를 해석하는 지침 구실을 한 자연의 사다리 모델은 다윈의 진화론이 등장하면서 생명의 나무 모델에 자리를 내주었다. 하지만 그때까지 오랫동안 자연의 사다리는 서양의 생명관을 특징적으로 보여주는 위대하고 유일한 유산이었다. 더 정확하게 말해, 이 모델은 시대마다 다른 모습으로 변신에 변신을 거듭했다. 예를 들어, 중세 사람들은 아리스토텔레스의 생각을 수용하면서도 자신들의 고유한 세계관에 따라 이를 재해석했다. 그들은 위계질서라는 관념을 지구상의 생명체뿐만 아니라 천사와 신으로 확장해서 사람 위에 천사가 있고, 천사 위에 신이 있다고 보았다. 그리고 중세의 많은 철학자와 신학자 들이 바로 이런 위계질서 관념을 근거로 삼아 봉건사회의 질서를 옹호하려고 했다. 이런 점에서 중세에는 자연의 사다리가 생물학의 분류 틀을 넘어 봉건사회를 지탱하는 이념, 세계관 구실을 했다고 말할 수 있다. 아리스토텔레스가 제시한 자연의 사다리는 사회적 질서가 아니라 생태계의 질서를 보이려고 했다는 점에서 분명히 다르다.

태생 상어를 최초로 관찰하다

『동물지』에는 자연발생설처럼 오늘날 오류로 밝혀진 주장도 있지만, 2400년 전의 것이라고 믿기 어려울 만큼 정확하고 상세한 관찰 기록이 가득하다. 오랜 시간이 지나서야 학술적 가치를 인정받은, 상어의 생식에 관한 기록이 그런 경우다.

물고기는 대개 알을 낳는다. 아리스토텔레스의 표현을 빌리면, 이 알은 '불완전'하다. 암컷이 낳은 알에 수컷의 정액이 뿌려져야 수정되기 때문이다. (구피처럼) 새끼를 낳는 경골어류도 있지만, 대부분의 경골어류 새끼들은 이렇게 수정된 알에서 생긴다. 하지만 가오리와 상어 같은 연골어류는 다르다. 많은 수의 상어와 가오리는 난태생이어서 이들의 수정란은 모체 밖이 아니라 모체 안에서 부화한다. 태생 상어도 있다. 이 때문에 연골어류의 생식은 오늘날의 동물학자들에게나 아리스토텔레스에게나 큰 관심거리였다.

아리스토텔레스는 상어나 가오리와 같은 연골어류가 난태생이라는 사실을 분명히 알고 있었다. "상어와 그 근연종인 여우상어와 돔발상어 그리고 전기가오리, 가오리, 매끈한 가오리, 트뤼곤 등 몸이 넓은 물고기들은 앞서 말한 대로 먼저 알을 낳은 다음에 새끼를 낳는다."(『동물지』 VI 11) 어미의 배 속에서 먼저 알이 생기고, 알에서 새끼가 생기는 과정도 그는 생생하게 기술했다.

> 예를 들어, 돔발상어와 가오리의 알은 껍질이 단단해서 그 안에 난황 같은 액체가 생긴다. (…) 돔발상어의 경우, 단단한 껍질이 조각으로 부서져 내용물이 밖으로 나올 때 새끼들이 태어난다.
>
> —『동물지』 VI 10

예외도 있다. 아리스토텔레스는 『동물지』에서 '매끈한 돔발상어'가 다른 난태생 상어들과 다르다고 말한다. 이 상어 종은 자궁에 일종의 태반이 형성되어, 이로부터 알에 영양이 공급되고 새끼가 태어나며 이렇게 태어난 새끼는 탯줄로 태반과 연결되어 있다. 다시 말해 자궁과 연결되지 않고 알에서 새끼가 태어나는 난태생과 다르다는 것이다.

> 이른바 '매끈한 돔발상어'는 다른 돔발상어처럼 알을 자궁의 중간에 가지고 있는데, 알이 떠다니다가 자궁의 양 끝으로 내려간다. 새끼는 자궁에 이어진 탯줄을 가지고 태어난다. 그래서 알이 없어질 때 새끼의 모습은 네발 동물과 비슷하다. 긴 탯줄이 자궁 아래쪽에 붙어 있는데, 마치 떡잎에 붙은 것 같지만 간이 있는 태아의 중심부로 이어진다. 해부해보면 알이 없어도 영양분의 성질은 알과 같다. 네발 동물처럼 각 새끼는 난막과 특정한 막으로 싸여 있다. 초기에는 새끼가 머리를 위로 두고 있지만, 완전히 성장하면 머리를 아래로 둔다. 새끼를 잘라보면 네발 동물과 비슷하고, 내장 기관 중에는 간처럼 큰 것이 있으며 피가 많다.
>
> —『동물지』 VI 10

태생 상어에 대한 아리스토텔레스의 기술은 2000년 이상 동안 전혀 주목받지 못했다. 16세기 이후 태생 상어에 관심을 보인 몇몇 동물학자들이 있었지만, 19세기에 독일의 생물학자 요하네스 뮐러Johannes Müller가 비슷한 종의 상어를 연구한 성과를 발표한 뒤에야 사람들은 『동물지』의 기술이 옳다는 것을 확신하게 되었다. 뮐러는 1842년에 발표한 논문 「아리스토텔레스의 매끄러운 상어에 관하여Über den Glatten Hai des Aristoteles」에서 아리스토텔레스의 관찰이 정확했음을 확인했다. 뮐러의 기록은, '매끄러운 상어Mustelus mustelus'가 겉으로 보기에는 다른 상어들과 마찬가지로 난태생이지만 태아가 탯줄을 통해 어미의 자궁 내 태반 같은 곳에 붙어 있다는 점에서 예외적이라고 말한다.

매끈한 돔발상어

2400년 전 생물학적 관찰을 담은 『동물지』의 내용 중에는 19, 20세기에 와서야 비로소 주목받은 것들이 있다. '매끈한 돔발상어'가 난태생인 다른 상어들과 달리 태생이라는 기록도 그중 하나다.

태생 상어에 대한 관찰 외에도 『동물지』에 기록된 내용이 19, 20세기에야 새롭게 확인된 경우가 적지 않다. 예를 들어, 학명이 실루루스 아리스토텔리스Silurus aristotelis인 메기 종이 그렇다. 아리스토텔레스는 『동물지』에서 이 종의 특징을 들어 "가장 많은 알을 낳은 곳에서 수컷이 알을 지키고 암컷은 자리를 떠난다"(『동물지』 IX 37)고 기록했다. 이 기록에 부합하는 메기 종을 발견하고 '아리스토텔레스 메기'라는 이름을 붙인 것은 1857년의 일이다.

새 중에도 이런 예가 있는데, 그 가운데 하나가 자고perdix다. 아리스토텔레스는 같은 종의 새에게도 지역적인 '방언'이 있다면서 "자고 가운데 어떤 것은 '칵칵' 소리를 내고, 어떤 것들은 '트리' 소리를 낸다"(『동물지』 IV 9)고 썼다. 오늘날의 연구자들은 이 기술이 같은 종에 속한 두 개체군이 아니라 두 종의 자고, 즉 메추라기닭Alectoris chukar과 바위자고새Alectoris graeca에 대한 기록이라고 본다. 이 또한 20세기 중반에야 확인된 사실이다. 바위자고새는 그리스 전역과 이오니아의 몇몇 섬에 퍼져 있는 반면, 메추라기닭은 동쪽 트라키아와 에게해의 섬과 소아시아에 분포한 것으로 확인되었다.

어부가 건넨 신탁의 수수께끼

레스보스의 미틸레네 항과 칼로니 마을 사이에는 시외버스가 다닌다. 미틸레네 시장 근처 터미널에서 버스를 타고 한 시간, 다시 택시로 4킬로미터를 더 달려 칼로니 마을에 도착했다. 마을의 앞쪽에는 바다 쪽으로 입구가 열린 호수가 넓게 펼쳐져 있다. 어림잡아 둘레가 60킬로미터 정도로, 바닷물이 흘러들면서 생겨난 석호다.

> 겨울이 되면 망둥어를 빼고 모든 물고기가 퓌라의 석호 밖으로 헤엄쳐나가는데, 추위 때문이다. 석호가 바깥 바다보다 더 차갑다. 하지만 초여름이면 물고기들이 다시 헤엄쳐 들어온다.
>
> —『동물지』 IX 37

아리스토텔레스가 기록한 대로 칼로니의 석호는 물고기들의 회유지다. 겨울이 오면 석호의 물고기들이 따뜻한 물을 찾아 난바다로 나갔다가 초여름에 다시 석호로 온다. 이 물고기들이 칼로니 마을 사람들 생계의 원천이다. 어부들은 밤이 되면 호수에 그물을 내린 뒤 동트기 전에 다시 호수로 가서 그물을 거둔다. 호수에 햇살이 퍼져 가는 이른 아침, 작은 배들이 선착장에 하나둘씩 들어오고 어부들은 그물에 걸린 물고기들을 골라 통에 담은 뒤 내일을 위해 그물을 손질한다. 내가 머물던 때에는 가재, 정어리, 카브릴라 농어, 도미 등이 그물에 걸려 올라왔다.

칼로니 호수의 물고기들에 대한 아리스토텔레스의 기록 가운데 이런 구절도 있다.

> 물고기 가운데 알을 낳는 것들은 산란기가 오기 전 초여름에 한창이지만 새끼를 낳는 것들은 늦가을에 한창이다. 새끼를 낳는 것들 외에 회색 숭어와 붉은 숭어를 비롯해 숭어류의 물고기도 모두 늦

가을에 많이 잡힌다. 레스보스 주변의 바닷물고기와 석호의 물고기 들은 석호에서 새끼를 낳는다. 왜냐하면 짝짓기는 늦가을에 하지만 새끼는 봄에 나오기 때문이다. 연골어류도 수컷과 암컷이 가을에 짝짓기를 위해 떼로 몰려들지만, 봄에는 새끼를 낳을 때까지 서로 떨어져서 헤엄쳐 들어온다. 짝짓기를 위해 이들 중 대다수는 서로 몸을 잇대어 껴안는다.

—『동물지』 IX 37

아리스토텔레스의 기록은 나와 아내를 배에 태워 칼로니 호수를 돌아보게 해준 디미트리의 말과 일치하는 점이 많다. 그는 10월이면 호수의 수온이 올라 바다에서 물고기가 많이 몰려온다면서, 대표적인 어종으로 숭어를 들었다. 그런데 "레스보스 주변의 바닷물고기와 석호의 물고기 들은 석호에서 새끼를 낳는다"는 말은 어떻게 받아들여야 할까?

물론 앞서 말했듯이 아리스토텔레스도 난태생과 태생 연골어류에 대해 잘 알고 있었다. 하지만 문맥상 새끼를 낳는 물고기들에 대한 그의 기록은 연골어류에 국한된 것이 아니다. 아리스토텔레스는 상어가 아닌 경골어류 가운데도 가을에 짝짓기를 하고 봄에 새끼를 낳는 것들이 있음을 분명히 안 듯하다. 그렇다면 그가 알고 있던 새끼를 낳는 물고기들은 어떤 것이었을까? 이것은 레스보스섬에 가기 전부터 내가 품고 있던 의문이다. 그런데 칼로니 마을 방문 중 우연한 일을 계기로 이 의문이 되살아났다.

여행 마지막 날, 아침 일찍 미틸레네로 돌아가는 시외버스를 타러 가는 길에 마을 어귀에서 한 어부를 만났다. 그 전날 호숫가 선착장에서 알게 된 젊은 어부다. 새벽 뱃일을 끝내고 집으로 가던 그가 나를 보고 오토바이를 세우더니 가방에서 주섬주섬 노란 비닐봉지를 꺼내 내밀었다. 봉지에는 몸집이 제법 큰 물고기 세 마리가 들어 있었다. 뜻밖의 선물이었다. 조리할 시간이 없던 나는 사진을 몇 장 찍은 뒤 주인집 할머니에게 물고기를 건네고 마을을 떠났다. 그때까지도 나는 그 물고기 이름을 알지 못했다. 어부가 봉지를 던지듯 건네주고 떠나버리는 바람에 이름을 물어볼 겨를도 없었다.

한국으로 돌아온 뒤 『바닷물고기 도감』을 뒤적이면서 가장 비슷하게 생긴 물고기를 찾아냈다. 한 마리는 우럭으로 알려진 조피볼락Sebastes schlegelii 같고, 다른 두 마리는 망상어Ditrema temmincki처럼 보였다. 그런데 이 두 종의 물고기에게 공통점이 하나 있었다. 놀랍게도 모두 태생어다! 『바닷물고기 도감』의 설명에 따르면, 조피볼락은 "물이 차가워지는 겨울에 짝짓기를 하고 이듬해 봄에 새끼를 수십만 마리 낳"는다. 난태생이다. 조피볼락 암컷은 오뉴월에 새끼를 낳는데, "엄마 배 속에서 수십만 마리 새끼가 후드득후드득" 빠져나온다(181쪽). 망상어는 완전한 태생 물고기로 더 널리 알려져 있다. 아리스토텔레스는 볼락이나 망상어를 염두에 두고 "새끼를 낳는 물고기들"이라고 했던 것일까? 젊은 어부가 내게 준 것이 바로 그 두 종의 물고기였을까?

어부가 준 물고기 중 은색 두 마리는 망상어와 생김새가 매우 비슷한데, 몸통과 꼬리가 이어지는 부분에 검은 점이 있다는 것이 특이하다. 이 두 마리는 망상어가 아니라 아리스토텔레스가 '사르고스sargos'라고 부른 도미의 일종일 수도 있다. 디플로두스 사르구스 사르구스Diplodus sargus sargus로 분류되는 물고기는 모두 꼬리 부분에 검은 점이 있기 때문이다. 하지만 사진 속 다른 한 마리는 어디를 봐도 볼락과 똑같다. 조피볼락은 늦가을에 짝짓기를 하고 새끼를 낳는다. 칼로니를 떠나던 날 아침에 어부가 준 물고기가 새끼를 낳는 볼락이라면, 그리고 아리스토텔레스가 "새끼를 낳는 물고기들"에 대해 기록하면서 염두에 둔 것도 볼락이라면, 정말 기묘한 우연의 일치다. 아리스토텔레스의 발자취를 따라 칼로니 호숫가를 찾은 내게 그가 어부의 손을 통해 내민 호의의 선물이었을까?

막연한 추측과 기대 속에서 물고기 세 마리의 정체를 밝히기 위해 안면이 있는 해양생물학과 교수님과 레스보스에서 묵었던 숙소의 주인에게 물었지만, 만족할 만한 답은 얻지 못했다. 결국 그리스 해양생물학연구소에 문의해야 했다. 물고기 사진과 『동물지』의 기록을 보냈는데, 며칠 뒤 반가운 답이 왔다. 은색 물고기 두 마리는 그리스 근해에서 아주 흔하게 볼 수 있는 도미의 일종Diplodus annularis이고, 짙은 밤색 지느러미가 억센 물고기는 쏨뱅이의 일종Scorpaena porcus이라는 설명이었다. 하지만 그리스 근해에 난태생 물고기가 있는지에 대해서는 분명한 답을 얻지 못했다. "내가 아는 유일한 태생 물고기는 바닷말이 있는 바닥이나 석호에서 사는 해마 속 물고기인데, 아리스토텔레스의 기술에서는 실마리를 찾을 수 없다." 이것이 답의 전부였다.

내가 난태생 조피볼락으로 추측한 검은 쏨뱅이는 이름과 생김새가 우리나라 근해에서 잡히는 쏨뱅이나 조피볼락과 거의 같지

어부가 준 물고기 세 마리

칼로니 마을을 떠나던 날 아침에 젊은 어부에게 받은 물고기들은 검은 쏨뱅이(위)와 도미의 일종(아래)으로 밝혀졌다. 이 세 마리 물고기는 여행을 마친 뒤에도 마치 신탁의 수수께끼처럼 나에게 의문을 남겼다.

만 속명과 서식지가 다르다. 해양생물에 관한 사이트Marine Species Identification Portal에서 학명을 검색하면 번식 방법 항목에 '자료 없음'이라고 나온다. 혹시 그리스의 검은 쏨뱅이도 우리나라 쏨뱅이나 조피볼락처럼 난태생이 아닐까?

어부가 내게 건넨 물고기 세 마리가 신탁의 수수께끼를 던졌다. 신탁에 조회하는 것은 그리스인들에게 매우 일상적인 일이었다. 그들은 결혼이나 재산 문제 같은 개인적인 일부터 정책 결정 같은 공적인 문제까지 신탁에 의지했다. 누구보다도 지혜를 사랑하는 이성적인 사람들이 어떻게 그토록 신탁에 의지할 수 있었는지 의심스럽겠지만, 신탁과 이성을 중시하는 경향은 그리스 문화에서 동전의 양면과 같다. 신탁은 모호하다. 따라서 그 뜻을 해석하려면 추리해야 하고, 사람들의 의견을 모아 가장 그럴듯한 답을 찾아야 한다. 신탁을 푸는 과정이 이성적인 토론을 낳은 셈이다. 소크라테스는 자신의 철학적 대화가 아테네에 소크라테스보다 현명한 사람이 없다는 신탁을 푸는 과정이었다고 말한다. 따지고 보면, 모든 학문이 신탁의 풀이 아닌가? 자연의 신비를 푸는 작업이 학문적 탐구고, 이 탐구를 이성적 토론 없이는 할 수 없다. "모든 자연물에는 어떤 놀라운 것이 들어 있다"고 말한 아리스토텔레스에게도 자연 탐구는 자연의 신비를 풀어내는 과정이었다. 어부가 준 물고기 세 마리는 내가 쏨뱅이의 세계를 들여다보게 했다. 그리고 또 다른 의문을 남겼다. '검은 쏨뱅이'는 어떻게 번식할까?

새들의 낙원 레스보스

레스보스는 조류학자들의 관심 지역이기도 하다. 조류 전문 연구자를 비롯해 아마추어 연구자까지 새를 관찰하려고 이 섬을 찾는다. 레스보스가 연구자들의 관심을 끄는 가장 큰 이유는 물론 이곳에 희귀종 새가 많이 서식한다는 데 있다. 희귀종으로 등록된 텃새를 포함해서 300종이 넘는 새들이 확인되었다. 다윈이 찾아간 갈라파고스제도만큼은 아니라도, 육지에서 떨어진 공간적 특성이 희귀종 새가 서식할 수 있는 환경을 제공했을 것이다.

레스보스는 철새들의 경유지로도 유명하다. 철새들이 남북으로 오가는 길목에 섬이 있기 때문이다. 멀리 북쪽의 흑해 연안에서 아프리카 대륙으로 이어지는 하늘길이 섬을 가로질러서, 봄가을에는 레스보스의 푸른 하늘을 배경으로 날아가는 철새 무리를 볼 수 있다. 철새들은 이동 중에 이 섬에 내려앉아 몇 시간이나 며칠 동안 휴식을 취한다. 작은 강줄기와 해안의 늪지대를 따라 두루미, 제비갈매기, 노랑부리저어새, 각종 해오라기, 왜가리, 따오기, 플라밍고 들이 흔히 눈에 띈다. 지금이나 2400년 전이나 이런 광경은 방문객의 눈길을 사로잡는다. 아리스토텔레스는 철새의 이동에 대해 담담한 기록을 남겼다.

> 어떤 동물들은 자신들에게 익숙한 곳을 떠나지 않고 거기서 살아갈 방법을 찾는 데 반해 다른 동물들은 사는 장소를 옮긴다. 이런 동물들은 추분이 지나면 폰토스와 추운 지역에서 다가오는 추위를

레스보스 하늘을 나는 플라밍고

수백 종의 희귀종 텃새들과 봄가을에 찾아오는 철새들, 여기에 그리스의 다른 섬에서 느낄 수 없는 한적함을 갖춘 레스보스는 탐조가들의 낙원이다. 강가와 해안 늪지대에서 두루미, 제비갈매기, 노랑부리저어새, 각종 해오라기, 왜가리, 따오기, 플라밍고 등을 만날 수 있다.

피해 이동하고, 춘분이 지난 뒤에는 따뜻한 곳에서 더위를 피해 이동한다. 어떤 동물들은 인근 지역에서 장소를 옮기지만, 두루미 같은 동물은 극지에서부터 이동한다. 이들은 스키티아인의 땅에서 이집트 남쪽, 나일강이 발원하는 늪지대로 날아간다.

—『동물지』 VIII 11

아리스토텔레스에게는 레스보스를 찾는 철새 가운데 특히 두루미 떼의 모습이 인상적이었던 것 같다. 그는 철새가 무리 지어 날아가면서 어떻게 '집단지성'을 발휘해 행동하는지, 어떻게 의사소통을 하는지에 대해 꼼꼼히 기록했다.

두루미에게서도 지혜로운 행동이 많이 눈에 띈다. 두루미는 먼 곳까지 날아가며 전망을 위해 높이 날아오른다. 그리고 구름이나 안 좋은 날씨를 만나면 하강해서 쉰다. 또한 두루미들 사이에는 우두머리가 있으며 (비행하는 무리의) 맨 끝에는 소리꾼이 자리해 그 소리를 들을 수 있다. 땅에 머물 때 보통 두루미들은 날개 밑에 머리를 처박고 다리를 번갈아가며 몸을 의지한 채 잠을 자는데, 우두머리는 머리를 쳐들고 파수를 보다 뭔가 감지하면 소리를 질러 신호를 보낸다.

—『동물지』 IX 10

나는 몇 해 전 독일의 한 학회에서 이 구절을 실마리로 삼아 새들의 의사소통에 관한 논문을 발표했다. 아리스토텔레스가 새들의 의

사소통을 어떻게 설명했는지가 발표 주제였다. 그의 설명은 아주 명료하다. 다른 동물들처럼 새에게도 감각이 있다. 새는 감각을 통해 기후 변화, 포식자의 출현, 짝짓기 상대의 등장 같은 외부 정보를 지각하고 이를 다양한 소리로 표현한다. 다시 말해, 새소리는 외부 세계에 대한 감각 내용을 표현하는 코드화된 매체다. 물론 발성 기관이 발달해서 다양한 분절음을 낼 수 있는 새는 그 모든 소리를 동원해서 더 많은 정보를 표현할 수 있다. 더욱이 새가 지각한 내용은 특정한 소리와 연결되고 기억 속에 저장된다. 동물에게도 당연히 기억 능력이 있기 때문이다. 그런 뒤에는 동료가 내는 소리만 듣고도 그 소리가 표현하는 감각 정보를 연상할 수 있다. 예컨대 기후 변화를 감지할 때 내는 소리를 들으면 기후 변화에 대응하고, 포식자가 나타났을 때 내는 소리가 들리면 몸을 숨기는 식이다. 아리스토텔레스는 바로 이렇게 새들이 발성을 통해 외부 세계에 대한 정보를 교환하는 방식을 설명했다. 이 설명에 따르면 어떻게 철새 떼의 우두머리가 "뭔가 감지하면 소리를 질러 신호를 보내는지" 이해하기가 어렵지 않다.

소리를 내며 레스보스 하늘을 날아가는 두루미들의 모습을 보고 싶었지만, 내가 칼로니 호숫가에 머무는 동안 철새 무리는 보이지 않았다. 철새가 이동하는 시기가 아니었기 때문이다. 하지만 마을 사람들이 내게 칼로니 마을에서 10킬로미터 정도 떨어진 플라밍고 서식지를 알려주었다. 칼로니에서 미틸레네로 가는 고속도로 옆 염전 근처다. 나는 자전거를 타고 그곳에 갔다. 고속도로를 자전거로 달리는 것이 위험하고 유럽의 다른 도시에서는 상상하기 어려운 일이지만, 이곳에서는 대수롭지 않은 일상인 것 같았다. 플라밍고 서식지에 자전거로 갈 수 있느냐고 물었을 때 칼로니 마을 사람들은 '40분 정도 가면 된다'고 쉽게 대꾸했다. 사실 오가는 차들이 많지 않아 위험할 것도 없었다. 염전을 벌판이 감싸고, 이 벌판을 산이 에워싸고, 산에는 바다가 둘러 있고, 코발트색 바다는 옅은 파란색 하늘과 잇닿아 있었다. 소금기가 많기 때문인지 벌판에서는 초록색을 찾아보기 힘들다. 빛바랜 누런 관목이 벌판을 뒤덮어 갈대밭 같은 모습이다. 이런 벌판을 가로질러 바다에서 염전으로 물줄기가 흘러든다. 축구장 몇 개가 들어갈 만큼 넓은 사각형 소금밭들이 붙어 있다. 벌판 곳곳에 서 있는 탐조대가 보인다. 철새가 찾는 곳이고, 새를 관찰하려는 사람들이 찾는 곳이다.

나도 반바지와 챙이 있는 모자 차림에 망원경을 목에 걸고 탐조대에 올라가 조류 연구가 흉내를 내보았다. 내 손에 들린 망원경은 거의 장난감 수준이라, '다음에는 더 그럴듯한 망원경을 가지고 가을에 와서 철새를 보겠다'고 마음먹었다. 하지만 그곳에 다시 가서 정말 하고 싶은 일은 따로 있다. 염전을 에워싼 포장도로에서 자전거를 타는 것이다. 그 길은 고속도로와 달리 차가 없고, 사람도 보이지 않았다. 뜨거운 태양, 바다에서 불어오는 거센 바람, 누런 관목의 벌판, 벌판 저편의 바다와 벌판을 둥글게 둘러싼 산줄기, 벌판 한쪽에 피라미드처럼 솟은 하얀 소금 산이 눈에 보이는 전부였다. 그곳에서 감각에 충실한 시간을 즐길 수 있었다. 눈을 가득 채우는 다채로운 풍광, 귀를 가득 채우는 바람 소리, 피부에 닿는 따가운 햇살과 바람에 날리는 옷감의 감촉, 페달을 밟을 때마다 느껴지는 다리의

탐조대에서 바라본 철새 도래지

칼로니 마을에서 미틸레네로 가는 고속도로 옆 염전 근처에 있는 플라밍고 서식지를 찾아갔다. 누런 벌판 곳곳에 선 탐조대에 올라 조류 연구가 흉내를 내보기도 했다.

율동감……. 바람에 떠밀리면서 두 시간 가까이 자전거를 탔다. 마치 여름의 태양을 만끽하며 가을의 풍경으로 빨려 들어가는 기분이었다. 그것은 페르시아 왕의 화려한 잔칫상과도 바꿀 수 없을 만큼 호화롭고 순수한 감각의 향연이었다. 그곳에 다시 가면 미키스 테오도라키스의 음악에 맞춰 조르바의 춤을 추고 싶다.

아테네의 아카데미아를 떠난 아리스토텔레스에게 레스보스는 새로운 아카데미, 노천 아카데미아였다. 그에게 중요한 것은 철학적 변증술이 아니라 자연에 대한 관찰과 기록이었다. 가을 저녁, 철새들이 무리 지어 날아가는 서쪽 하늘을 바라보면서 아리스토텔레스는 어떤 기분이었을까? 해초가 밀려와 검은빛을 띠는 호숫가를 거닐 때는 어떤 느낌이었을까? 그리스 문화의 중심지 아테네로부터 멀어진 데서 오는 적막감과 외로움이었을까, 정치적 갈등과 논쟁에서 벗어난 해방감과 자연 관찰에서 오는 순전한 만족감이었을까?

아리스토텔레스가 마케도니아의 장군이자 절친한 친구인 안티파트로스에게 쓴 편지에서 아테네 사람들의 아첨을 언급하며 그들의 방해로 연구할 여유를 찾기 어렵다고 토로한 적이 있다. 그가 방랑을 끝내고 아테네로 돌아가 마케도니아의 지원을 받으며 뤼케이온을 운영할 때의 일이다. 레스보스섬에 머무는 동안 아리스토텔레스에게는 아첨하는 사람도, 청탁하는 사람도 없었다. 석호의 어부와 인근의 사냥꾼 들이 그의 친구이자 정보원이었다. 아리스토텔레스는 그들이 들려주는 물고기와 새 들의 이야기에 귀 기울이고, 그렇게 들은 이야기를 확인해서 기록했다. 하지만 그 누구보다 아리스토텔레스 자신이 인내심과 섬세함을 갖춘 최고의 관찰자였다. 그가 남긴 문헌은 대부분 직접 관찰에 따른 기록이다. 이것들은 서양 최초의 생물학적 기록이며 여기서 서양의 생물학과 자연과학이 시작되었다.

레스보스, 갈라파고스, 흑산도

아리스토텔레스의 레스보스 체류가 서양 생물학에서 차지하는 의미는 다윈의 갈라파고스제도 탐험이 현대 진화론에서 차지하는 의미와 견줄 수 있다. 다윈은 비글호를 타고 남아메리카를 탐험하다 1835년 갈라파고스제도에 발을 디뎠다. 에콰도르 해안에서 서쪽으로 1,000킬로미터 떨어진 이 제도에는 가장 큰 이사벨라섬을 중심으로 크고 작은 섬 열아홉 개가 있다. 다윈이 섬에 첫발을 들여놓았을 때 이곳에는 육지에서 볼 수 없던 동물들이 태곳적 모습 그대로 또는 섬 특유의 환경에 적응한 모습으로 살고 있었다. 이 "지글지글 불타는 뜨거운 제도"는 "온갖 파충류들의 낙원"이었다.(에이드리언 데스먼드·제임스 무어, 『다윈 평전』, 228쪽) 무게가 200킬로그램이나 되는 코끼리거북, 몸길이가 1.5미터인 바다이구아나와 육지이구아나 같은 파충류, 날개가 퇴화한 코바네우, 작은 갈라파고스펭귄 등이 섬의 주인이었다. 그 가운데 훗날 다윈 덕에 이름을 얻은 '다윈핀치'도 있었다.

갈라파고스제도는 다윈에게 새로운 과거 세계였다. 이곳에 사는 동물들의 모습은 세상의 동물들이 창조된 시점부터 아무 변화 없이

고정된 형태로 존재한다는 기독교 세계관을 반박하기에 좋은 증거였다. 그는 이곳에서 모은 핀치 샘플을 분류하면서 또 다른 사실도 발견했다. 핀치의 부리와 몸통이 새로운 환경에 적응해서 견과, 과일, 벌레를 잡아먹기에 알맞은 방식으로 변했다는 사실이다. 『종의 기원』(1859)이 나오기 25년 전에 한 관찰이다. 이 사소한 관찰이 훗날 자연선택설의 실마리가 되어 세상을 바꿀 줄은 다윈 자신도 몰랐을 것이다.

레스보스의 아리스토텔레스를 떠올릴 때마다 그와 겹쳐지는 인물이 또 있다. 흑산도에서 물고기를 연구한 정약전이다. 병조 좌랑 벼슬까지 한 양반이 비린내 나는 물고기에 관심을 쏟은 것은 아리스토텔레스나 다윈이 처한 상황과 전혀 다른 시련 때문이었다. 1801년, 44세의 정약전은 천주교도 박해에 희생되어 흑산도로 유배된다. 16년에 이르는 유배 기간 중 처음 6년을 우이도(소흑산도)에서 보낸 뒤 대흑산도로 가 그곳에서 세상을 떠났다. 목포에서 흑산도까지 92킬로미터, 당시 돛단배로 여드레를 가야 하는 길이었다고 한다. 망망대해에 떠 있는 잎사귀 같은 조각배에 몸을 싣고 떠나는 이 길이 귀향을 기약할 수 없는 저승길이 아니면 무엇이었을까?

바람과 파도만 말을 거는 외로운 섬에서 정약전은 마지막 순간까지 해배의 부름을 기다렸지만, 소식이 오지 않았다. 그러나 16년 유배 생활은 헛되지 않았다. 그가 대흑산도에 머무는 동안 『자산어보』를 남길 수 있었기 때문이다. 이 책이 처음에 어떤 형태였으며 어떻게 후대에 전해질 수 있었는지는 확실치 않다. 집필과 전승 과정이 가려져 있으니 소설이나 영화의 소재도 될 만하다. 어쨌건 지금 우리에게는 세 권으로 된 『자산어보』가 있다. 이 책에 기록된 해양 생물 226종 가운데 물고기가 110여 종이다. 정약전은 『자산어보』 1권과 2권에서 개별 종, 중간류, 최고류의 체계에 따라 (오늘날 각각 돗돔과 민어로 불리는 대면어와 면어 등을 머리에 돌 같은 뼈가 있는 '석수어石首魚'에 넣고, 석수어는 다시 비늘 있는 것을 가리키는 '인류鱗類'에 넣는 식으로) 물고기들을 분류하고 각각의 종을 크기, 형태, 색깔, 내부 기관, 생태, 회유, 어획법, 이용법 등에 따라 자세히 기록했다. 그가 한갓 물고기에 관심을 기울인 이유가 뭘까?

아마도 섬에 유배된 양반의 소일거리가 그것밖에 없었다는 것이 가장 큰 이유일 것이다. 섬마을의 아이들을 모아 『천자문』을 가르치고 바닷가를 거닐며 물고기를 관찰하는 것 말고 할 일이 있었겠는가? 같은 시기에 진해에서 유배 시간을 보낸 김려金鑢의 상황도 다르지 않았다. 그도 신유박해로 우해, 즉 진해에 유배되어 『우해이어보』를 지었다. 그는 "기이하고 괴상하며 놀라운 물고기들"을 발견하고 그것들의 형태, 색채, 성질, 맛을 기록하면서 "훗날 성은을 입어 살아서 돌아가면 농부와 나무꾼과 논밭에 물 대고 김매는 사이에 이곳의 풍물에 대하여 (…) 저녁 무렵 이야깃거리로 두루 쓰려는 것"을 목적으로 삼는다. 그리고 "만에 하나라도 감히 지식이 해박한 제현諸賢들에게 도움이 될 만한 것들이 있지는 않다"고 집필 의도를 깎아내린다(16~17쪽).

『자산어보』는 『우해이어보』와 비슷한 시기에 비슷한 상황에서 쓰였지만 집필 의도는 전혀 달랐다. 정약전의 집필 목적은 단순히 유배지의 무료함을 달래거나 다른 사람들에게 이야깃거리를 주는 것이 아니었다. 『자산어보』 서문에 분명하게 밝힌 집필 의도는 이렇다.

> 자산 바다의 어족은 지극히 번성하다. 하지만 내가 이름을 아는 어족은 거의 없었다. 이것이 박물에 관심 있는 이들이 잘 살펴야 할 점이다. 그리하여 내가 섬사람들에게 이것저것을 물어보아 어보를 짓고자 했으나 사람마다 말이 달라 딱히 의견을 좇을 만한 이가 없었다.
>
> (…) 돌이켜보면 내가 고루해서 본초서에 이미 나오는 생물인데도 그 이름을 알 수 없거나, 예전부터 그 이름이 없어서 고증할 근거가 없는 생물이 태반이었다. 이 때문에 민간에서 부르는 사투리에만 의존할 수밖에 없었는데, 이러한 경우에 표기할 수 없는 생물은 그때마다 함부로 그 이름을 만들어 냈다[作名].
>
> 뒤에 오는 군자가 이런 점들을 근거로 수정하고 보완한다면 이 책은 병을 치료하고[治病], 쓰임을 이롭게 하며[利用], 재물을 잘 관리하는[理財] 여러 전문가에게 진실로 바탕으로 삼을 만한 내용이 있을 것이며, 또한 시인들이 좋은 표현을 위해 널리 의지할 때 그때까지 알지 못했던 정보를 제공해 줄 정도일 뿐이다.
>
> —『자산어보』, 30~31쪽

위의 글에서 '본초서'는 중국 명 대의 학자 이시진李時珍이 지은 『본초강목』을 가리킨다. 『자산어보』는 『본초강목』의 분류에 기반을 두고 거기 쓰인 종의 이름을 많이 차용했다. 이런 점에서 『자산어보』는 『본초강목』과 상당 부분 겹치는 인상을 줄 수 있다. 하지만 두 책 사이에는 근본적으로 다른 점이 있다.

『본초강목』은 의서다. 따라서 물고기의 약효를 따질 뿐 물고기의 분류 자체가 목적은 아니다. 『자산어보』는 다르다. 물론 정약전도 '치병'과 '이용'은 물론이고 시인에게 문학적 소재를 제공하려고 집필했다고 밝혔고, 개별 종에 대해 기술하면서도 이런 점을 고려했다. 그러나 『자산어보』는 본질적으로 의서가 아니라 박물학책이다. 만일 그가 실용성을 염두에 두었다면, 물고기를 근연종까지 밝혀가며 분류할 필요는 없었을 것이다. 바로 이 무용함에 『자산어보』의 진정한 가치가 있다. 실용성을 떠난 이론적 관찰의 싹이 있기 때문이다. 그래서 우리는 그 분류법의 옳고 그름을 떠나 『자산어보』를 "본격적인 어류 연구서"이며 "조선의 자연과학적 연구의 성과"(홍이섭, 『조선과학사』, 266쪽)라고 평가할 수 있다.

아리스토텔레스의 『동물지』와 정약전의 『자산어보』 사이에는 넘을 수 없는 시간적, 공간적 거리가 있다. 그러나 두 사람의 연구 상황에 중요한 공통점이 있다. 아리스토텔레스의 시대에도 실용적인 목적에서 물고기들을 다룬 의학서가 있었다. 『히포크라테스 전집』에 속한 「섭생에 대하여De Diaeta」가 대표적인 예다.

「섭생에 대하여」는 사람의 체질이 수분과 열기의 많고 적음에 좌우된다는 생각에 기반을 두고 신체의 균형에 맞는 음식이 어떤 것인지를 소개한다. 그리고 이런 목적에서 물고기를 수분이 없어 빡빡한 것과 수분이 많아 부드러운 것으로 나눈다. 같은 맥락에서 키조개, 삿갓조개, 뿔달팽이 같은 연체동물은 변비를 일으키는 것과 달리 연골어류는 몸의 수분을 늘려 설사를 일으킨다고 밝히기도 한

식물학과 광물학의 선구자 테오프라스토스

아리스토텔레스와 정약전은 섬이라는 격리된 공간에서 물고기를 연구했다. 하지만 이들에게는 늘 곁에서 관찰과 연구를 돕는 사람들이 있었다. 정약전의 물고기 연구가 흑산도 청년 장창대張昌大 덕분에 가능했다면, 아리스토텔레스를 도운 사람은 테오프라스토스다. 레스보스의 에레소스 출신인 테오프라스토스는 아카데미아에서 아리스토텔레스를 만났다. 그는 총명하고 부지런했으며, 친절하고 이야기하기를 좋아했다고 한다. 본명이 '튀르타모스'였던 그에게 아리스토텔레스가 '테오프라스토스'(신적인 언변을 가진 사람)라는 이름을 지어주었다고 하니, 그의 언변이 매우 뛰어났던 것 같다. 그는 거류민 신분이었지만 아테네인들에게 사랑과 존경을 받았다. 그가 죽었을 때 아테네의 모든 시민이 장례식에 참여했다고 한다. 소크라테스, 플라톤, 아리스토텔레스도 누리지 못한 명예를 누린 셈이다.

에레소스 해변의 테오프라스토스 두상

아리스토텔레스가 아소스에 머무는 동안 테오프라스토스도 '아카데미아 분교'의 연구 활동에 가담했다는 것은 거의 확실하다. 그의 저술에 아소스 지역에서 나는 광석이 언급되기 때문이다. 사람들은 아리스토텔레스가 아소스에서 레스보스로 거주지를 옮긴 것도 테오프라스토스의 권유 때문이라고 추측한다. 두 사람은 이미 아카데미아 시절부터 스승과 제자로 인연을 맺고 아리스토텔레스가 아테네를 떠난 뒤부터 자연 연구의 길을 함께 간 셈이다. 테오프라스토스는 아리스토텔레스가 마케도니아 왕궁에서 알렉산드로스의 가정교사로 지낼 때나 아테네로 돌아가 뤼케이온을 세우고 학생들을 가르칠 때도 그의 곁에 있었다. 아리스토텔레스가 죽은 뒤에는 뤼케이온의 2대 교장이 되어 페리파토스학파를 이끌었다.

아리스토텔레스와 테오프라스토스는 함께 자연을 연구하면서 학문적 분업을 실천했다. 분업 원칙은 두 사람이 레스보스섬에 머물 때부터 지켜진 것 같다. 아리스토텔레스는 주로 동물 세계 연구에 전념한 데 반해, 테오프라스토스는 식물과 광물에 대해서도 연구했다. 테오프라스토스가 레스보스섬 출신이기 때문에 그곳 환경에 대해 아리스토텔레스보다 훨씬 잘 알았을 것이다. 두 사람은 레스보스섬의 동식물은 물론이고 광물까지 함께 관찰했으며 관찰 내용을 함께 분석하고 체계적으로 분류했다. 서양의 자연과학사를 거슬러 올라가면, 그 첫 장에서 이 두 사람을 만날 수밖에 없다.

테오프라스토스도 아리스토텔레스 못지않게 많은 저술을 남겼다. 그의 저술 목록을 보면 아리스토텔레스의 저술 목록과 비슷하게 철학적 주제나 동물 연구와 관련된 제목이 있지만, 『돌에 대하여』『광산에 대하여』를 비롯해 방대한 『식물지』『식물의 원인에 대하여』『수액에 대하여』 등 스승의 저술 목록에 없는 제목도 눈에 띈다. 그의 연구가 중심을 어디에 두었는지 분명하게 보여주는 제목들이다. 단편만 남은 이 저술들의 내용을 온전히 복원하기는 어렵지만, 자연과학의 전통에서 테오프라스토스의 연구가 중요한 자리를 차지한다는 사실만큼은 분명하다. 우리는 레스보스섬의 서쪽 끝 시그리의 자연사 박물관 곳곳에서 그의 흔적을 찾을 수 있다.

다. 그러나 『동물지』가 물고기들을 다루는 방식은 이와 다르다.

아리스토텔레스는 물고기들의 기관이나 생김새, 번식 방법, 서식지와 이동 경로 등에 대해서는 자세히 기술해도 약효나 요리법에 대해서는 전혀 언급하지 않는다. 『동물지』가 과거의 의서와 달리 물고기를 실용성이라는 관점 대신 순수하게 이론적인 관점에서 다룬다는 것이 여기서 분명히 드러난다. 아리스토텔레스 덕분에 비로소 물고기는 인간의 소비 대상이 아니라 학문 연구의 대상이 되었다.

칼로니 마을 사람들과 '환대의 에토스'

내가 아리스토텔레스에 대한 글을 계획한 때는 2015년 4월이다. 집필을 위해 취재 여행을 떠나려고 보니 걸리는 일이 한두 가지가 아니었다. 무엇보다 부정적이기만 한 그리스 관련 보도가 마음에 걸렸다.

2008년 금융 위기에서 시작된 그리스의 경제적 파탄 상황은 7, 8년이 지나도록 나아질 기미를 보이지 않았다. 그리스 정부는 EU에 부채 탕감을 요구하고 EU는 그리스에 구조 조정을 강제하는 줄다리기가 계속 이어졌다. 이 무렵 독일 언론에서 제작한 다큐멘터리 영화를 봤는데, 의약품이 없어서 사람들이 병원을 떠돌고 실직자들은 거리로 쫓겨나고 거리의 노숙자들은 기자나 관광객이 자신에게 카메라를 들이댄다는 이유로 택시 유리창까지 깨면서 폭언을 내뱉는 장면이 충격적이었다.

엎친 데 덮친다는 말을 이런 경우에 쓰는 것일까? 그리스가 2011년에 터진 시리아 내전의 간접 '피해국'이 되었다. 내전이 확대되면서 고향을 잃은 난민들이 꼬리에 꼬리를 물고 그리스로 몰려들었기 때문이다. 특히 레스보스, 키오스, 코스 등 그리스 동부의 섬들과 아테네는 유럽으로 가려는 난민들의 기착지였다. 경제적으로 벼랑 끝에 몰린 그리스인들의 분노가 어느 쪽으로 표출될지는 불 보듯 뻔했다. 2017년 6월 중순, 한 달 앞으로 다가온 여행 계획을 세우고 있을 때 또 다른 복병이 나타났다. 레스보스섬과 인근 지역에 진도 6.2의 강진이 일어나 건물들이 부서지고 도로가 끊겼으며 사상자가 났다는 뉴스였다. 더 큰 지진이 일어나 이 화산섬이 통째로 날아갈지도 모른다는 흉흉한 소문까지 떠돈다고 했다.

하루에 2,000명이 넘는 난민이 몰려든다는 레스보스에 지진까지 났다면, 여행을 포기해야 하지 않을까? 내가 종군기자도 아닌데……. 출판사에서는 레스보스를 빼고 여행할 수 있겠냐고 물어왔다. 하지만 아리스토텔레스 학문의 요람인 레스보스를 방문하지 않고 그의 자취를 좇는다는 것은 의미가 없는 일이었다.

여행 계획을 짜고 있을 때 다소 뜻밖의 기사도 만났다. 「'난민과의 연대' 상징 된 그리스 레스보스섬 할머니들」(2016년 3월 8일자 경향신문)이다. 이 기사에 레스보스섬 할머니 세 분이 어느 돌담 앞 벤치에 나란히 앉은 사진이 달렸는데, 그중 한 할머니는 갓난아기에게 우유를 먹이고 있었다. 사진 속 아기의 젊은 엄마는 시리아 난민이라는데, 표정이 전혀 우울하지 않았다. 할머니들에게 아기를 맡겨 홀가분하다는 듯 신나는 표정으로 누군가와 이야기하고 있었다. 기

환대의 에토스를 간직한 레스보스섬

시리아와 아프가니스탄 등에서 유럽으로 향하는 많은 난민들이 레스보스섬을 거쳐간다. 신문 기사 속에서 난민 아기에게 우유를 먹이던 할머니는 자신도 한때 전쟁을 피해 레스보스섬에 온 난민이었다고 했다. 바다에 점점이 흩어진 섬에 살면서 '지금 내가 맞이하는 손님이 언젠가 나를 맞이하는 주인일 수 있다'는 사실을 깨달은 그리스 섬사람들은 이로부터 환대의 에토스를 일구어냈을 것이다.

사는 아기에게 우유를 먹인 80대 할머니가 노벨평화상 후보로 추천됐다는 소식을 전했다. 가슴이 뭉클해지는 기사였다. 어떻게 이럴 수 있을까? 레스보스섬 사람들의 선의가 이해되지 않았다. 그런 내게 이듬해의 레스보스 여행은 이 기사가 결코 거짓이 아님을 확인시켜주었다.

칼로니 마을의 숙소에서 나와 아내를 맞은 마리안세도 사진 속 레스보스 할머니들과 다르지 않았다. 나이는 일흔이 넘었지만 당당한 체구에 기운이 넘치면서도 표정이 부드러웠다. 작은 안마당이 있는 아담한 2층집에서 3대가 모여 사는데, 나와 아내를 맞는 식구들의 표정이 모두 환했다. 긴장을 풀어주는 따뜻한 미소와 다정한 말투도 한결같았다. 2층 방에 짐을 내려놓고 차가운 대리석 바닥에 누워보니 아테네와는 다른 편안함과 안도감이 있었다. 안마당에서 두런거리는 소리, 옆집 지붕 위의 비둘기 소리, 멀리서 이따금 들리는 자동차 소리, 동네 아이들이 노는 소리, 개 짓는 소리, 매미 소리, 바람 소리……. 잊고 있던 소리의 세계에 빠져들면서, 먼 곳에 와서 뜻하지 않게 어린 시절의 고향으로 돌아간 듯한 나른함이 찾아왔다.

칼로니 마을 한복판의 작은 광장은 숙소에서 100미터도 떨어지지 않았다. 물가에 식탁을 차려놓은 식당 '디오니소스'에서 메뉴판을 가져온 청년에게 아리스토텔레스 두상을 가리키면서 여행 목적을 설명했더니, 청년은 안색이 밝아지면서 반가워했다. 호수에서 배를 탈 수 있냐는 물음에 청년은 선착장에 있는 배 한 척을 가리키면서 디미트리라는 선주를 소개해주었다.

까만 모자, 까만 티셔츠, 반바지 차림에 피부가 여기저기 벗겨진 디미트리는 마을에서 보기 드문 인텔리였다. 나중에 안 사실이지만, 그는 캐나다에서 유학하고 세계 여행을 했다고 한다. 기름값이 비싸다면서 호수의 절반을 세 시간 동안 도는 데 200유로라고 했다. 적당한 값인지 모르겠고 그 돈을 내고 굳이 세 시간씩 배를 탈 필요는 없을 것 같아 한 시간 반만 타겠다고 했다. 디미트리도 흔쾌히 동의했다. 하지만 곧장 탈 수는 없었다. 호수의 날씨가 쉴 새 없이 바뀌기 때문에, 배를 물에 대려면 경찰의 승인을 받아야 한다고 했다. 실제로 우리는 이틀 뒤에야 배를 탈 수 있었다.

배가 호수 언저리를 돌기 시작하자, 디미트리는 곳곳에서 물에 잠긴 고대 유적지와 호수 저편의 먼 산을 가리키며 화산활동이 멈추지 않았다고 말했다. 그의 설명으로는 호수의 깊이가 대개 4~15미터고, 가장 깊은 입구 쪽 일부 구역은 30미터나 된다. 지금은 물고기가 많지 않지만, 10월이 지나 호수의 수온이 상승하면 물고기도 많아진다. 남획 때문에 어획량이 줄어서 걱정이라는 그가 '여름이 가고 관광객의 발길이 끊어지면 호수에 물고기가 많아져서 먹고산다'고 했다. 왠지 이 말이 오랫동안 잊히지 않는다.

배를 탄 지 한 시간 반이 지나고, 두 시간이 훌쩍 넘었다. '약속한 시간을 잘못 들었나? 세 시간 타고 200유로를 줘야 하나?' 다소 당황스러웠다. 중간에 그만 돌아가자고 말하기가 민망해서 세 시간 넘게 배를 탔다. 하지만 디미트리는 100유로를 받았다. 10유로를 더 주겠다고 했지만 받으려 하지 않았다. 결국 내 강권에 못 이겨 돈을 받은 그가 커피를 사겠다고 했다.

칼로니 마을의 어부들

호수에 햇살이 퍼져가는 이른 아침, 작은 배들이 선착장에 하나둘씩 들어온다. 어부들은 그물에 걸린 물고기들을 거두고 그물을 손질한다. 내게 물고기를 보여주며 이름을 일러주던 이들의 조상이 아리스토텔레스에게는 중요한 정보원이었을 것이다.

카페에서 한 시간 넘게 나눈 대화는 난민 문제로까지 이어졌다. 내가 난민 때문에 고민이 있지는 않은지 조심스럽게 묻자 그가 간단히 대답했다. "우리도 난민이었다." 여행 전 본 기사에서 시리아 난민 아기에게 우유를 먹이던 할머니가 했다는 말과 똑같았다. 기사에 따르면 어머니가 "1922년 그리스-터키 전쟁을 피해 레스보스섬에 온 난민"이었다는 할머니는 "난민 자녀로서 그들을 친절하게 대하는 것은 도덕적 의무"라고 말했다.

칼로니 마을과 레스보스섬을 여행하면서 나는 이른바 '관광지 인심'이나 '상술' 같은 것을 경험한 적이 없다. 미리 나서서 친절을 베풀지는 않아도 여행자의 질문을 피하는 경우는 없었다. 자기가 모르면 다른 사람에게 물어서라도 필요한 사실을 알려줬다. 느린 대화 덕분에 예상치 못한 곳을 구경한 경우도 많다. 판타지 영화에 나올 것같이 아름다운 정교회의 수도원, 화석림, 테오프라스토스의 사진과 책 들이 전시된 화석림 자연사 박물관, 플라밍고 서식지 등이 모두 그렇게 찾은 곳이다.

특히 즐거웠던 것은 어부들과 함께한 시간이다. 말이 잘 통하지 않아서인지 그들은 말수가 적었다. 하지만 말투와 표정, 손발의 움직임에서 그들의 속 깊은 친절이 묻어났다. 이른 아침에 만난 그들은 내게 잡은 물고기를 보여주며 이름을 일러주었다. 한 어부는 자신이 잡은 커다란 낙지를 자랑스레 흔들어 보이기도 했다.

아마 '위대한 철학자'도 그랬을 것이다. 그의 생물학 저술에 간접증언이 많다. 어부, 사냥꾼은 그에게 중요한 정보원이었을 것이다. 아리스토텔레스는 직접 관찰한 것과 다른 사람에게 들은 것을 분명하게 구분하고 기록했다. 배움에서 '청각'의 구실에 대한 『형이상학』의 발언은 누구보다도 그 자신에게 적용될 것이다.

> 벌을 비롯한 여러 동물처럼 소리를 듣는 능력이 없는 것들은 생각이 있어도 배우지는 못하고, 기억과 함께 청각 능력이 있는 것들은 배운다.
>
> —『형이상학』I 1

지금도 칼로니 마을에서 만난 사람들을 떠올리면 마음이 따뜻해져온다. 그들 모두를 잊을 수 없지만, 가장 기억에 남는 사람은 역시 마을을 떠나던 날 아침 길거리에서 우연히 마주친 내게 물고기 세 마리를 준 청년 어부다. 내게 신탁의 물고기를 던지듯 건네준 바로 그 사람이다.

시외버스를 타고 미틸레네로 돌아오면서 나는 '환대의 에토스'에 대해 많이 생각했다. 그리스의 섬사람들은 어떻게 환대의 에토스를 갖게 됐을까? 아리스토텔레스의 행동 이론에 따르면 '에토스'는 습관적 행동으로부터 형성된 내면의 습성이다. 그리스인들이 손님을 대하는 태도는 아마 삶의 조건에서 비롯되었을 것이다. 그리스 땅은 바다에 둘러싸였고 그 바다에는 섬들이 흩어져 있다. 이 섬들이 그리스인이 살아가는 터전이다. 상거래를 위해 오갈 수도 있지만, 추방자나 망명자나 도망자 신세로 다른 섬을 찾아야 하는 경우도 많았다. '바다의 노마드'로 살아가는 사람이라면 누구나 이런 일을 겪었다. 그들은 이 경험을 통해 '지금 내가 맞이하는 손님이 언젠가 나를 맞이하는 주인일 수 있다'는 사실을 깨달았을 것이다. 그리고 이로부터 환대 문화를 일구어냈을 것이다.

이렇게 보면 환대 문화는 동물 세계에서 우리가 확인할 수 있는 호혜적 이타성에 뿌리를 둔다. 예를 들어, 피를 많이 먹은 흡혈박쥐는 그렇지 못한 동료에게 피를 나눠주며 언젠가 자신이 충분한 피를 얻지 못할 때를 대비한다. '보험'을 드는 것이다. 하지만 인간의 도덕에는 동물 세계의 이타성과 분명히 다른 점이 있다. 인간은 종교나 도덕의 이름으로 특정한 행동 방식을 부정하거나 승인하면서 거기에 가치를 부여하기 때문이다. 그리스인들은 제우스를 '나그네의 신 제우스Zeus xenios'라고 불렀다. 최고신 제우스에 대한 종교적 관념을 통해 환대를 정당한 행위로 승인하고, 손님이 제우스의 보호 대상이라는 점을 분명히 한 것이다. 이뿐만이 아니다. 윤리적으로 승인된 행동은 반복을 통해 내면의 습성으로 굳어진다. "우리는 정의로운 일을 함으로써 정의로운 사람이 되고, 절제 있는 일을 함으로써 절제 있는 사람이 되며, 용감한 일을 함으로써 용감한 사람이 된다."(『니코마코스 윤리학』 II 1) 이것이 에토스다. 에토스는 흡혈박쥐의 나눔처럼 고정된 본성이 아니라 사회적으로 획득된 행동 성향이다. 공동체는 에토스를 공유하며 윤리를 형성한다. "난민 자녀로서 그들을 친절하게 대하는 것은 도덕적 의무"라는 레스보스섬 할머니의 말은 이런 에토스가 없었다면 가능하지 않았을 것이다.

생물학이 먼저일까, 철학이 먼저일까

아리스토텔레스의 레스보스 체류가 갖는 의미는 20세기 아리스토텔레스 연구에서 중요한 논쟁거리였다. 이 섬에서 아리스토텔레스가 한 일은 무엇인가? 『동물지』에 쓰인 내용이 레스보스 체류 중에 한 관찰의 결과인지, 아니면 그보다 나중인 뤼케이온 시기 연구의 결과인지가 논쟁의 핵심이다. 이 물음이 중요한 것은 그에 대한 답에 따라 아리스토텔레스 학문 전체의 모습이 아예 달라지기 때문이다. 레스보스에서 생물학 연구를 한 뒤 아테네로 돌아가 뤼케이온에 머물던 시기에 철학적 저술이 나왔다면, 아리스토텔레스 철학은 생물학적 연구에 기반한 철학, 즉 '생물학적 철학'이 된다. 이와 반대로 철학적 저술이 생물학적 연구보다 앞서 나왔다면, 아리스토텔레스의 생물학은 철학적 방법과 원리 및 개념을 생물의 세계에 적용해서 나온 '철학적 생물학'이 된다. 이 가운데 어떤 것이 아리스토텔레스 학문의 본모습일까? 그의 연구에서 생물학이 먼저인가, 철학이 먼저인가?

아리스토텔레스가 이미 레스보스에서 방대한 생물학적 관찰과 연구를 진행했고, 이것이 그의 철학 전체에 영향을 미쳤다는 견해를 맨 처음 내세운 사람은 톰슨D'Arcy Thomson이다. 케임브리지대학교의 생물학자였던 톰슨은 1910년에 『동물지』를 번역하면서 그 책에 언급된 지명들을 근거로 아리스토텔레스의 "자연사 연구는 중년기, 즉 그가 아테네에 체류한 두 시기 사이에 수행되었다"고 주장했다.

한편 그와 반대되는 주장을 한 독일의 고전학자 예거는 자신의 발전 모델에 따라 아리스토텔레스를 '플라톤주의자' '플라톤 수정주의자' '경험주의자'로 나누고 이에 따라 그의 삶을 추적하며 저술들을 해석했다. 그리고 요한 볼프강 폰 괴테의 성장소설 『빌헬름 마이스터』의 구성을 빌려 각 발전 단계에 '수업 시대' '편력 시대' '거장의 시대'라는 이름을 붙였다. 예거의 발전론은 한 세대 넘게 아리스토텔레스 연구를 주도하면서, 아리스토텔레스의 생물학 연구가 레스보스 체류기가 아니라 뤼케이온 시기에 이루어졌다는 생각을 갖게 했다.

하지만 1948년에 데스먼드 리Desmond Lee의 논문이 발표되면서 이런 통념에 반전의 조짐이 보이기 시작했다. 그가 아리스토텔레스의 생물학 저술에서 언급되는 지명과 그것이 언급되는 빈도수를 통계적으로 제시했는데, 예거의 3단계 발전론을 반박하면서 아리스토텔레스의 생물학 연구가 레스보스섬에 머물던 생애 중반기에 이루어졌다는 톰슨의 주장을 뒷받침하는 논거로서 이보다 강력한 것이 없었다. 아리스토텔레스의 철학이 생물학적인가, 그의 생물학이 철학적인가라는 논쟁은 이제 일단락되었다. 아리스토텔레스 철학의 형성 과정과 이에 대한 20세기 연구의 역사를 레스보스섬과 떼어서 이야기할 수 없는 이유가 여기에 있다.

톰슨은 「생물학자 아리스토텔레스에 관하여On Aristotle as a Biologist」(13쪽)라는 짧은 글에 이렇게 썼다.

> 그래서 나는 자연사에 대한 아리스토텔레스 연구의 주요 부분이 소아시아의 해안, 즉 미틸레네와 그 인근에서 이루어졌음을 개연적인 것을 넘어 증명된 것으로 받아들인다. 언젠가 그곳의 조용한 석호에 가 조용한 여름날을 보내면서 레스보스가 품은 그 모든 자연의 풍요를 발견하고, 자신의 발치에서 아리스토텔레스가 사랑하고 알던 생명체를 찾아내는 사람은 운 좋은 자연학자일 것이다.

며칠 동안이지만, 칼로니의 석호와 레스보스섬에 머물며 자연의 풍요를 체험한 것은 아리스토텔레스 연구가 내게 안겨준 잊을 수 없는 선물이다.

다르시 톰슨

베르너 예거

04

ARISTOTELES

알렉산드로스에게 호메로스를 가르치다

아리스토텔레스의 제왕학

사라진 고대 왕국의 시간 속으로

미틸레네에서 테살로니키까지는 비행기로 한 시간 거리다. 그리스 제2의 도시인 테살로니키에 내렸을 때 공항 정면에 있는 '테살로니키의 마케도니아'라는 문구가 가장 먼저 눈에 들어왔다. 알렉산드로스의 마케도니아왕국은 역사 속으로 사라졌지만, 테살로니키가 그 상속자를 자처한다. 실제로 테살로니키는 지리적으로나 문화적으로 마케도니아의 역사를 계승한 도시다. 테살로니키 일대에서 기원전 4세기 마케도니아왕국의 수도였던 펠라까지는 직선거리로 40킬로미터 정도밖에 안 된다. 테살로니키를 세운 마케도니아의 왕 카산드로스는 필립포스 2세와 알렉산드로스의 충직한 장군이자 마케도니아왕국의 2인자이던 안티파트로스의 아들이다. 알렉산드로스대왕이 죽고 제국이 분열된 뒤 카산드로스는 마케도니아의 통치자가 되었고, 자신의 아내이자 대왕의 누이인 테살로니카의 이름을 새로 세운 도시에 붙였다.

로마제국과 비잔티움제국의 지배 아래 번성하던 테살로니키는 15세기 초부터 500년 동안 오스만튀르크의 손에 넘어가 있었다. 로마와 비잔티움 문화를 대표하는 아고라, 갈레리우스 개선문, 로툰다, 도시의 수호성인을 기리기 위해 지어진 아기오스 디미트리오스 성당과 아기아 소피아 성당 그리고 오스만튀르크의 지배를 상징적으로 보여주는 공중목욕탕 하맘 등이 테살로니키를 대표하는 명소로 꼽힌다. 굴곡진 역사를 증언하듯 도시 곳곳에 이민족 지배의 자취가 남아 있지만, 정작 이 도시가 기억하고 싶어 하는 것은 옛 마케도니아왕국의 역사다. 도심에서 이 왕국을 기념하는 물건과 장소를 어렵지 않게 찾아볼 수 있었다.

도시 관광의 시작점인 화이트타워 옆 광장에는 파란 하늘을 향해 날아갈 듯한 알렉산드로스대왕의 기마상이 높은 기단 위에 설치되어 있고, 그 옆에 마케도니아 군대를 상징하듯 4미터가 넘는 장창 사리사가 세워져 있다. 길 건너에는 필립포스의 입상도 있다. 아들의 기마상에 비해 아버지의 입상은 소박해 보인다. 작은 체구에 갑옷을 입은 외눈박이 사내가 오른손에 투구를 든 채 아주 '단정하게' 서 있다. 화이트타워에서 바닷가 '승리의 길'을 따라 남서쪽으로 1킬로미터 걸어가면 '아리스토텔레스 광장'이 나온다. 이 광장 한편에 두루마리를 들고 다소 '풀어진' 모습으로 앉아 있는 아리스토텔레스의 청동 좌상이 보인다. 그는 친구의 아들이 세운 도시의 중심 광장에 지금도 그렇게 앉아 있다. 그리스 최고의 대학으로 유명한 테살로니키대학교도 그의 이름으로 불린다. 철학부 건물 입구에 들어서면 그의 흉상이 사람들을 맞이한다. 이런 점에서 테살로니키는

알렉산드로스대왕의 기마상

그리스 제2의 도시 테살로니키는 역사 속으로 사라진 마케도니아왕국의 상속자를 자처한다. 테살로니키 서쪽에 위치한 북마케도니아(과거 유고슬라비아연방)의 이름에도 이 광대한 고대 제국의 흔적이 남아 있지만 지금은 서로 다른 영토에 속한다. 테살로니키 해안의 화이트타워 옆 광장에는 알렉산드로스대왕의 기마상이 하늘을 향해 날아갈 듯 서 있다.

아리스토텔레스를 기억할 만한 곳이 뤼케이온밖에 없는 아테네와 대조적이다. 도시 전체의 분위기도 사뭇 다르다. 세련미와 우아함이 배어 있는 아테네와 달리 테살로니키는 단순하고 투박해서 억센 느낌을 준다. 두 도시의 이런 차이가 아테네 시민 문화와 마케도니아왕국 문화의 차이에서 오지 않았을까 추측해본다.

하지만 내게 마케도니아왕국의 진짜 모습을 생생하게 새긴 도시는 펠라다. 펠라는 테살로니키에서 40킬로미터, 바닷가에서 20킬로미터 정도 떨어져 있다. 이곳에 마케도니아가 새로운 수도를 건설하던 기원전 400년 무렵에는 바다가 더 가까웠다고 한다. 펠라의 이름은 마케도니아의 왕 아르켈라오스 1세가 왕국의 수도를 아이가이에서 이곳으로 옮기고 나서 그리스 역사의 무대에 등장했다. 천도는 그가 죽기 한두 해 전에 한 것으로 보인다. 그 뒤 이 도시가 낳은 두 아들, 필립포스와 알렉산드로스 부자가 이곳을 거점 삼아 변방의 작은 왕국을 그리스 세계의 패권 국가로, 아시아까지 지배하는 세계 제국으로 키우면서 펠라는 제국의 수도가 되었다.

역사가 투퀴디데스는 펠라의 역사와 모습을 이렇게 기술했다.

> 이전에는 방어시설과 성벽이 많지 않았지만, 나중에 페르디카스의 아들 아르켈라오스가 왕이 된 뒤 지금 있는 것들을 이 지역에 건설하고 도로들을 직선화했다. 또한 선대의 여덟 왕이 했던 것을 모두 합친 것보다 더 강력하게 기병대와 중무장 보병과 여타의 군비를 정비해서 전쟁을 위한 제반 조건을 갖추었다.
>
> —『펠로폰네소스전쟁사』 II 100

펠라의 유적지를 둘러보는 사람은 누구나 이곳이 철저하게 준비된 계획도시임을 쉽게 확인할 수 있다. 도시 전체는 남북으로 2.5킬로미터, 동서로 1.5킬로미터인 직사각형이며 폭이 6~9미터에 이르는 대로가 도시를 종횡으로 가로지른다. 펠라의 왕궁은 도심에서 북쪽으로 1킬로미터 정도 떨어진 곳에 있다. 왕궁의 넓이는 6만 제곱미터나 되고 커다란 뜰, 접견실, 회의실, 대장간을 위한 공간과 사저가 있는 구역으로 나뉜다.

펠라에서 가장 인상적인 곳은 도시 중심부의 아고라다. 열 구역으로 이루어진 아고라는 넓이가 7만 제곱미터에 이른다. 텅 빈 펠라의 아고라는 아테네의 아고라보다 더 넓어 보였다. 아테네만큼 시민 문화가 발달하지 않은 왕국의 수도 펠라에 이렇게 큰 아고라가 있었다는 게 의아스러울 정도다. 아테네와 달리 펠라의 아고라에서는 경제활동이 중심을 이루었다. 발굴 기록에 따르면, 아고라 주위에는 공공건물과 기록 보관소를 비롯해 각종 토기·테라코타·금속제품을 만드는 곳과 곡물 상점·수입 포도주 상점에 향수 가게까지 있었다. 아고라 주변에 뼈대만 앙상하게 남은 귀족들의 사저는 '디오니소스의 집' '헬레네 납치의 집' 등으로 불린다. 건물 바닥 모자이크에 신화의 주인공인 그들이 새겨져 있기 때문이다. 내가 집터만 남은 폐허를 서성일 때 무너진 담장 한쪽에서 개 한 마리가 앞발을 모으고 앉아 멀리 아고라를 응시하고 있었다. 마치 사라진 역사의 저편을 보는 듯한 눈길이었다.

왕궁이 있던 언덕 남동쪽 발치에는 펠라고고학박물관이 들어섰다. 입구 안쪽에 알렉산드로스대왕의 대리석 두상이 놓인 박물관은 전시 공간이 다섯 곳이며 개인 주택지나 아고라의 발굴품, 신전과 묘지와 왕궁에서 출토한 유물 들이 있다. 모두 펠라에서 발굴된 것으로 과거 마케도니아 사람들의 일상과 공적인 삶의 모습을 보여준다. 그 가운데 가장 눈길을 끈 것은 유리 장 속 검고 붉은 천 위에 놓인 갖가지 주화다. 멀리서 볼 때는 단추 같아서 의아해하며 가까이 가서 들여다보니 모두 은전과 동전이었다. 출토된 항아리에서 쏟아져 나왔다는 이것들은 마케도니아의 경제활동이 얼마나 활발했는지를 보여주는 증거와 같다.

마케도니아가 낳은 위대한 인물, 필립포스

아리스토텔레스가 아소스와 레스보스섬에 머물던 시기(기원전 347~기원전 342)에 필립포스 2세는 수도 펠라를 떠나 있을 때가 많았다. 그는 마케도니아 인근 도시들을 상대로 전쟁을 벌이며 그리스 지배라는 열망을 불태우고 있었다. 칼키디케 반도에서 가장 큰 도시인 올륀토스를 정복한 기원전 348년부터 그의 꿈은 현실이 되어갔다. 아테네는 그리스 본토의 도시국가들과 동맹해 마케도니아의 남하를 경계했다.

기원전 340년에 이르자 마케도니아의 육상 세력과 아테네의 해상 세력 사이에서 고조되던 긴장이 전쟁으로 번졌다. 아테네가 먼저 마케도니아와 그 연합군을 공격하고, 데모스테네스의 주도로 '헬라스 동맹'를 맺었다. 필립포스도 이를 관망하지만은 않았다. 그는

펠라고고학박물관

마케도니아의 왕궁 터 근처에 자리한 펠라고고학박물관에서 과거 마케도니아 사람들의 생활상을 확인할 수 있다. 거실에 장식품으로 두고 싶을 만큼 앙증맞은 토기와 테라코타, 옹기관 등이 모두 펠라에서 발굴되었다.

아테네의 식량 공급지던 비잔티온(지금의 이스탄불)을 포위 공격했다. 아테네인들은 위험에 빠진 이 도시를 돕지 않을 수 없었다. 결국 필립포스의 비잔티온 포위 공격은 아테네와 페르시아의 원조로 저지되었지만, 그는 아테네의 곡물 선단을 나포했으며 이 사건은 아테네의 선전포고로 이어졌다.

기원전 338년에는 필립포스에게 대반전의 기회가 찾아왔다. 그가 아테네와 테베의 동맹군을 카이로네이아에서 격파했는데, 이때 테베가 자랑하던 최정예 '신성 부대'가 궤멸되었다. 어린 시절 테베에 볼모로 잡혀 있던 필립포스가 경탄하던 바로 그 부대다. 그는 아테네를 굴복시키고 무력으로 테베에 평화를 안착시켰으며 펠로폰네소스반도의 스파르타를 고립시켰다. 그리스를 대표하는 세 도시국가가 그에게 저항할 힘을 잃은 것이다. 그 뒤 필립포스는 페르시아 원정을 목표로 내세워 그리스 국가들 사이에 코린토스 동맹을 결성하고 총사령관을 맡았다. 올륀토스를 정복한 지 10년 만에 그가 드디어 그리스 세계 전체의 패자霸者가 된 것이다. 그에게 남은 일은 페르시아제국 침공뿐이었다. 하지만 운명이 그의 꿈을 이루어주지 않았다. 기원전 336년 여름, 그는 아이가이에서 딸 클레오파트라의 결혼식 후 호위병 파우사니아스의 손에 살해당한다.

암살 배후에 왕권 상실을 우려한 왕자 알렉산드로스와 그의 어머니 올림피아스가 있다는 소문이 돌았다. 전혀 근거 없는 풍문은 아니었다. 필립포스의 첫 부인 올림피아스는 마케도니아 인근 에페이로스 출신으로 권력의지가 강한 신비주의자였다. 그녀가 방에 뱀을 두고 있어서 필립포스도 함부로 가까이 가지 못했다고 한다. 첫 왕비와의 편치 않은 관계 때문인지 그는 여섯 왕비를 새로 들였다. 암살되기 몇 달 전에 일곱 번째 부인을 맞이하며 그와 올림피아스의 관계는 회복할 수 없는 상태가 되었다.

필립포스와 알렉산드로스 사이에도 항상 팽팽한 긴장감이 감돌았다. 아버지는 아들의 비범한 능력을 간파하고 신뢰했다. 기원전 340년에 비잔티온 원정을 떠나면서 16세의 아들에게 섭정을 맡겼고, 그리스 남부를 공략할 때는 아들을 대동했다. 아들은 카이로네이아 전투에서 혁혁한 공을 세워 마케도니아에 승리를 가져다주었다. 하지만 후계 문제에 관한 한, 필립포스가 알렉산드로스에게 확신을 주지 않은 것 같다. 자신의 지위가 불안해질 것을 염려했기 때문일까? 정복 전쟁에서 승승장구하는 아버지는 아들에게 경외의 대상이자 경쟁 상대였다. 아들은 아버지의 영토 확장을 염려했다. '내가 정복할 땅이 남아 있을까?' 이것이 그의 고민거리였다. 암살 배후에 올림피아스와 알렉산드로스가 있었다는 추측은 속단이지만, 필립포스의 죽음으로 알렉산드로스의 왕위 계승이 빨라진 것은 사실이다.

필립포스가 살해당하면서 한 시대가 막을 내렸다. 그는 23세에 왕위에 올라 23년 동안 통치하며 마케도니아를 그리스의 주변 국가에서 패권 국가로 일으켜 세웠다. 이 성취는 무엇보다도 그가 키운 강력한 군대 덕분에 가능했다. 참전하는 시민 개개인이 무기를 마련하게 하고 군대 운영 경비를 부유한 시민들에게 부담시킨 아테네를 비롯한 그리스의 다른 도시국가들과 달리 마케도니아는 모든 것을 국가가 지원했다. 시민사회가 허약하고 왕권이 강했기 때문에

투구를 든 필립포스 2세

아들 알렉산드로스가 자신이 정복할 땅이 남지 않을까 봐 걱정할 만큼 정복 전쟁에서 승승장구하던 필립포스는 강력한 군대를 키워 올륀토스를 정복하고 10년 만에 그리스 세계 전체의 지배자가 되었다. 하지만 호위병의 손에 살해당했으며 이 죽음 뒤에 아내와 아들이 있다는 말까지 돌았다.

어찌 보면 효율적으로 팽창정책을 펼 수 있었다.

필립포스는 지금 베르기나에 묻혀 있다. 1977년에 이곳에서 거대한 왕릉을 발굴한 마놀리스 안드로니코스Manolis Andronicos 교수가 왕릉 속 무덤 네 기 가운데 두 번째 것을 '필립포스의 무덤'으로 천명한 이래 그렇게 알려져 있다. 이 무덤을 포함해 거대한 왕릉 자체가 박물관이 되어 관람객을 맞이하며 무덤 밖 전시실에는 무덤에서 발굴한 부장품과 황금 흉갑을 비롯한 고인의 무구가 있다. 갖가지 유물을 제치고 내 눈길을 가장 끈 것은 전시실 입구의 희미한 조명이 비치는 명판이다. 그 위에 테오폼포스가 쓴 필립포스의 전기 중 한 구절이 새겨져 있다. "유럽 대륙이 낳은 가장 위대한 인물, 아뮌타스의 아들 필립포스."

알렉산드로스를 위한 학교

필립포스 2세가 그리스 본토를 치기 위해 남하를 준비하던 기원전 342년부터 기원전 339년 사이에 아리스토텔레스는 펠라에 있었다. 펠라와 그곳의 왕궁은 그에게 낯선 장소가 아니었다. 어의였던 아버지와 유년의 그가 살던 곳이기 때문이다. 어린 시절을 함께 보낸 필립포스가 옛 친구를 그 시절 기억이 머무는 장소로 다시 불러들였다. 다루기 힘든 아들의 교육을 맡기려는 것이었다. 그때 알렉산드로스가 열세 살이었다.

제국의 건설자 알렉산드로스대왕은 사춘기에 어떤 모습이었을까? 그리스와 로마의 영웅들에 대해 『비교 열전*Bioi Parallēloi*』을 쓴 플루타르코스부터 『그리스인 조르바』를 지은 니코스 카잔차키스까지 2000년 가까운 시간 동안 수많은 이들이 알렉산드로스의 전기를 쓰면서 같은 궁금증을 품었다. 그때마다 빠지지 않고 등장하는 것이 알렉산드로스의 애마 부케팔로스에 관한 일화다. '말을 사랑하는phil-ippos' 왕은 물론 주위의 장군들 가운데 누구도 다룰 수 없던 야생마를 어린 왕자가 나서서 침착하게 다독인 뒤 그 등에 올라타고 사람들 시야에서 멀리 사라졌다가 의기양양하게 돌아왔다는 이야기다. 말을 길들일 수 있다고 장담한 아들과 벌인 내기에서 지고도 아버지는 아들의 장한 모습에 기쁨의 눈물을 흘렸다. 그는 말에서 내린 아들의 머리에 입 맞추며 말했다. "아들아, 너는 네게 맞는 왕국을 찾아라. 마케도니아는 네게 너무 작구나."

소년 알렉산드로스는 부케팔로스같이 사납고 거칠면서 천하를 호령할 기상이 있지 않았을까? 이런 알렉산드로스를 아리스토텔레스는 어떻게 가르쳤을까? 알렉산드로스가 부케팔로스를 다루듯, 아리스토텔레스가 왕자를 다룰 수 있었을까? 자세한 이야기는 알려져 있지 않다. 타고난 이야기꾼 플루타르코스의 전기도 이런 궁금증을 푸는 데 큰 도움이 되지 않는다. 어쨌건 이 전기에 따르면, 필립포스가 왕자의 교육을 위해 펠라에서 멀지 않은 곳에 공간을 마련해주었다. 그곳은 미에자에 있는 님프들의 성소였다. 플루타르코스는 이곳 모습을 이렇게 묘사했다.

필립포스는 그들을 위한 학교이자 대화의 장소로 미에자 근처 님프들의 성소를 마련해 주었는데, 사람들은 지금까지도 그 곳에서 아리스토텔레스의 돌의자와 그늘진 산책로 들을 가리켜 보여준다. 알렉산드로스는 그에게서 윤리와 정치에 대한 강의를 들었을 뿐만 아니라, 특정 집단의 사람들이 구전이나 비전이라고 부르면서 대중에게 공개하지 않는 비밀스럽고 심오한 가르침들도 전수받은 것으로 보인다.

—『비교 열전』 중 「알렉산드로스 전기」 7

펠라에서 남서쪽으로 60킬로미터 떨어져 있는 '아리스토텔레스의 학교'를 찾은 것은 잊지 못할 행운이다. 마음씨 좋은 수다쟁이 택시 기사 기오르고스를 만난 덕에 이곳을 쉽게 찾을 수 있었다. 베르기나의 왕릉을 둘러보고 오는 길에 거친 베리아 시내에서 만난 기사다. 아리스토텔레스에 대한 책을 쓰려고 한국에서 왔으며 펠라에 가는 길이라고 했더니, 기오르고스는 반색하며 말을 쏟아냈다. 그는 100유로를 내면 인근 마케도니아 유적지들로 데려다주겠다고 제의했다. 입맛 당기는 제안이었다. 그는 손님을 기다리면서 땡볕 아래 시간을 죽이는 것이 무료했나 보다. 그 덕에 나는 기대하지 않은 곳들까지 편하게 돌아볼 수 있었다.

미에자 고고학 유적지도 그렇게 들른 곳인데, 20년 동안 운전했다는 기오르고스도 가본 적이 없을 만큼 외진 곳에 있었다. 그는 지나가는 트랙터까지 세워가며 물어물어 그곳을 찾아냈다. 토요일 오후 더위에 지쳐 낮잠에 빠진 듯 주변이 조용했다. 초입에 스타게이라 '아리스토텔레스의 숲'에서 본 것과 똑같이 새하얀 아리스토텔레스 입상이 있고, 그 뒤로 노천 원형극장과 '아리스토텔레스 학교 문화센터'가 보였다. 하지만 건물을 둘러싼 철망의 출입구는 굳게 잠겨 있었다. 안에 묶인 개 한 마리가 낯선 방문객을 향해 컹컹 짖어댔지만 아무도 보이지 않았다. 그리스는 어딜 가나 개를 먼저 만난다. 문화센터 건물을 왼쪽으로 끼고 조금 더 안쪽으로 들어가자 안내문이 보였다. '아리스토텔레스의 학교'라고 쓰이고, 알렉산드로스와 아리스토텔레스의 얼굴이 그려진 안내판이 있었다. 그리고 그 옆으로 난 나무 계단을 몇 개 오르니 놀라운 광경이 펼쳐졌다. 플루타르코스가 「알렉산드로스 전기」에서 "미에자 부근 님프들의 성소"라고 부른 곳이 눈앞에 나타난 것이다.

'님프들의 성소'는 병풍처럼 펼쳐진 암벽이 뒤에 있고 앞으로는 좁은 강물이 흐르는 직사각형 공터다. 바위산을 깎아 만든 이 공간은 남북으로 150미터 정도 뻗어 있으며 폭은 넓은 곳이 15미터쯤 되었다. 서너 길은 되고 분홍빛이 도는 수직 암벽은 풀로 뒤덮인 공터에 땡볕이 내리쬐는 한낮에도 넉넉한 그늘을 만들었다. 그 그늘 아래 옛 건물의 흔적을 드러내는 이끼 낀 돌덩이들이 있었다. 암벽과 가까운 땅바닥에 배치된 돌기둥의 기단과 암벽 높은 곳에 뚫린 구멍들이 이곳에 회랑이 있었음을 짐작게 했다. 이곳의 신비로운 분위기는 검은 입을 벌리고 있는 암벽 동굴 두 개 때문에 더 커졌다. 하나는 공터 입구에, 다른 하나는 거기에서 80미터쯤 떨어진 곳에 있다. 암벽을 따라 북쪽으로 좁은 숲길을 100미터 정도 헤쳐 가면 또 다른 동굴이 나온다. 앞의 두 동굴이 비바람을 피하는 곳이었다면, 세 번째 동굴에서는 제사같이 특별한 일을 치렀을 것이다. 분홍

님프들의 성소

분홍빛 암벽에 둘러싸인 공터와 암벽을 덮은 진초록 나뭇잎, 동굴의 검은 입이 신비로운 분위기를 자아내는 이곳이 바로 플루타르코스가 "미에자 부근 님프들의 성소"라고 부른 곳이다. 이곳에서 회랑과 숲속 오솔길을 거닐며 아리스토텔레스가 알렉산드로스를 가르쳤다고 한다.

빛 암벽에 둘러싸인 공터, 그 아래쪽으로 흐르는 강물, 강변을 뒤덮은 초목, 암벽을 덮은 진초록 나뭇잎. 이 모든 것의 조화가 만들어내는 정경은 말로 표현하기가 힘들다. 지금은 흔적만 남은 회랑도 주변의 자연과 완벽하게 어울리도록 설계되었을 것 같다. 그리스 여행 중 가장 인상적인 장소로 나는 이곳을 꼽고 싶다.

이곳에서 회랑과 초목이 우거진 숲속 오솔길과 재잘거리며 흐르는 좁은 강줄기 위로 난 둑길을 거닐며 아리스토텔레스가 알렉산드로스를 가르쳤을 것이다. 하지만 '님프들의 성소'가 두 사람만의 장소는 아니었다. 왕자가 직접 뽑은 헤파이스티온, 하르팔로스, 네아르코스, 프톨레마이오스 같은 친구들도 이 성스러운 장소에서 아리스토텔레스의 강의를 들었다. 이들은 훗날 알렉산드로스의 친구이자 동반자로서 11년 동안 이어진 동방 원정에 참여했다.

명예를 향한 올바른 길

왕자 알렉산드로스에게는 장차 왕으로서 통치하는 데 유용한 앎이 필요했을 것이다. 그렇다면 아리스토텔레스가 미래의 제왕에게 가르친 내용이 무엇일까? 플라톤은 『국가』 7권에서 철학자-왕을 양성하는 데 필요한 제왕학 프로그램을 매우 구체적으로 제시했다. 알렉산드로스를 가르치기 시작했을 때 아리스토텔레스의 머릿속에 가장 먼저 떠오른 것은 플라톤의 교육 프로그램이 아니었을까?

이 프로그램에 따르면 철학자-왕을 양성하기 위한 교육은 시문학과 체육 중심 예비교육에서 시작한다. 그다음 기초적인 산수와 기하학교육을 거쳐 입체기하학, 천문학, 화성학같이 수준 높은 수학교육을 진행한 뒤 마침내 철학적인 대화 능력을 키우기 위한 변증술 교육으로 정점에 이른다. 더 높은 단계로 갈 때마다 선발 과정이 있고, 변증술 교육을 받은 사람에게는 현장에서 실무를 경험하게 한 뒤 가장 뛰어난 사람을 철학자-왕으로 뽑는다. 전체 과정을 끝내면 쉰 살이 된다. 플라톤에게 철학자-왕의 선발은 매우 절실한 문제였다. 그는 평생 정의로운 나라를 실현하는 데 관심이 있었고, 이런 정치적 이상은 오직 철학자가 왕이 되거나 왕이 철학자가 됨으로써 철학과 정치권력이 하나가 될 때에만 실현할 수 있다는 것이 그의 생각이었기 때문이다.

플라톤이 살아 있었다면, 이상적인 통치자를 세울 절호의 기회가 아리스토텔레스에게 주어졌다고 생각하지 않았을까? 남부 이탈리아의 쉬라쿠사이에서 자신이 이루지 못한 정치 개혁의 꿈을 아리스토텔레스가 알렉산드로스의 교육을 통해 이루기를 바라지 않았을까? 하지만 아리스토텔레스는 교육에서도 스승을 따르지 않았다. 크게 두 가지 점에서 두 사람의 차이가 뚜렷해 보인다.

첫째, 아리스토텔레스는 플라톤이 교육에서 중시한 수학과 기하학을 알렉산드로스에게 가르치지 않았다. 플라톤은 두 가지 이유에서 수학과 기하학을 중시했다. 이 학문들이 보이는 것들보다 보이지 않는 것들에 정신을 쓰게 하고 실무적인 효과가 있다고 보았기 때문이다. 예컨대 군대의 주둔과 포진, 전투 및 진군의 대형 등과 관련해 기하학 지식이 중요하다는 것이다. 하지만 플루타르코스의 전기에 언급된 아리스토텔레스의 교육 내용 가운데 윤리학, 정치학, 의술과 연설의 기술 등은 있어도 산술이나 기하학은 전혀 없다. 디오게네스 라에르티오스가 전한 아리스토텔레스의 저술 목록에서도 마찬가지다. 이 목록에 알렉산드로스의 교육을 위한 것으로 보이는 제목의 글들이 등장하지만, 수학과 관련된 글은 없다.

둘째, 아리스토텔레스는 호메로스를 알렉산드로스에게 가르쳤으며 『일리아스』를 편집해서 주기도 해 훗날 알렉산드로스가 이를 목숨처럼 아꼈다. 플라톤의 교육 방향에서 아예 빗나간 점이다. 플라톤은 『일리아스』에서 그려진 영웅과 신 들의 행동이 심성의 발달이나 교육에 유해하다고 생각해서 이에 대한 교육을 철저히 단속해야 한다고 주장했기 때문이다. 아리스토텔레스는 도대체 어떤 생각을 했기에, 스승이 금지한 내용을 알렉산드로스 왕자에게 가르치려고 했을까?

물론 아리스토텔레스의 호메로스 교육이 플라톤이 추구한 이념에 어긋나지 않는다고 본 사람도 있다. 예를 들면, 예거가 그렇다.

> 소박한 호메로스의 영웅주의에서 철학자의 윤리적 영웅주의에 이르기까지 그리스의 모든 영웅주의는 그(아리스토텔레스)에게 동일한 삶의 태도에서 비롯한 결과로 나타난다. 그 태도는 삶의 높은 곳에 올라 그것을 극복하는 것이다. 그는 이 플라톤적인 탁월성 안에서 전사의 명예건 침묵 속에 고통을 견디는 강인함이건 간에 그리스적 힘의 영혼, 즉 영웅주의를 발견한다. 그는 고집 센 알렉산드로스의 마음에 이런 생각을 채워 넣었고, 그 결과 알렉산드로스는 계몽

된 세기의 한복판에서 오랫동안 자신이 아킬레우스라고 느끼고 아킬레우스처럼 싸웠다.

—『아리스토텔레스: 그의 발전사 연구』, 119쪽

그리스 영웅주의의 핵심을 짚어낸 멋진 말이다. 알렉산드로스가 영웅주의적 의식으로 자신을 아킬레우스로 느끼고 아킬레우스처럼 싸웠다는 것도 맞는 말이다. 하지만 이 영웅주의를 "플라톤적인 탁월성"과 함께 놓는 것은 설득력이 부족한 주장이다. 적어도 플라톤의 관점에서, 철학자-왕은 호메로스의 영웅과 전혀 다른 존재이기 때문이다. 더 자세히 살펴보자.

플라톤은『국가』에서 호메로스를 추방해야 할 첫 번째 인물로 꼽는데, 그 이유는 하나다. 그의 서사시에 담긴 영웅주의가 자신이 구상하는 이상 국가의 가치에 맞지 않기 때문이다. 영웅주의가 추구하는 것은 '명예에 대한 사랑'이고, 명예에 대한 사랑은 '가슴'이 뜨거운 용사의 가치다. 그런데 플라톤이 보기에 명예에 대한 사랑은 경쟁과 분열의 씨앗이 된다. 최고가 되려는 영웅들 사이에서는 '경쟁'을 피할 수 없기 때문이다. 그리고 저마다 최고가 되려는 영웅들의 나라는 '한 나라'가 될 수 없다. 그래서 그는 '한 나라' '정의로운 나라' '아름다운 나라'를 위해서는 가슴이 아니라 지성이 지배해야 하고, 명예가 아니라 지혜를 사랑하는 사람들이 통치해야 한다고 생각했다. 그가 호메로스를 '아름다운 나라'에서 추방하고 그의 시가가 있던 자리에 새로운 '최고의 시가', 즉 철학을 놓으려고 한 것은 이 때문이다.

샤를 라플랑트, 〈아리스토텔레스와 그의 제자 알렉산드로스〉(1885)

"땅과 바다를 다스리지 않더라도 고귀한 것을 행할 수 있다." 불멸의 명예를 얻기 위해 끝없는 정복 전쟁에 뛰어들었던 제자를 향한 스승 아리스토텔레스의 마음이 이 말에 담긴 것 같다.

아리스토텔레스가 알렉산드로스에게 호메로스를 가르친 이유에 대한 또 다른 설명도 있다. 영국의 역사가 폴 카트리지Paul Cartledge는 이렇게 말한다.

> 아리스토텔레스는 과학 과목의 가르침 이외에도 정치학과 윤리학을 가르친 것으로 전해진다. 하지만 스승의 정치적, 철학적 가르침이 제자의 마음에 얼마나 깊숙이 영향을 미쳤는지는 의문이다. 스승은 제자가 호메로스의 『일리아스』에 매혹되는 것을 만류하지 못했다. 그 책의 실제적 효용이라는 것은 별로 없었는데도 말이다. 그래서 아리스토텔레스는 체념하는 마음으로 자신이 주석을 단 『일리아스』를 제자에게 건네주었다. 이 책은 아마도 대단히 기다란 파피루스 두루마리였을 것이다.
>
> —『알렉산더: 위대한 정복자』, 277~278쪽

카트리지의 말이 옳다면, 아리스토텔레스는 마지못해 알렉산드로스에게 호메로스를 가르친 셈이다. 하지만 아리스토텔레스가 정말 '체념하듯' 알렉산드로스에게 호메로스를 가르쳤을까? 나는 그렇게 생각하지 않는다. 나는 아리스토텔레스가 왕자에게 호메로스를 가르친 것은 숙고를 거친 선택이었고, 이 선택이 매우 적절했다고 본다. 그렇게 판단하는 이유는 간단하다. 천성을 무시하는 교육은 성공하기 어렵기 때문이다.

아리스토텔레스가 교육을 맡은 왕자는 야생동물 사냥을 광적으로 좋아하는 열세 살 소년이었다. 열여섯 살 때는 마치 차고에서 아버지의 차를 빼내 친구들과 고속도로를 질주하듯, 아버지의 군대를 이끌고 나가 이민족을 가볍게 정벌하고 돌아온 인물이다. 이런 알렉산드로스에게 수학이나 기하학 문제를 풀게 하는 것이 효과적인 교육이었을까? 그는 천성적으로 명예욕도 강했다. 아마 『일리아스』를 읽기 전부터 모든 경쟁에서 최고가 되기를 꿈꾸었을 것이다. 이런 인물에게 명예에 대한 사랑을 경계하라는 말이 무슨 도움이 될까? '명예를 추구하지 말라'고 가르치기보다는 '명예를 올바로 추구하라'고 가르치는 편이 훨씬 더 현명한 교육이지 않을까? 『일리아스』는 이런 교육에 가장 알맞은 책이었다. 교육은 본성을 부정하는 것이 아니라 그것의 순화된 실현을 목적으로 해야 한다. 자신이 타고난 성질을 부정하라는 교육에 사람들은 등을 돌릴 것이다. 알렉산드로스같이 성격이 강한 인물이라면 더욱더 그랬을 것이다.

예상대로 알렉산드로스는 호메로스의 세계에 열광했다. 이 사실을 뒷받침하는 일화가 많다. 페르시아 원정을 떠나기 전에 그는 가장 먼저 헬레스폰토스를 건넌 뒤 트로이아를 찾았다. 거기서 아테나에게 제사를 올리고 몸에 기름을 바른 뒤 측근들과 알몸으로 경주했다. 그리고 아킬레우스의 비석에 꽃을 바치면서, '아킬레우스야말로 살아서는 성실한 친구를 만나고 죽어서는 위대한 전령을 만났으니 행복하다'고 부러움을 토로했다고 한다. 알렉산드로스의 가장 큰 바람은 아킬레우스가 얻은 것과 같은 불멸의 명성을 얻는 것이었다. 원정 중에도 그는 '아킬레우스의 분노'를 노래한 서사시 『일리아스』를 끼고 살았다. 아리스토텔레스가 편집한 『일리아스』와 단검을 항상 베갯머리에 두었고, 다리우스 3세에게 황금 궤짝을 빼앗은 뒤에는 그 안에 『일리아스』를 보관했다고 한다.

아킬레우스를 넘어 신이 되고자 한 왕

아리스토텔레스의 마케도니아 체류는 길지 않았다. 필립포스 2세가 비잔티온 원정을 떠나자 알렉산드로스가 섭정을 맡으면서 2년이 조금 넘은 아리스토텔레스의 가정교사 생활도 끝났다. 그 뒤 알렉산드로스가 윤리학이나 정치학을 배우는 데 시간을 낼 만큼 한가했을 리 없다. 그럼 가정교사를 그만둔 뒤 아테네로 돌아갈 때까지 5년 동안 아리스토텔레스는 어디서 뭘 했을까? 확실한 것은 알려져 있지 않다. 여러 정황으로 짐작하건대, 그는 먼저 고향 스타게이라로 갔다가 다시 멀리 흑해까지 연구 여행을 떠난 것으로 보인다.

알렉산드로스의 가정교사로서 마케도니아에 머문 시기에도 그가 자연 연구를 중단하지 않은 것은 확실하다. 그가 관찰하고 설명하려 한 변화와 다양성은 세상 어디에나 있기 때문이다. 『동물지』에도 마케도니아와 트라키아 지역에 속한 장소들이 아흔세 번이나 언급된다. 그는 장기 연구 여행 계획을 세우고, 이를 실행하기 위해 테오프라스토스뿐만 아니라 여러 사람들을 보조원으로 참여시켰을 것이다.

마케도니아와 트라키아 지역은 그의 고향에서 가까워 연구 여행을 계획하기가 쉬웠을 것으로 보인다. 하지만 기원전 340년부터 기원전 335년 사이에 한 연구 여행은 두 지역을 크게 벗어난 것 같다.

최근 볼프강 쿨만Wolfgang Kullmann 교수가 『동물지』를 비롯한 저술에서 언급된 지명과 그곳에서 관찰된 내용을 실마리 삼아 아리스토텔레스의 연구 여행 여정을 추적했다. 이에 따르면, 아리스토텔레스의 이동 경로는 대개 비잔티온과 흑해의 남쪽 및 북단에 걸쳐 있다. 오늘날의 이스탄불을 거쳐 흑해 건너 크림반도 근처까지 갔다는 것이다.

펠라의 왕궁을 떠난 아리스토텔레스가 흑해의 북쪽 끝에 이르는 장거리 연구 여행에 나선 동안 마케도니아 왕실과 그리스 세계에 큰 변화가 찾아왔다. 암살당한 필립포스의 뒤를 이어 왕위에 오른 알렉산드로스는 그리스 본토로 진격해 테베를 격파한 뒤 코린토스 동맹의 맹주 및 페르시아 원정의 총사령관으로 지명되었다. 갓 스무 살을 넘긴 젊은 왕은 그리스인들이 선왕에게 인정한 지위를 모두 되찾고 한 해 반이 지난 기원전 334년 봄, 헬레스폰토스를 건너 아시아 원정에 나선다.

11년에 걸친 알렉산드로스의 동방 원정은 불패 신화를 남겼다. 그의 군대는 그라니코스 강 전투와 이소스 전투에서 페르시아 왕 다리우스 3세의 군대에 맞서 눈부신 승리를 거두었다. 그 뒤 알렉산드로스는 진군 방향을 서쪽으로 돌려 이집트를 정복한 뒤 스스로 파라오라 선언하고, 자신의 이름을 딴 도시 알렉산드리아를 건설했다. 이어진 원정은 다시 동쪽으로 방향을 바꿨다. 페르시아제국의 광대한 영토를 횡단하는 이 원정에서 가장 큰 사건은 기원전 331년에 벌어진 가우가멜라 전투다. 이 전투에서 알렉산드로스가 다리우스 3세를 격파해 광대한 제국의 실질적 지배자가 되었다. 하지만 원

피에트로 다코르토나, 〈알렉산드로스와 다리우스의 전투〉(1644~1650)

알렉산드로스는 기원전 333년 이소스 전투에서 페르시아 왕 다리우스를 크게 이겨 이집트와 지중해 연안을 정복했고, 2년 뒤 가우가멜라 전투에서 또다시 승리하면서 페르시아제국을 완전히 무너뜨렸다.

정은 이것으로 끝나지 않았다. 그의 군대는 진격을 계속해 인도에 이르렀고, 기원전 326년에는 히다스페스 강에서 인도의 왕 포로스가 이끄는 코끼리 부대와 싸워 또다시 승리했다.

알렉산드로스가 정복욕을 채우는 데 얼마나 더 넓은 땅이 필요했을까? 뜻밖의 복병을 만나지 않았다면 그는 틀림없이 당시 사람들의 믿음대로 인도를 가로질러 땅끝 너머의 대양에 발을 담글 때까지 진군을 멈추지 않았을 것이다. 그런데 끝이 보이지 않는 전쟁에 지칠 대로 지친 그의 군대가 인도의 히파시스 강 앞에서 진격을 거부했다. 항명이었다. 이 돌발 사태 앞에서 알렉산드로스도 어쩔 수 없이 손을 들었고 지나온 길로 방향을 돌렸다. 이 회군이 알렉산드로스가 원정에 나선 11년 중 첫 '패배'였다. 그는 세 대륙에 걸쳐 광대한 영토를 정복했고 새 도시를 열 곳 넘게 세워 자신의 이름을 붙였다. 인도 왕의 부대를 물리친 뒤에 세운 도시는 애마의 이름을 따서 '부케팔라'라고 불렀다.

그리스에서 인도에 이르는 대제국을 건설한 알렉산드로스는 도대체 어떤 사람이었을까? 역사상 가장 뛰어난 지도자인가, 헛된 욕심에 사로잡히고 무자비한 정복자인가? 치밀한 계획에 따라 전쟁을 치른 합리적 전략가인가, 자신을 신으로 착각한 광신적 모험주의자인가? 2세기의 역사가 아리아노스Arrianos는 "알렉산드로스보다 많이 역사 서술의 대상이 된 사람이 없고, 그 서술이 그만큼 일치하지 않는 사람도 없을 것"(『알렉산드로스 대왕 원정기』 서문)이라고 썼다. 옳은 말이다. 알렉산드로스가 누구인지에 대해 이야기한다는 것은 수많은 상상에 상상을 하나 더 보탠다는 뜻이다. 내게 알렉산드로스 전기를 쓸 기회가 주어진다면, 나는 그가 어릴 때부터 품은 동경에 초점을 맞추고 싶다. 그것은 그가 단검과 함께 베갯머리에 두고 읽었다는 『일리아스』의 영웅 세계, 특히 이 서사시의 주인공 아킬레우스에 대한 동경이다.

『일리아스』는 영웅들의 행적을 그린 서사시다. 한자어 '영웅'으로 번역되는 그리스어 '헤로스hērōs'에는 '신의 핏줄에서 태어난 반신半神'이라는 뜻이 있다. 『일리아스』의 주인공 아킬레우스도 아버지는 인간 펠레우스지만 어머니는 바다의 여신 테티스다. 그리스의 영웅들이 보통 사람으로서는 엄두도 못 낼 업적을 이루는 데는 이런 배경이 있다. 하지만 이렇게 태생부터 보통 사람과 다른 영웅에게도 넘을 수 없는 한계가 있다. 죽을 수밖에 없다는 점이다. 영웅은 분명 신의 자손이지만, 신처럼 영원히 살지는 못한다. 인간의 한계를 의식하기에, 모든 영웅은 한 가지 목표를 위해 삶을 불사른다. 생명의 유한성을 극복하고 영원히 사는 길, 즉 명예를 얻음으로써 후대 사람들의 기억 속에 영원히 사는 길을 찾는다. 물론 최고의 명예는 최고의 행동을 보이는 자의 몫이다. 그래서 모든 영웅은 한 가지 원칙에 따라 행동한다. "항상 으뜸이 되고 남보다 뛰어나라."(『일리아스』 6. 208) '최고가 되라'는 이 명령은 아킬레우스뿐만 아니라 『일리아스』에 등장하는 모든 영웅의 마음속에 새겨진 황금률이다. 알렉산드로스도 전장 안팎에서 항상 최고가 되려고 했다. 플루타르코스가 썼듯이, "그에게는 목숨이나 왕국보다 명성이 더 중요했다"(「알렉산드로스 전기」 42).

플루타르코스에 따르면, 알렉산드로스가 "싸울 때는 두려움을 주었지만, 이긴 뒤에는 호의를 베풀었다"(「알렉산드로스 전기」 30). 알렉산드로스가 경쟁에서 이긴 뒤 친구와 적을 가리지 않고 모든 사람을 관대하게 대했다는 것은 거의 모든 역사가의 기록이 증언하는 사실이다.

알렉산드로스는 재물에 대한 욕심과도 거리가 멀어 주변 사람들에게 선심을 쓰기로 유명했다. 페르시아 원정을 떠나기 전에는 왕실 재산을 휘하의 장수들에게 나눠주었다. 그의 부관이 왕에게 남는 것이 없다며 말리자, 그가 서슴없이 말했다. "내게는 희망이 남네." 그가 재물뿐만 아니라 고통도 나눌 줄 알았기 때문에 원정 기간 동안 강력한 카리스마를 발휘할 수 있었다. 그는 다른 사람들이 주저할 때 가장 먼저 적진에 뛰어들었고, 다른 사람들이 고통을 느낄 때 함께 아파했다. 히파시스 강 앞에서 회군해 페르시아 내륙으로 돌아갈 때 그의 군대는 게드로시아 사막을 지나야 했다. 고난의 행군이었다. 물을 찾기 어려워서 왕을 포함해 모두가 고통에 시달렸고 사망자도 생겼다. 그러던 어느 날 몇몇 병사가 기적적으로 물을 조금 발견해서 투구에 담아 왔다. 하지만 그는 물에 입도 대지 않고 땅바닥에 쏟아버렸다. 모든 병사가 마시기에는 너무 적었기 때문이다.

알렉산드로스의 전기를 읽으면 『니코마코스 윤리학』에 열거된 습성의 탁월성 가운데 '메갈로프쉬키아megalopsychia'(IV 3)가 떠오른다. '크다megas'와 '영혼psychē'이 더해진 이 말은 '큰 뜻' '통이 큼'을 뜻한다. 아리스토텔레스는 이 탁월성을 허영심과 소심함 사이의 중용이라고 부르면서, "탁월성에 대한 일종의 면류관"이라고 예찬했다.

메갈로프쉬코스megalopsychos, 즉 '뜻이 큰 사람'이 최고의 가치로 추구하는 명예는 '외적인 좋음 가운데 가장 큰 것'이라는 말이다. 아리스토텔레스에 따르면, 뜻이 큰 사람은 명예를 추구하기 때문에 무례를 참지 못한다. 그래서 『일리아스』의 아킬레우스는 뜻이 큰 사람의 전형이다. 메갈로프쉬코스는 명예를 추구하면서도 공명심에 들뜨지 않는다. 그리고 부와 권력·행운과 불운 등을 가볍게 여기는 대범함, 큰일을 위해 위험을 피하지 않는 대담함, 선행을 받기보다는 베풀려는 마음가짐, 이익보다 고귀를 얻으려는 마음도 있다. 아리스토텔레스의 덕론에 따라 알렉산드로스의 행동을 해석하면, 그도 메갈로프쉬코스의 전형으로 볼 수 있을 것이다.

알렉산드로스는 원정 중에 그리스 문화의 전파자이자 이방 문화에 관대한 수용자의 모습을 함께 보여주었다. 페르시아 '관습의 동화와 혼합'에도 적극적이었다. 대표적인 예는 그가 '대왕'으로 처신하면서 페르시아와 마케도니아의 복식이 섞인 차림으로 부복의 예를 받은 일이다. 부복은 신하들이 왕 앞에 엎드려 머리를 조아리는 것으로, 페르시아에서는 일반적이지만 그리스에서는 아주 낯선 의례였다. 기원전 324년에는 수사에서 마케도니아 병사들과 페르시아 여인들의 합동결혼식이 열리기도 했다. 이 행사에서 알렉산드로스 자신도 다리우스 3세의 딸과 아르타크세르크세스의 딸을 아내로 맞았다.

혈연에 따른 결속은 결혼을 일곱 번씩 하며 이민족과 겪는 갈등을 봉합하려고 한 아버지 필립포스에게서 배운 외교 전략이 아닐까? 그런데 문제가 생겼다. 알렉산드로스의 본뜻이 어떤 것이었건,

파올로 베로네세, 〈알렉산드로스 앞에 있는 다리우스 가족〉(1565~1567)

이소스 전투에서 알렉산드로스에게 패한 다리우스 3세는 가족을 챙기지 못한 채 황급히 도망쳤다. 포로가 되어 두려움에 떠는 다리우스의 가족에게 알렉산드로스는 안위를 지켜주겠다고 약속하며 관용을 베풀었다.

그의 문화 통합 조치가 그리스와 마케도니아의 장군과 병사로부터 반감을 샀다. 그가 정복민과 피정복민의 동화를 원했다면, 다른 사람들은 차이를 원한 것이다. 전쟁 명분의 약화도 상황을 어렵게 했다. 알렉산드로스와 그의 군대에게 동방 원정의 본래 목적은 그리스를 유린한 페르시아를 응징하는 것이었다. 가우가멜라에서 거둔 승리로 이 과제는 해결되었다. 그렇다면 무엇 때문에 원정과 전쟁을 계속해야 할까?

'위대한 정복자'도 전쟁 명분의 약화와 문화적 갈등이 불러온 위기 상황을 타개할 방법을 찾는 데 실패한 것 같다. 아마 그에게는 문제를 해결하기에 충분한 시간이나 마음의 여유가 없었을 것이다. "싸울 때는 두려움을 주었지만, 이긴 뒤에는 호의를 베풀었다"는 영웅은 이길 싸움이 없어지자 점점 더 두려움만 주는 인물로 바뀌었다. 그는 새로운 상황의 도전 앞에서 방향을 잃었고, 아킬레우스를 닮은 영웅적 모습은 '정복자의 휘브리스hybris'로 바뀌어 갔다. '과도함'을 뜻하는 휘브리스는 영웅주의 문화에 본질적으로 잠복하고 있는 위험이다. 최고가 되려는 경쟁은 어느 순간 도를 넘기 마련이다. 정복 전쟁이 치열할 때는 알렉산드로스의 휘브리스가 드러나지 않았다. 경쟁의식이 외부의 적을 향해 마음껏 분출될 수 있었기 때문이다. 아니, 전쟁 자체가 휘브리스라서 '사소한' 휘브리스는 가려져 있었다고 하는 편이 더 옳은 말일 것이다. 하지만 정복 전쟁의 집단적 휘브리스가 잠잠해질 무렵 알렉산드로스의 개인적 휘브리스가 고개를 들기 시작했다.

카트리지의 평가에 따르면, "그는 자신의 자유로운 권력 행사에

장애가 되는 인물은 모두 제거하려 했고, 선왕이 임명한 인물들은 자신의 최측근 그룹에서 배제하려 했다"(『알렉산더: 위대한 정복자』, 114쪽). 첫 번째 희생자는 필립포스의 오른팔이던 파르메니온과 그의 아들이었다. 이들은 확실한 증거도 없이 반역 혐의로 처형되었다. 알렉산드로스는 전장에서 적장의 팔을 베어 자신의 목숨을 구한 은인 클레이토스도 술자리 언쟁 끝에 창으로 찔러 무참히 살해했다. 아리스토텔레스의 조카로서 원정을 기록하기 위해 왕을 따르던 칼리스테네스도 왕의 심기를 건드렸다가 반역 누명을 쓰고 제거되었다. 포악해진 알렉산드로스의 모습을 보여주는 사건들이 늘어났다. 기원전 326년 군대의 항명 사태에 화가 치민 그가 이듬해 초에는 원주민 부족을 학살하고, 그해 8월 이후 군대를 게드로시아 사막으로 내몰아 항명에 대한 분풀이를 했다.

알렉산드로스의 가장 큰 휘브리스는 아마 신이 되려고 한 일일 것이다. 이것이 그가 아킬레우스와 뚜렷이 구별되는 점이다. 『일리아스』의 아킬레우스는 여신의 아들이지만, 누구보다 분명하게 인간의 한계를 의식한다. 반면에, 알렉산드로스의 마음속에는 신으로 인정받으려는 욕망이 꿈틀거린 것 같다. 그는 이집트를 정복한 뒤 기원전 331년 초에 리비아 사막에 있는 시와 오아시스의 암몬 신전을 방문해서 신탁을 받았다. 방문 경위나 신탁의 내용은 자세히 알려지지 않았지만, 역사가들은 '알렉산드로스는 신의 아들'이라는 것을 그 내용으로 추측한다. 인도 원정에서 돌아와 수사에 머물던 알렉산드로스가 그리스 도시국가들에게 자신의 신성을 인정하라고 지시했다는 기록도 있다. 작은 나라들은 그를 위한 제단을 지어

바쳤고, 스파르타조차 마지못해 왕의 요구에 응하면서 이렇게 말했다고 한다. "그가 원한다면, 알렉산드로스를 신이라고 해두자."

여기에는 이해할 만한 측면도 있다. 페르시아제국을 정복한 알렉산드로스는 피정복민들에게 '신처럼' 대우받았다. 부복 의례가 대표적인 경우다. 신처럼 대우받는 것과 스스로 신이라고 생각하게 되는 것은 종이 한 장 차이가 아닐까? 페르시아 정복 이전 알렉산드로스는 자신의 상상 세계를 지배한 아킬레우스를 이상으로 삼아 불멸의 명성을 좇는 영웅이었지만, 제국의 정복자이자 지배자가 되고는 아킬레우스의 그림자에서 벗어나 신이 되려는 욕망에 사로잡혔다. 이 두 가지 모습이 각종 역사 기록과 전기와 소설 속에 그려진 알렉산드로스와 그의 행적을 이해하는 실마리가 아닐까?

스승의 침묵에 담긴 의미

아리스토텔레스는 알렉산드로스와 그의 동방 원정에 대해 어떻게 생각했을까? 그의 저술 어디에도 알렉산드로스나 그의 동방 원정에 대한 언급이 없다. 그는 왜 침묵할까? 침묵에 담긴 뜻은 뭘까? 불만과 비판인가, 수긍과 인정인가? 아리스토텔레스는 그 누구의 신상에 대해서든 잘 이야기하지 않는다. 따라서 옛 제자에 대한 그의 생각을 가늠하려면 매우 빈약한 자료와 그에 따른 추측과 상상에 기댈 수밖에 없다.

알렉산드로스가 그리스 본토에서 안정적인 지배권을 확보하고 동방 원정에 나설 때까지 두 사람의 관계가 우호적이었다는 데는 의문의 여지가 없다. 알렉산드로스는 안티파트로스에게 그리스 통치를 맡겼고, 안티파트로스는 아리스토텔레스를 적극적으로 후원했다. 이들 사이에서 갈등의 조짐은 볼 수 없었다. 예거의 말대로, "어느 때보다 노련한 조언이 필요한 상황에서, 알렉산드로스가 동방 원정 때까지 자신의 정치의식을 날카롭게 해주고 정치가로서 행동할 수 있도록 이끌어준 사람을 갑자기 멀리했다고 생각할 사람은 없을 것이다"(『아리스토텔레스: 그의 발전사 연구』, 311쪽).

스승과 제자의 우호적 관계는 원정 초반까지도 크게 달라지지 않았다. 전승된 아리스토텔레스의 저술 목록에 '알렉산드로스'라는 부제가 달린 대화편 『식민에 관하여*De Colonia*』가 있는데, 이런 대화편을 썼다는 사실은 알렉산드로스가 이집트와 서아시아에서 새로운 도시들을 건설할 때까지 두 사람의 관계가 지속되었다는 것에 대한 증거다. 하지만 원정 후반기에 접어들면서 균열의 조짐이 보이기 시작했다. 안티파트로스와 아리스토텔레스의 우정은 변하지 않았지만, 알렉산드로스와 안티파트로스 사이에 틈이 생겼다. 친구의 친구는 친구지만 적의 친구는 적이다. 무엇보다 기원전 327년에 아리스토텔레스의 조카 칼리스테네스가 처형당한 사건은 아리스토텔레스와 알렉산드로스의 관계에 어두운 그림자를 드리웠을 것이다.

이렇게 보면 플루타르코스의 기록이 두 사람 관계의 추이를 적절하게 보여준다고 생각해도 좋을 것 같다.

처음에 알렉산드로스는 아리스토텔레스를 경외하면서—그 자신이 말하듯이—아버지 못지않게 사랑했다. 그가 태어나서 사는 것은 아버지 덕분이지만, 훌륭하게 사는 것은 스승 덕분이라고 생각했기 때문이다. 그러나 나중에 그는 아리스토텔레스를 의심하게 되었는데, 해를 입힐 만큼은 아니어도 그를 향한 호의가 예전처럼 뜨겁거나 다정하지 않았다. 이는 둘 사이에 거리가 생겼다는 증거다.

—「알렉산드로스 전기」 8

알렉산드로스나 그의 동방 원정에 대한 아리스토텔레스의 태도를 이야기할 때 플루타르코스의 전기 외에 자주 거론되는 기록들이 있지만, 이것들은 매우 빈약한 데다 진위 여부에 대해서도 논란이 많다. 그중 하나는 아리스토텔레스가 알렉산드로스에게 보낸 편지라고 알려진 기록이다. 여기서 아리스토텔레스는 알렉산드로스에게 "그리스인에게는 지도자처럼 이방인에게는 전제군주처럼 행동하고, 앞사람은 친구와 가족처럼 뒷사람은 짐승이나 초목처럼 다루라"(플루타르코스, 『알렉산드로스대왕: 행운인가 덕인가*De Alexandri Magni Fortuna aut Virtute*』)고 조언한다. 또 '세계국가'에 대한 아리스토텔레스의 견해를 담은 편지는 이렇게 시작한다.

내 생각에 당신이 페르시아 거주민들을 그들이 사는 곳에서 떠나게 한다면, 이는 당신의 과업에 유익할 뿐만 아니라 오랜 명성과 영광의 원인이 될 것입니다.

— 새뮤얼 미클로스 스턴Samuel Miklos Stern, 『아리스토텔레스와 세계 국가*Aristotle on the World State*』, 6쪽에서 재인용

페르시아인들이 그리스인들을 소아시아의 도시들에서 쫓아냈듯이 페르시아인들을 그들의 고향에서 쫓아내라는 말이다. 편지는 도시의 번영을 위한 조건으로 경제적 풍요와 정의로운 행동을 제시한 다음, 세계국가 건설의 필요성을 역설한다. "모두가 안전과 평화"를 누리는 '천년 왕국'을 건설하라는 조언이다. 하지만 이런 발언은 아리스토텔레스의 정치적 견해와 전혀 일치하지 않는다. 그의 『정치학』은 기본 방향이 도시국가 '폴리스'를 옹호하는 것이기 때문이다. 그는 "관습법들이 성문법들보다 더 중요하고 더 중요한 일들에 관계한다"(『정치학』 III 16)면서, 그 누구보다도 지역적 차이와 이 차이에서 오는 관습의 차이를 삶의 본질적인 부분으로 여겼다. 이런 아리스토텔레스가 인간이 본성적으로 추구하는 '행복'을 위해 '세계국가'의 건설을 제안했다는 것이 이치에 맞나? 실제로 그가 행복의 조건으로 주장한 것은 다음과 같다.

> 행복한 사람도 인간이기 때문에 외적인 유복함이 필요할 것이다. 인간의 본성은 관조를 위해 자족적인 상태에 있지 못하며, 육체가 건강하고 음식과 여타 보살핌이 있어야 한다. 하지만 외적으로 좋은 것들 없이는 복될 수 없다고 해서, 행복해지려는 사람에게 크고 많은 것이 필요하리라고 생각해서는 안 된다. 자족이나 행동은 지나침에 좌우되지 않고, 땅과 바다를 다스리지 않더라도 고귀한 것을 행할 수 있기 때문이다. 적당한 외적 조건에서도 탁월성에 따라 행동할 수 있다. 이것은 확연히 알 수 있다. 보통 사람도 권력을 가진 사람 못지않게, 아니 더 많이 훌륭한 일을 하는 것으로 보이기

> 때문이다. 그 정도면 충분하다. 행복한 삶은 탁월성에 따라 실제로 행동하는 사람의 것일 테니까.
>
> ―『니코마코스 윤리학』X 8

이것이야말로 고귀한 것을 얻기 위해 땅을 정복하려는 제자에게 주고 싶은 스승의 말이 아니었을까? "땅과 바다를 다스리지 않더라도 고귀한 것을 행할 수 있다." 끝없는 정복을 통해 명예와 고귀를 이루려고 한 제자에 대한 스승의 마음이 이 말에 담긴 것 같다.

이렇게 두 사람의 관계를 추측해보아도 의문은 좀체 가시지 않는다. 왜 아리스토텔레스는 마케도니아, 필립포스 2세, 알렉산드로스, 동방 원정 등에 대해 침묵으로 일관했을까? 이런 역사적 인물과 사건이 혹해 주변에서 그가 관찰한 하루살이만큼도 중요하지 않았을까? 그가 역사에 무관심한 인물이었을까? 확실한 답은 없다. 그럼 질문을 반대로 해보자. 그가 당대의 일에 대해 어떤 말을 할 수 있었을까?

마케도니아의 정책에 대한 아리스토텔레스의 발언은 모두 정치적 의미를 띨 수밖에 없었을 것이다. 그런 발언을 한다는 것은 곧 역사의 격랑에 몸을 던지는 일이었다. 물론 당대의 지식인 가운데 이 '용감한' 일을 감행한 이도 많다. 이소크라테스나 데모스테네스가 대표적이다. 이소크라테스는 필립포스를 '새로운 시대의 아가멤논'으로 치켜세웠고, 데모스테네스는 그를 '가장 위험한 인물'로 경계했다. 아리스토텔레스는 그렇게 하지 않았다. 그는 당대 사건에 대해 직접 발언하지 않음으로써 역사의 격랑을 피한 것 같다. 왜 그랬

아리스토텔레스 광장

안티파트로스의 아들인 카산드로스가 세운 도시 테살로니키의 중심 광장과 대학에 아리스토텔레스라는 이름이 붙었다. 아리스토텔레스를 분명히 기억하는 이 도시에서 그가 살아 있을 때 안티파트로스와 나눈 돈독한 우정을 확인하게 된다.

을까? 관찰하는 삶이 행동하는 삶보다 더 고귀할 수 있다는 신념에 따른 행동일까? 그럴지도 모른다. 하지만 나는 그 이유를 그의 실존적 조건과 근본 성향에서 찾고 싶다.

아리스토텔레스는 아테네 사람도, 마케도니아 사람도 아니었다. 그는 아테네에서 시민권이 없는 거류민이었다. 이런 조건이 정치에 대한 거리두기를 내면적 성향으로 굳히지 않았을까 추측해본다. 강력한 정치적 발언은 대중의 마음과 권력을 얻으려는 의지가 있을 때 강해진다. 이소크라테스나 데모스테네스는 그런 권력의지를 가진 사람들이었다. 반면에, 아리스토텔레스는 그런 의지를 품을 처지가 아니었다. 그에게서 앎을 향한 의지는 권력을 향한 의지를 대신했고, 그는 이 의지를 최대한 발휘할 조건을 찾았다. 그가 정치권력을 원했다고 한들, 작은 도시 스타게이라 출신이 그 바람을 이룰 수 있었겠는가? 그는 이룰 수 없는 일을 이루려다가 이룰 수 있는 일까지 망치는 바보가 아니었다. 그는 자신이 할 수 있는 최선을 선택했다. 그는 역사의 격랑을 밖에서 조용히 관찰하고 그 흐름을 다른 방식으로 바꿀 생각이었는지도 모른다.

05

ARISTOTELES

인간은 누구나 '알고' 싶어 한다

인류 역사상 가장 방대한 연구, 뤼케이온

다시 찾은 아테네

아리스토텔레스는 기원전 335년에 아테네로 돌아온다. 30대 후반 나이로 아테네를 떠난 뒤 13년이 흘렀다. 그동안 그는 아소스에서 3년, 레스보스에서 2년, 마케도니아에서 3년을 보냈다. 그리고 나머지 기간은 고향에서 지내거나 흑해를 가로질러 지금의 크림반도까지 긴 연구 여행을 했을 것이다. 놀라운 것은, 필립포스 2세가 암살되고(기원전 336년 10월) 한 해 뒤에 그가 아테네로 돌아왔다는 사실이다. 정치적으로 아직 불안정한 상황에서 그는 어떻게 아테네 귀환을 감행했을까?

필립포스의 피살 소식에 그리스 전역이 새로운 저항 열기로 불판처럼 달아올랐다. 마케도니아의 위세에 눌려 있던 그리스인들에게는 복음이었다. 아테네를 중심으로 그리스 곳곳에서 다시 반마케도니아 운동이 일어났고, 그동안 반격 기회를 노리며 숨죽이고 있던 데모스테네스가 다시 목소리를 높이며 이 운동에 기름을 끼얹었다. 딸을 잃고 며칠 지나지 않았는데도 그는 아테네의 군중 앞에 나타나 마케도니아 왕의 죽음을 환호하며 연설했다고 한다. 아버지와 함께하며 수많은 전투에서 빛나는 공을 세운 스무 살의 왕자 알렉산드로스의 존재를 모르지 않았지만, 데모스테네스는 알렉산드로스를 '애송이'로 폄하하면서 아테네인들의 저항을 부추겼다.

만일 필립포스의 피살 소식으로 점화된 반마케도니아 운동의 불길이 계속 타올랐다면, 아리스토텔레스는 아테네로 돌아올 수 없었을 것이다. 하지만 저항은 오래가지 못했다. 빼앗긴 자유를 되찾을 수 있을 것이라는 사람들의 희망은 하룻밤 꿈에 지나지 않았다. 왕자 알렉산드로스의 능력을 과소평가한 것이 결정적 실수다. 알렉산드로스는 물정 모르는 애송이가 아니라 두려움을 모르는 젊은 사자였다. 아버지가 죽자 그는 순식간에 왕권을 장악하고 일리리아를 비롯한 북방을 정벌한 뒤 남쪽으로 말 머리를 돌렸다. 몇몇 도시가 저항했고 테베가 앞장섰지만, 알렉산드로스의 군대 앞에 테베는 무기력하게 패배하고 잿더미가 되었다. 이 유서 깊은 도시의 폐허를 보고 알렉산드로스 자신도 슬픔에 젖었다고 한다. 그가 테베의 위대한 시인 핀다로스의 집은 파괴하지 말라고 명령했다는 말도 전한다. "행복한 테베여, 고향 땅의 옛 영웅들 가운데 누가 너에게 가장 큰 기쁨인가?"(『이스트미아 찬가*Isthmia*』 7) 200년 전 시인이 노래했지만, 알렉산드로스에 맞설 "고향 땅의 옛 영웅들"은 없었다. 테베의 참혹한 패배는 일벌백계의 효과를 가져왔다. 데모스테네스도 침묵할 수밖에 없었다. 질풍 같은 군대의 공격을 화려한 수사가 어떻게 막아낼 수 있었겠는가?

아테네는 조용히 굴복함으로써 테베의 운명을 겨우 피할 수 있었다. 뜻밖에도 아테네에 대한 알렉산드로스의 처분은 관대했다. 그는 처음에 데모스테네스와 뤼쿠르고스를 포함한 반마케도니아 인사들을 포로로 요구했다가 이 당연한 요구마저 철회했다고 한다. 왜 그랬을까? 오래된 도시 아테네에 대한 존경심 때문이었을까? 아버지 필립포스가 맺은 코린토스 협약에 따라 페르시아 원정에 아테네의 함대를 동원하기 위한 속셈이었을까? 아니면, 알렉산드로스의 관대한 조처 배후에 아리스토텔레스의 숨은 노력이 있었을까? 알렉산드로스는 이 모든 것을 고려했을지도 모른다. 하지만 그에게 아테네의 함대를 페르시아 원정에 동원할 속셈이 있었다는 추측은 근거가 약하다. 나중에 바다의 요새 티로스 전투에서 드러난 사실이지만, 알렉산드로스가 아테네 해군의 전투 의지를 의심해서 전투에 전혀 활용하지 않았기 때문이다. 그는 지상에서 해군기지를 공격해 페르시아 해군력에 타격을 가하는 전략을 썼다. 반면에, 알렉산드로스가 아테네를 관대하게 다룬 배경에 아리스토텔레스의 영향이 있었다는 추측은 타당한 근거가 있다. 디오게네스 라에르티오스(『그리스철학자열전』 V 1)는 이 무렵 아리스토텔레스가 마케도니아에 있었다고 전한다. 아마도 아테네 문제에 대해 조언하기 위해서였을 것이다. 13세기에 활동한 전기 작가 이븐 아비 우사이비아Ibn Abi Usaibia에 따르면, 아테네인들은 그 뒤 아리스토텔레스에 대한 고마움을 기리는 비를 세웠다고 한다. 마케도니아 군대의 파괴로부터 아테네를 지켜준 것이 우리가 추측할 수 있는 기념비 건립의 유일한 이유다. 어쨌건 아리스토텔레스가 아테네로 돌아온 것을 보면 틀림없이 당시 상황이 그에게 불리했던 것만은 아닐 것이다.

마케도니아왕국의 내정이나 그리스 국가들의 반란 가능성은 전혀 개의치 않은 듯, 알렉산드로스는 아시아 원정을 위해 헬레스폰토스에 군대를 집결했다. 그리스의 통치권은 충직한 장군 안티파트로스의 손에 맡겼다. 아리스토텔레스가 마케도니아 권력의 2인자와 언제 어떻게 인연을 맺었는지는 알 수 없지만, 안티파트로스는 그의 든든한 후원자였다. 알렉산드로스 전기에 그와 아리스토텔레스 사이의 긴장을 암시하는 이야기들이 전하지만, 아리스토텔레스와 안티파트로스의 우정을 의심케 하는 이야기는 전혀 없다. 아리스토텔레스가 안티파트로스를 유언 집행인으로 지목한 것을 보면, 그는 이 마케도니아 장군을 둘도 없는 친구로 여기며 신뢰한 것 같다. 안티파트로스의 절대적 후원이 없었다면, 아테네 시민이 아닌 아리스토텔레스가 뤼케이온에 새로운 학교를 열기도 쉽지 않았을 것이다.

뤼케이온의 '산책자들'

아카데미아와 마찬가지로 뤼케이온에도 아폴론 뤼케이오스, 즉 '늑대 사냥꾼 아폴론'을 위한 성소와 체력 단련장이 있어서 젊은이들이 많이 찾는 곳이었다. 아고라에서 남동쪽으로 1킬로미터 정도 떨어져, 아고라의 북서쪽에 있던 아카데미아의 대각선 쪽이었다. 플라톤의 대화편 『뤼시스』에는 소크라테스가 아카데미아에서 뤼케이온으로 가는 모습이 그려져 있다. 소크라테스가 그곳을 찾은 것은 젊은이들이 모여들어 활기가 넘쳤기 때문이다.

나는 아테네에 도착한 바로 다음 날 뤼케이온을 찾았다. 뤼케이온은 아카데미아와 달리 접근이 쉽다. 쉰타그마 광장에서 국립 정원을 지나 골목길을 거쳐 20분 정도 걸어가면 된다. 옛 모습이 그대로 남았을 리 없지만, 1990년대 말에 발굴된 현장이 비교적 잘 관리되어 있었다. 지금까지 발굴된 곳은 부채꼴에 어림잡아 야구장 크기고, 주변에 퇴역군인회관과 전쟁박물관·음악학교가 둘러서 있다.

한낮의 땡볕 아래 라벤더 향기가 코끝을 스치는 뤼케이온은 고요했다. 몇몇 사람이 빈터를 돌면서 폐허 주변을 기웃거렸다. 기원전 1세기에 이곳을 찾은 로마의 철학자 키케로도 그런 모습이었을 것이다. 하지만 그가 뤼케이온을 찾았을 때도 뤼케이온의 옛 모습은 이미 온데간데없었다. 기원전 86년에 아테네를 포위한 로마 장군 술라가 아카데미아와 뤼케이온 숲의 나무를 다 베어 공성기 같은 무기를 만드는 데 썼다고 한다. 그렇게 황폐화된 뤼케이온이 2000년 동안 땅속에 묻혀 있다가 발굴된 것이 지금의 모습이다.

뜨거운 햇살 아래 매미 소리가 귓전을 울렸다. 문득 "형상은 매미 소리"라고 플라톤 철학을 비판했던 아리스토텔레스의 말이 떠올랐다. 오랜 세월이 지나고 모습을 드러낸 무릎 높이의 담장과 기둥 들을 나무 그늘의 벤치에 앉아 내려다보았다. 그 주변을 돌면서 체력 단련장이나 서고의 모습을 그려보려고 했지만, 쉽게 떠오르지 않았다. 아리스토텔레스의 숨결을 느끼고자 기대하며 찾아온 사람은 실망할 것이다. 많은 아리스토텔레스 연구자들이 뤼케이온을 '유럽 대학의 선구자'라고 했기 때문에, 기대가 더 컸나 보다. 영 틀린 표현은 아니다. 이곳에 강의가 펼쳐지는 회랑과 자료실, 도서관 등 연구과 교육에 필요한 공간이 잘 갖춰져 있었기 때문이다. 특히 뤼케이온의 도서관은 분류 체계를 잘 갖추어서 훗날 알렉산드리아 도서관의 본보기가 되었는데, 이를 가리켜 스트라본Strabon은 아리스토텔레스가 "이집트의 왕들에게 도서관 정리법을 가르쳤다"(『지리학 *Geographica*』 XIII 1)고 기록했다. 주변 건물들의 밑을 파보면 당시 흔적이 더 나올지도 모른다. 하지만 아무리 생각해도 '유럽 대학의 선구자'라는 표현은 공룡처럼 거대한 대학 건물들을 연상시키기 때문에 오해의 여지가 있다.

발굴지를 돌아보고 나니 유럽의 대학보다는 도산서원이나 병산서원 등 조선시대 서원의 모습이 떠올랐다. 조선의 많은 서원들처럼 뤼케이온도 배산임수의 터에 자리 잡았다. 마치 깔때기를 엎어놓은 듯 뾰족하게 솟아 아테네를 내려다보는 리카베투스 산 발치에 뤼케이온이 있다. 그 앞으로는 일리소스 강이 도심의 남쪽을 감싸고 흐른다. 북쪽으로 산을 등지고 남쪽으로 강을 바라보며 올리브숲에 들어앉은 작은 학교, 이것이 뤼케이온 터를 돌아보면서 내가 떠올린 아리스토텔레스 학교의 모습이다.

뤼케이온에서 아리스토텔레스와 함께 연구한 사람들은 '페리파테티코이Peripatetikoi'라고 불렀다. '소요학파'라는 한자어 번역은 마치 신선 모임 같은 탈속의 분위기를 자아내지만 그리스어의 본뜻은 단순히 '돌아다니는 사람들'이다. '페리파토스peripatos', 즉 '둘레길'을 오가는 사람들이라는 뜻에서 생긴 말이다. 페리파토스는 모든

뤼케이온의 흔적

뤼케이온은 아폴론 뤼케이오스에게 바쳐진 성소와 체력 단련장을 일컫는 말이었으나, 아리스토텔레스가 이곳에서 제자들을 가르친 이후로 그의 학교를 가리키는 명칭이 되었다. '유럽 대학의 선구자'라고 하는 뤼케이온 발굴지를 돌아보고 나니 유럽 대학보다는 조선 서원과 닮았다는 생각이 들었다.

둘레길을 가리킨다. 아크로폴리스 언덕의 둘레길도, 아고라의 둘레길도 페리파토스다. 다만 아리스토텔레스와 그의 제자들이 걸으면서 철학적 대화를 나눈 곳은 주랑이 지붕을 받친 둘레길, 즉 회랑이라는 데 차이가 있다. 현재 드러난 옛터에서도 회랑길의 흔적을 비교적 뚜렷하게 알아볼 수 있다. 이 회랑길은 남쪽으로 열린 ㄷ자형 체력 단련장에 속해 있었다.

뤼케이온과 아카데미아의 관계는 오랫동안 여러 가지 추측을 낳았다. 아테네로 귀환한 아리스토텔레스는 아카데미아로 다시 갈 수 없었을까? 그가 옛 학교로 가지 않고 새 학교를 연 이유가 뭘까? 아카데미아와 경쟁하려는 속뜻이 있었을까?

아리스토텔레스가 아테네를 떠나 있던 13년 동안 아카데미아의 주인공도 바뀌었다. 플라톤에 이어 10년 넘게 아카데미아를 이끌던 스페우십포스가 죽고, 크세노크라테스가 새로 교장직을 맡았다. 새 교장은 아리스토텔레스와 아소스에 체류한 인물이다. 기록에 따르면 크세노크라테스의 됨됨이는 아리스토텔레스와 대조적이었다. 플라톤이 그를 아리스토텔레스와 비교하면서 "한쪽에는 박차가 필요하고, 다른 쪽에는 고삐가 필요하다"(『그리스철학자열전』 IV 2)고 했다니, 크세노크라테스는 진지하고 과묵한 인물이었던 것 같다. 죽음을 앞둔 스페우십포스가 그를 아테네로 불러들여 아카데미아의 교장으로 세우려 한 것도 그런 우직한 관리자의 품성 때문이었을 것이다.

물론 스페우십포스만의 뜻으로 크세노크라테스가 아카데미아의 3대 교장을 맡은 것은 아니다. 아카데미아 구성원들 사이에서 교장

선거가 있었고, 여기서 크세노크라테스가 근소한 차이로 다른 후보자들(헤라클레이데스와 메네데모스)을 이겼다고 한다. 아리스토텔레스는 마케도니아에 머물렀기 때문에 후보로 나설 수 없었다.(『그리스 철학자열전』 V 1) 그래서 그가 아테네로 돌아왔을 때 아카데미아는 이미 새 교장을 맞이했고, 이런 상태에서 그는 새 학교를 연 것이다. 크세노크라테스의 아카데미아와 아리스토텔레스의 뤼케이온 사이에 불화나 반목이 있었다고 볼 이유는 전혀 없다.

하지만 결과적으로 두 학교의 경쟁은 피할 수 없었을 것이다. 크세노크라테스는 25년 동안 아카데미아의 수장으로서 플라톤 철학의 기본 방향을 거스르지 않으며 충직한 유산 관리인 노릇을 했다. 하지만 이는 곧 비판 정신이 생명인 철학적 창조력의 고갈을 뜻했다. 반면에, 아리스토텔레스는 뤼케이온에서 철학 연구의 새로운 길을 열었다. 그의 관심은 이성의 눈으로 파악하는 수학 법칙의 세계가 아니라 감각을 통해 확인하는 운동과 변화의 세계였다.

새로운 세계에 관심 있는 사람들이 새 학교로 몰려들었다. 크세노크라테스나 아카데미아의 구성원들이 아리스토텔레스에게 소중한 친구였기 때문에, 그들의 주장을 비판하는 것은 그에게 달가운 일이 아니었을 것이다. 하지만 비판 없이는 진리를 구할 수 없다면 어떻게 할 것인가? 아리스토텔레스는 진리를 택했다. 철학자로서 그에게는 친구와 진리가 둘 다 소중하지만, 진리를 더 존중하는 것이 경건한 일이었기 때문이다(『니코마코스 윤리학』 I 6). 아카데미아의 친구들은 보이지 않는 세계에서 진리를 찾으려고 했다. 플라톤이 찾은 이데아가 그렇고, 스페우십포스나 크세노크라테스가 참으로 있다고 내세운 수학의 대상이 그랬다. 그들에게 보이는 세계는 거짓의 세계였다. 아카데미아를 떠나 있던 13년 동안 아리스토텔레스의 연구는 이런 아카데미아의 학풍에 등을 돌렸다. 그의 관심은 보이지 않는 것이 아니라 보이는 것, 물고기와 새를 비롯해 온갖 자연현상을 향해 있었다. 아리스토텔레스는 우정을 희생하더라도 자연의 진리를 구하려고 했다. 뤼케이온은 이런 관심을 좇아 연구하고 교육하는 곳이었다.

앎 그 자체의 순수한 즐거움

뤼케이온의 교육 프로그램은 오전과 오후로 나뉘었다. 오전에는 뤼케이온의 정식 구성원들을 위한 전문 강의가 진행되었고, 오후에는 일반 청강자들을 위한 교양 강의가 있었다고 한다. 오후에 일반 청중을 모아 강의하는 것은 단순히 뤼케이온의 인기를 높이는 수단이 아니었다. 아리스토텔레스에게는 뚜렷한 교양 교육의 이념이 있었다. 그는 『동물부분론』의 첫머리에 그 이념을 이렇게 설파했다.

> 하찮은 것이든 고귀한 것이든 모든 이론적 고찰이나 연구에는 두 가지 상태가 있는 것으로 보인다. 그 가운데 하나는 대상에 대한 학문적 인식episteme이라고 부르고, 다른 하나는 일종의 교양paideia이라고 부르는 것이 좋다. 말하는 사람이 제시하는 설명 가운데 무엇이 올바르고 무엇이 올바르지 않은지를 정확하게 분간해서 판별하

> 는 능력을 갖는 것은 적절하게 교육받은 교양인의 특징이기 때문이다. 우리는 일반적으로 교육받은 교양인은 그런 특징이 있는 사람이고, 교육받았다는 것은 방금 한 말을 행할 수 있는 능력을 갖추는 것이라고 생각한다. 그 밖에 우리는 사람들 말대로 모든 것에 대해 판별력이 있는 사람과, 독립된 특정 자연 분야에 대해 판별력이 있는 사람을 다른 사람으로 본다.
>
> —『동물부분론』I 1

아리스토텔레스는 '에피스테메'(인식)만큼 '파이데이아'(교양)를 중요하게 여겼다. 기하학이나 천문학 같은 체계적 지식이 에피스테메인데, 이런 지식은 전문가들의 몫이다. 반면, 파이데이아는 대중이 가질 수 있는 넓은 의미의 교양이다. 에피스테메가 능동적인 지적 활동의 산물이라면, 교양은 그것을 듣고 판단하는 수동적인 지적 활동의 기반이 된다. 아리스토텔레스는 일반적 교양의 필요성을 누구보다 분명히 의식하고 있었다. 모든 사람이 전문 지식을 가질 필요는 없다. 하지만 "모든 인간은 본성적으로 알고 싶어 한다"(『형이상학』I 1)는 말이 사실이라면, 그들 모두에게 교양 지식을 갖출 기회를 제공해야 한다. 그것이 인간의 본성을 실현하는 길이기 때문이다. 대중에게 교양을 갖출 기회를 제공하는 것은 전문 지식이 살아남기 위해서도 필요하다. 아무리 뛰어난 지식이라도 다수 대중이 그것을 외면하거나 거부한다면 어디에서 설 자리를 찾을 수 있을까? 이런 상황을 피하려면 대중이 전문가가 개진하는 의견을 듣고 그것의 옳고 그름을 판단할 수 있는 능력을 갖춰야 한다. 아리스토텔레스는 뤼케이온 시절에도 일반 대중을 위해 대화편 형태의 쉬운 글을 썼다.

물론 뤼케이온의 중심은 연구와 직결된, 구성원들을 위한 오전 강의였다. 지금까지 전하는 아리스토텔레스의 저술은 모두 이를 위한 강의록이나 메모 등으로 이루어져 있다. 그의 글이 딱딱하고 읽기 어려운 것은 이 때문이다. 다시 말해, 그의 저술은 대중이 쉽게 읽도록 쓴 것이 아니다. 그의 강의 목적은 탐구해야 할 사실을 확정하고 그에 대한 설명을 찾아 제시하는 것이었지, 알아듣기 쉬운 말로 독단적인 주장을 펼쳐서 듣는 이에게 성급한 확신을 심어주려는 것이 아니었다.

뤼케이온에서 이루어진 두 가지 강의 방식에 따라 아리스토텔레스의 저술도 크게 '엑소테리코이exoterikoi'와 '에소테리코이esoterikoi'로 나뉜다. '엑소테리코이' 또는 '엑소테리코이 로고이logoi'는 외부인들이 읽을 수 있도록 출판을 위해 쓰인 글이다. 이와 달리 '에소테리코이 로고이'는 내부 구성원들을 위한 강의록이다. 이것은 출판이 아니라 강의를 위한 글 또는 강의를 놓친 사람들을 위한 글이다. 그러니까 내가 아리스토텔레스를 소개하는 이 글도 일종의 엑소테리코이인 셈이다.

플루타르코스의 「알렉산드로스 전기」에 이와 관련된 일화가 하나 있다. 아리스토텔레스가 일반인을 위해 공개하지 않던 강의록을 출판했다는 이야기를 아시아 원정 중이던 알렉산드로스가 들었다. 그리고 이에 대해 그가 편지를 썼다.

알렉산드로스가 아리스토텔레스 선생께 안부를 전합니다. 선생께서 구전으로 행한 강의들을 출판한 것은 잘한 일이 아닙니다. 만일 우리가 받은 가르침들이 모든 사람에게 공유된다면, 어떤 점에서 우리가 다른 사람들과 다를 수 있겠습니까? 저는 권력보다는 최선의 것들에 대한 앎을 통해 남다르고 싶습니다. 건강하십시오.

—「알렉산드로스 전기」7

'항상, 최고가 되라'는 영웅주의의 행동 원칙을 내면화한 인물다운 항변이다. 아리스토텔레스는 제자의 볼멘소리에 이렇게 답했다. "그것들은 출판되었어도 출판된 것이 아닙니다." 아리스토텔레스가 훗날 자신의 글이 겪을 운명에 대해 예언한 것일까? 지금도 아리스토텔레스의 글들은 출판되지만 출판된 것이 아니다. 그의 글을 읽고 쉽게 이해할 수 있는 사람이 많지 않기 때문이다. 매우 실제적인 인물로서 대중을 위한 글을 많이 쓴 플루타르코스가 이 일화에 덧붙인 말이 있다. "자연에 대한 그의 저술들은 실제로 가르침이나 배움에 전혀 쓸모가 없고, 이미 교육 받은 사람들을 위한 비망록으로서 집필되었다."

"가르침이나 배움에 전혀 쓸모가 없"다는 말은 과장이지만, 아리스토텔레스의 학문 연구가 당장의 쓸모를 위한 것이 아님은 분명하다. 아리스토텔레스는 실용성을 따지지 않고 사람이 알 수 있는 모든 것을 연구하려고 했다. 물론 앎의 목적에 따라 학문을 이론학, 실천학, 제작학으로 분류할 때 뒤의 둘은 행동을 잘하기 '위해서'나 뭔가를 잘 만들기 '위해서' 필요하다. 그러니까 아리스토텔레스의 연

아리스토텔레스와 제자들

1888년에 제작된 아테네대학교의 벽화에 아리스토텔레스(가운데)와 그의 제자들(왼쪽부터 알렉산드로스, 데메트리우스, 테오프라스토스, 스트라토)이 함께 등장한다.

구 중에도 유용성을 고려한 것이 전혀 없지는 않다. 예컨대 그의 수사학과 시학은 창작과 관련된 앎이고, 윤리학·가정학·정치학은 개인과 가족과 국가 단위 행동에 필요한 앎을 연구한 것이다. 하지만 사람은 '필요와 상관없이 그 자체로' 앎을 얻는 데서 즐거움을 느낀다. 인간의 본성이 그렇다. 아리스토텔레스가 연구한 이론학은 이런 인간 본성의 표현이다. 특히 그의 이론학에서는 자연physis에 대한 연구가 압도적인 비중을 차지한다. 그는 자연 세계 전체·생명·인간을 연구 대상으로 삼았고, 천문학·기상학·물리학·화학·생물학·심리학 등을 학문으로 정립했으며, 이 모든 학문을 위한 수단으로서 논리학의 기초를 놓았다. 그의 연구에서 진지한 고려 대상이 되지 않은 것은 아카데미아에서 중시한 기하학이나 수학뿐이다. 그에게 자연에 대한 앎은 어떤 목적을 위한 것이 아니라 진리 인식 자체를 목적으로 하는 순수한 학문이었다.

자연, 참으로 있는 것

뤼케이온에 머문 12년 동안 아리스토텔레스는 그간 수집하고 연구한 내용을 정리하고 연구 범위를 점점 더 넓혀나갔다. 그 결과, 인류 역사상 가장 다양하고 방대한 연구가 결실을 맺었다. 예순두 살이라는 길지 않은 생애를 산 사람이 어떻게 그토록 방대한 업적을 이루어낼 수 있었는지는 수수께끼다. 하지만 한 가지는 분명하다. 아리스토텔레스의 머릿속에 그 모든 연구를 아우르는 커다란 지도가 없었다면, 그렇게 방대한 연구는 불가능했다. '자연의 사다리'가 그의 생물학 연구를 위한 밑그림이라면, 『동물부분론』의 다음 대목은 그의 자연 연구 전체를 뒷받침한 밑그림이었다.

> 자연적으로 이루어진 실체 가운데 어떤 것들은 영원히 생성하지도 소멸하지도 않는 데 반해 어떤 것들은 생성하고 소멸한다. 가치 있고 신성한 전자에 관해서는 우리가 연구할 여지가 매우 적다. 연구의 출발점이나 우리가 알려는 것들이 관찰로는 거의 드러나지 않기 때문이다. 하지만 우리는 소멸하는 식물이나 동물에 대해 지식을 획득할 준비가 잘 되어 있다. 이것들은 우리 곁에서 자라기 때문이다. 만일 열심히 노력만 한다면, 존재하는 갖가지 종에 대해 우리는 많은 것을 배울 수 있다.
>
> —『동물부분론』I 5

그리스 철학자들은 '참으로 있는 것'을 '우시아ousia'라고 불렀다. '실체'가 이 말을 옮긴 것인데, '실체란 무엇인가'라는 물음은 서양 철학에서 가장 중요한 논쟁거리였다. 이 물음에 어떤 답을 하느냐에 따라 철학의 방향이 하늘과 땅 차이로 갈리기 때문이다. 시공간에 존재하는 물체들만 참으로 있는 것이라고 주장하는 사람들이 '땅의 사람들'이라면, 생겨났다가 사라지는 물질적인 것보다는 이런 변화를 넘어선 것들만이 실체라고 주장하는 '하늘의 사람들'이 있다. 이런 논쟁에서 유물론과 이에 반대하는 반유물론, 관념론이 생겨났다. 아리스토텔레스도 이 논쟁의 중요성을 강조하면서 이렇게 말했다. "옛날이나 지금이나 언제나 탐구 대상이 되고 언제나 의문거리인 것, 즉 '있는 것은 무엇인가'라는 물음은 '실체란 무엇인가'라는 물음이다."(『형이상학』 VII 1)

그럼 아리스토텔레스에게는 어떤 것이 '실체'였을까? 『동물부분론』에 담긴 실체에 대한 그의 생각은 플라톤의 생각을 아예 뒤집는 것이었다. 감각이 아닌 지성을 통해서 파악할 수 있는 이데아만이 참으로 있다고 주장한 스승에 반해, 아리스토텔레스는 하늘의 천체나 땅과 바다의 동식물 등 자연물이야말로 참으로 있는 것이며 실체라고 주장했기 때문이다. 물론 천체와 지상의 생명체가 존재하는 방식은 같지 않다. 아리스토텔레스에 따르면, 천체는 영원히 존재하지만 식물과 동물은 생성과 소멸을 겪는다. 하지만 그가 보기에 이런 차이가 실체로서 이것들의 지위를 부정할 근거가 되지는 않는다. 그에게 모든 자연물은, 영원한 것이건 생성하고 소멸하는 것이건 간에 이데아의 그림자가 아니라 참으로 있는 것이었다.

자연물을 실체로 인정한다는 것은 그것을 학문의 참된 대상으로 받아들인다는 뜻이기도 하다. 참으로 있는 것을 빼놓고 어디서 학문의 대상을 찾을 수 있겠는가? 다만 아리스토텔레스는 실체의 종류에 따라 접근이 달라져야 한다는 점을 인정했다.

> 물론 두 가지 연구는 저마다 매력이 있다. 비록 우리는 앞의 것에 대해 작은 부분만을 파악할 뿐이지만, 그 정보가 가치 있기 때문에 큰 기쁨을 얻게 된다. 우리가 사랑하는 것들을 스쳐보기만 해도 다른 것들을 자세히 보는 것보다 큰 기쁨을 준다. 그러나 후자는 풍

부한 정보 때문에 지식 문제에 관한 한 이점이 있다. 또한 그것들은 우리 가까이 있으며 본성에도 부합하기 때문에, 신성한 것에 관한 철학과 비교해 보더라도 그 나름대로 강점이 있다.

—『동물부분론』I 5

학문 연구는 설명해야 할 사실들을 관찰하고 확인하는 데서 출발해야 하는데, 천체 현상은 관찰하기 어려워서 학문적 앎을 얻기가 어렵다. 지상의 자연물은 다르다. 그것들은 우리 주변에 널려 있기 때문에, 우리가 마음만 먹으면 많은 것을 알아낼 수 있다. 그래서 아리스토텔레스는 두 학문의 고유한 매력을 내세운다. 천체에 대한 연구가 많은 것을 알려주지 않아도 "그 정보가 가치 있기 때문에" 적은 앎으로도 우리에게 큰 기쁨을 주는 데 반해, 식물과 동물에 대한 연구는 "풍부한 정보 때문에" 유리한 위치에 있다.

『동물지』는 실제로 아리스토텔레스가 주변에 있는 생물 종들을 얼마나 세심하게 관찰하고 기록했는지를 보여주는 확실한 증거다. 천체를 관찰한 기록은 그에 비해 드물어도 아예 없지는 않다. 그 가운데 특히 눈길을 끄는 것은 『천체론*De Caelo*』의 월식에 관한 구절이다. 아리스토텔레스는 월식이 일어날 때 달에 비친 지구의 그림자를 보고 지구가 둥글다는 것을 추론했다. 그는 화성의 성식星蝕 현상에 대해서도 기록을 남겼다.

우리는 달이 반달 상태에서 아레스의 별을 가리는 것, 이 별이 달의 그림자에 가려졌다가 다시 모습을 드러내며 밝게 빛나는 것을 직

역사 속 천문학자들

갈릴레이, 헤벨리우스, 아리스토텔레스, 브라헤, 코페르니쿠스, 프톨레마이오스 (왼쪽부터). 천상계와 지상계가 서로 다른 운동 법칙의 지배를 받으며 천체가 지구를 중심으로 돈다는 아리스토텔레스의 우주론은, 17세기 근대과학의 도전을 받기 전까지 2000년 넘게 서양 사람들의 생각을 지배했다.

접 관찰했다.

—『천체론』II 12

이 기록은 아카데미아의 안뜰에서 밤하늘을 보고 있는 젊은 아리스토텔레스의 모습을 떠올리게 한다. 천문학 자료를 근거로 추정해 보면, 이렇게 기록된 화성의 성식은 기원전 357년 5월 4일이나 그보다 4년 앞선 기원전 361년 3월 20일 밤에 일어났을 것이다. 아리스토텔레스가 스물세 살 또는 스물일곱 살 때인데, 어느 쪽이 옳건 간에 그가 아카데미아에 머물 때다. 이탈리아의 아리스토텔레스 연구자 나탈리는 화성에 대한 이런 관찰이 우연이라기보다는 천문학적 탐구 활동이었을 것으로 본다.

천문학은 서양에서 가장 오랜 역사와 권위를 지닌 학문이다. 일찍이 메소포타미아문명에서부터 사람들은 천문 현상을 관찰하여 기록하고 예측했으며 그리스인도 이런 관심을 이어받았다. 바다를 터전으로 삼아 살아가는 사람들에게 별에 대한 지식은 삶의 나침반이었기 때문이다. 그러니 아리스토텔레스가 동식물 연구를 천체 연구와 비교하면서 그 가치를 옹호하고 나섰을 때, 반발이 없지 않았을 것이다. '가치 없는 동물들에 대한 연구를 어떻게 신성한 천체에 대한 연구와 비교할 수 있을까?' 이렇게 따지는 사람들에게 자칫 신성모독으로 고발당할 수도 있는 발언이었다. 아리스토텔레스는 마치 반발을 의식한 듯 이런 말을 덧붙인다.

보기에 징그러운 동물들에 대한 연구에서조차도, 그런 동물들을

> 만들어낸 자연은 그 원인을 알아내고 본성적으로 지혜를 사랑하는 사람들에게 헤아릴 수 없는 즐거움을 가져다준다. 짐승을 그린 그림을 보며 예술(그림이나 조각)을 연구한다는 명분 아래 즐거움을 느끼면서도 정작 자연의 실물 자체에 대해서는 연구하기를 달가워하지 않는다면, 그리고 그와 관련된 원인들을 파악할 수 있는 능력이 있는데도 그렇게 하지 않는다면, 이는 합당하지 않은 일이요 부조리한 일이 아닐 수 없다. 그렇기 때문에 우리는 덜 가치 있는 동물들을 연구하는 데 대한 유아적인 혐오증을 떨쳐버려야 한다. 모든 자연물에는 어떤 놀라운 것이 들어 있기 때문이다.
>
> —『동물부분론』I 5

기원전 5세기 이래 그리스 사람들의 머릿속에는 '철학'이 지혜에 대한 사랑이고, 지혜는 사실의 원인을 아는 데서 성립한다는 생각이 자리 잡고 있었다. 그렇다면 하늘 위의 사건들만 지혜의 대상이 되고 앎의 즐거움을 낳는가? 아리스토텔레스는 따져 묻는다. 꼬물꼬물 기어 다니는 벌레에도 신적인 자연이 숨어 있다. 지혜를 사랑하는 사람에게는 이에 대한 앎도 가치 있고 즐거운 것이다. 지혜를 추구한다면서 자연의 경이에서 시선을 돌리는 것은 얼마나 부당한 일인가? 뤼케이온에서 아리스토텔레스에게 이 말을 듣던 사람들은 이것이 어떤 사람들의 어떤 학문적 태도를 겨냥하는지 쉽게 알아차릴 수 있었을 것이다. 그들은 또 아리스토텔레스가 아카데미아의 '소중한 친구들'보다 더 소중하게 여긴 진리가 무엇인지도 충분히 헤아렸을 것이다.

철학과 과학의 새로운 원리, 4원인설

내가 이번 여행에서 다시 느낀 그리스 문화의 두드러진 특징은 다양성과 개방성이다. 주변의 바다와 수많은 섬이라는 자연환경이 이런 문화적 특징을 낳는 데 한몫했을 것이다. 하지만 더 결정적인 영향을 미친 것은 독립적인 여러 도시국가와 지중해, 에게해, 흑해에 퍼져 있던 식민 도시들이 교류하며 살아가던 방식이다. 이런 문화에서 유일하고 절대적인 권위는 존재하지 않는다. 마치 올림포스 신들의 세계에 절대자가 존재하지 않는 것과 같다.

탈레스에서 시작해 아리스토텔레스에 이르는 그리스 철학도 이런 문화적 성격을 그대로 드러낸다. 그리스 철학은 끊임없이 변했다. 최초의 철학자들은 지금의 터키 서부 해안 지역인 이오니아의 식민 도시에서 활동했다. 그들은 신기한 자연현상, 특히 천문 현상들과 마주하며 그에 대한 신화적인 설명을 거부하고 자연 자체의 변화 양상과 원리를 알아내는 데 관심을 두었다. 이런 점에서 그리스 철학의 시작은 '자연의 발견'이었다. 그런데 철학의 주 무대가 아테네로 옮겨지고 소크라테스와 플라톤이 철학을 주도하면서 자연에 대한 관심이 철학의 주변으로 밀려났다. 소크라테스의 관심거리는 자연이 아니라 인간이었다. 이데아론을 내세운 플라톤은 철학의 관심과 탐구 영역을 인간 세계에서 초월적 세계로 확장했지만, 자연에 대한 탐구가 들어설 여지는 두지 않았다. 생겼다가 사라지는 우리 주변의 자연물은 진리가 머물 수 없는 가상과 허구의 세계였기 때문이다. 아리스토텔레스는 소크라테스와 플라톤을 거치면서

기원전 6세기 고대 그리스의 식민지 분포도

그리스인들은 기원전 12세기에 본토의 미케네문명이 멸망한 뒤 소아시아로 이주하여 식민지들을 건설했다. 기원전 7세기 이후부터는 더욱 왕성한 식민지 개척에 나서서, 흑해 지역부터 이베리아반도 남부에 이르기까지 수많은 식민 도시들을 세웠다.

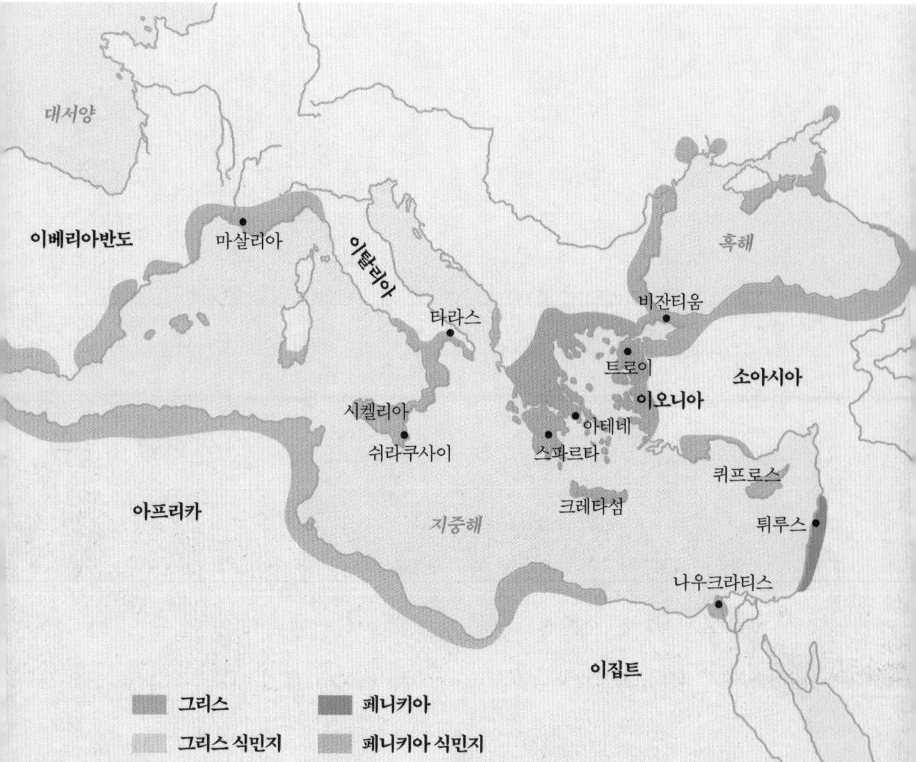

그리스 해양 문화의 다양성과 개방성

주신 디오니소스의 섬으로 알려진 낙소스섬. 바다와 섬이라는 자연환경은 그리스 문화의 두드러진 특징인 다양성과 개방성을 낳는 데 중요한 역할을 했을 것이다.

반자연적인 경향으로 기운 철학의 전통을 다시 자연철학 쪽으로 돌려놓았다. 물론 이것은 단순한 퇴행이 아니다. 소크라테스와 플라톤이 얻어낸 철학적 통찰 덕에 아리스토텔레스는 자연에 대해 한층 더 수준 높은 연구를 할 수 있었다.

아리스토텔레스는 "자연적으로 이루어진 실체"를 학문 연구의 대상으로 복권시키면서 '감각적' '개별적' '분리 가능한' 등 여러 수식어를 사용한다. '복합적'이나 '가변적'이라는 말도 자주 쓴다. 우리 주변의 동식물은 독립된 개체로서 존재하고 감각을 통해 지각될 수 있다. 그것들은 서로 다른 부분으로 나뉠 수 있다는 점에서 '복합적'이고 매 순간 변하기 때문에 '가변적'이다. 우리 집 앞의 은행나무와 길 건너편의 은행나무는 각각 분리되어 개별적으로 존재하고, 나는 그것들을 보고 만질 수 있다. 은행나무 한 그루는 잎과 줄기와 뿌리로 이루어져 있으며, 그 모습이 봄과 가을에 다르고 지금과 10년 후에 다를 것이다. 그런데 이렇게 뻔한 사실을 굳이 따져야 할 까닭이 있을까? 아리스토텔레스에게는 분명한 이유가 있다. 시공간을 떠나서 존재하며 감각을 통해 파악할 수 없는 수학적 대상이나, 장소 이동 말고는 어떤 변화도 겪지 않는 원자 같은 물질과 구별되는 자연적 실체의 특징을 분명하게 하기 위해서다. 즉 아리스토텔레스는 기존 철학자들이 참된 존재로 내세운 것들과 자신이 자연적 실체로 인정한 것들을 구분하기 위해 앞에 나열한 특징들에 주목했다. 그 가운데 특히 복합성과 가변성은 대상의 고유한 존재 방식을 나타낸다는 점에서 중요하다. 아리스토텔레스 철학을 대표하는 질료-형상설, 4원인설, 목적론 등은 모두 자연적 실체가 어떻게 '복합체'로서 존재하며 어떤 '변화'를 겪는지 설명하기 위해 도입된 이론이다.

그는 감각적 실체의 존재를 설명하면서 종종 인공물을 예로 든다. 집을 한번 보자. 집은 벽돌과 나무 같은 재료로 만들어진다. 하지만 이런 재료를 산더미처럼 쌓아놓았다고 해서 집이 되지는 않는다. 건축자재들이 일정한 방식으로 결합되어 모양을 갖추고 고유한 기능을 할 수 있을 때 비로소 집이라는 완전한 개체가 '있다'고 말한다. 아리스토텔레스는 집에 속하는 이 두 가지 요소, 즉 물질적 요소(건축자재)와 비물질적인 요소(건축자재의 결합 방식, 집의 모양과 기능)를 각각 '질료hylē'와 '형상eidos'이라고 불렀다. '형상'을 가리키는 그리스어 '에이도스'는 본래 겉모양을 뜻하지만, 아리스토텔레스는 이 말의 뜻을 넓혀서 질료에 부가되는 비물질적 측면을 가리키는 말로 썼다.

자연물이 '있다'고 할 때도 사정은 다르지 않다. 코끼리를 예로 들면, 살과 뼈와 피가 질료에 해당한다. 하지만 집이 벽돌과 목재의 단순한 집합이 아니듯이, 코끼리도 살과 뼈의 단순한 더미가 아니다. 살과 뼈와 피는 일정한 방식으로 결합해 코끼리의 형태를 이루고, 그래야만 코끼리의 고유한 기능이 있을 수 있다. 코끼리의 질료에 부가되어 그것을 한 개체로 만드는 결합 방식, 모양, 기능이 바로 코끼리의 형상이다.

아리스토텔레스가 쓴 '형상'이라는 말은 플라톤이 이데아를 가리켜 쓴 말과 같다. 하지만 아리스토텔레스의 형상은 몇 가지 중요한 점에서 플라톤의 이데아와 성격이 다르다. 첫째, 아리스토텔레스의 형상은 개체 안에 있다. 코끼리의 모양과 기능이 코끼리를 떠나 있을 수 없지 않은가? 둘째, 개체에 내재하는 형상은 그 자체도 개별적이다. 코끼리들은 저마다 생김새와 기능이 다르다. 아프리카코끼리와 인도코끼리가 다르고, 코끼리 한 마리 한 마리가 저마다 고유한 모양과 기능을 가지고 있다. 이런 점에서 코끼리의 형상은 개별적이다. 셋째, 코끼리의 형상이 개별적이라고 해서 여러 코끼리의 형상에 공통점이 전혀 없지는 않다. 저마다 생김새와 능력이 달라도 모든 코끼리가 코끼리일 수 있는 것은 그들의 형상에 공통성이 있기 때문이다. 이런 점에서 코끼리의 형상은 개별적인 면과 보편적인 면을 함께 지닌다. 형상의 공통적 측면 덕에 여러 코끼리가 하나의 종으로, 더 나아가 포유류로 분류될 수 있다.

자연적 실체들의 '가변성'으로 눈을 돌려보자. 자연물에 변화만큼 기본적인 것은 없다. 우리 주변의 자연물은 장소를 옮기고 크기와 성질의 변화를 겪으며 생겨나고 사라진다. 장소 이동, 크기의 증감, 성질의 변화, 생성과 소멸은 지상에 존재하는 모든 개체에게 일어나는 보편적 현상이다. 따라서 학문이 개체에 대한 앎을 지향한다면, 무엇보다 이런 변화에 초점을 맞추고 그 조건과 원리를 탐구해야 한다.

> 감각적인 실체는 가변적이다. 그런데 변화는 대립자나 (이들 사이의) 중간자에서 시작되고 (…) 필연적으로 반대 상태로 변하는 어떤 것이 밑에 놓여 있어야 하는데, 대립자는 변하지 않기 때문이다.
>
> —『형이상학』 XII 1

순전히 논리적인 관점에서 보면, 모든 변화에는 세 가지 요소가 있다. 변하기 전의 상태와 변한 뒤의 상태 그리고 이런 대립 상태를 수용하는 어떤 것이다. 예컨대 하얀 옷이 더러워져서 검게 된다면, 이 변화는 하양에서 검정이 되는 색의 변화다. 그리고 이 색은 서로 반대 관계에 있는 대립자다. 하지만 하양이나 검정 자체는 변하지 않는다. 변하는 것은 하양에서 검정으로 달라진 옷이다. 그래서 어떤 변화든 그 밑바탕에 놓인 것 없이는 일어날 수 없다. 장소 이동이나 크기 변화도 그렇다. 장소 이동이 일어나려면 이동 전후의 장소와 이동하는 어떤 것이 있어야 하고, 크기 변화가 일어나려면 변화 전후의 크기와 그런 크기 변화를 겪는 어떤 것이 있어야 한다.

어떤 것이 없다가 있게 되는 생성이나 있다가 없게 되는 소멸도 이와 다르지 않다. 없던 집이 있게 된다면, 이 집은 아무것도 없던 상태에서 갑자기 생겨나지 않는다. 집이 생기려면 건축자재가 있어야 한다. 집이 생긴다는 것은 집의 재료가 전에 없던 형태를 받아들여 그 형태가 되는 것이다. 집이 사라진다는 것도 마찬가지다. 전에 있던 형태가 더는 재료에 속하지 않게 된다는 뜻이다. 생성과 소멸의 과정에도 변화 전후의 상태와 변화의 밑바탕에 있는 어떤 것, '기체'가 필요하다.

질료-형상설 용어로 바꿔 말하면, 개별적 실체의 생성과 소멸은 질료가 형상을 얻거나 잃는 과정이다. 물론 이 과정을 제대로 설명하는 데 질료와 형상만으로는 부족하다. 미리 주어진 재료에 일정한 형태가 구현되어 집이 생긴다면, 재료에 부가되는 형태는 어디에서 오는가? 이제 집을 짓는 사람이 등장한다. 건축가는 집을 짓기에 앞서 집의 형태를 머릿속에 가지고 있으며 자신의 몸이나 도구를 써서 그 형태를 건축자재로 구체화한다. 아리스토텔레스가 '작용인'이라고 부른 건축가 외에 고려해야 할 것이 또 있다. 결국 집을 지어 얻고자 하는 것이 무엇인가? 집 자체거나 집을 통해 누릴 수 있는 신체의 보호, 휴식, 안락 같은 것들이다. 그래서 집을 지을 때는 완성된 집 또는 그것을 통해 이루려는 것이 '목적'으로서 개입한다.

아리스토텔레스는 인공물이든 자연물이든 모든 개별 실체가 생겨나는 과정을 충분히 설명하려면 질료, 형상, 작용인, 목적을 고려해야 한다고 보았다. 이것이 '4원인설'인데, 자연적 실체의 변화를 설명하기 위해 도입된 질료-형상설의 확장판인 셈이다. 그가 말년에 쓴 『동물발생론*De Generatione Animalium*』에서 제시한 생명체의 발생 과정이나 유전 현상에 대한 설명은 4원인설의 설명력을 잘 보여준다.

아리스토텔레스 목적론의 현대적 귀환

아리스토텔레스는 4원인설을 자연물의 존재와 변화를 설명하는 기본 틀로 삼았다. 『형이상학』 1권에 탈레스부터 플라톤에 이르는 그리스 철학사를 네 가지 원인을 발견해가는 역사로 기술한 데서 그가 4원인설에 부여한 중요성을 알 수 있다. 하지만 근대 과학혁명 이래 아리스토텔레스 철학이 비판의 도마에 오를 때마다 4원인설은 칼질의 대상이 되었다. 과학혁명 선구자들에게 특히 반감을 산 것은 '텔로스telos'라는 개념이다.

'텔로스'는 본래 '목적' '끝' 등을 뜻한다. 아리스토텔레스는 생명 현상의 합목적성을 설명하기 위해 이 개념을 끌어왔다. 예컨대 척추동물의 척추는 몸을 지탱하고, 피부는 외부 자극으로부터 몸을 보호한다. 이렇게 신체의 각 부분이 저마다 특정 기능을 '위해서' 존재하고, 모든 부분은 궁극적으로 생명체 전체의 삶을 보존하기 '위해서' 존재한다는 것이 아리스토텔레스 목적론의 기본 생각이다. 생명현상의 합목적성은 생명체가 발생하는 과정에서 더욱 분명하게 나타난다. 수정과 세포분열 등 일련의 발생 과정이 처음부터 장차 그 과정의 '끝'에 생길 완전한 개체를 '위해서' 조직화되기 때문이다.

여기까지는 별문제가 없다. 문제는 고대와 중세의 철학과 과학에서 '목적론'이 더 넓은 뜻으로 쓰인 경우가 많다는 데 있다. 식물은 초식동물을 위해, 초식동물은 육식동물을 위해, 식물과 초식동물과 육식동물은 인간을 위해 존재하며 결국 인간은 신을 위해 존재한다는 식이다. 이렇게 자연 세계의 모든 것이 서로 목적과 수단의 사슬에 얽혀 있다고 보는 확대된 목적론을 보통 '우주적 목적론'이라고 하는데, 사실 이것은 위험한 생각이다. 노예는 주인을 위해 존재하고, 을은 갑을 위해 존재한다는 지배 이념으로 악용될 수 있기 때문이다. 아리스토텔레스의 목적론은 '우주적 목적론'과 전혀 관련이 없는데도, 16세기 이래 과학자들은 목적론을 비판할 때 이런 기본적인 구별조차 하려고 하지 않았다. 그들의 관심은 천문학과 물리학 중심의 새로운 과학을 옥죄는 중세 세계관의 바스티유 감옥을 쳐부수는 데 쏠려 있었고, 그들의 눈에 목적론은 이 감옥의 망루에서 휘날리는 깃발이었다.

과학혁명과 그 이후 자연과학은 목적론 중심의 학문 체계를 깨부수는 데 성공했다. 그 결과, 목적론이 있던 자리에 프로크루스테스의 침대가 놓이게 되었다. 아테네 주변 아티카 지역에서 활동했다는 이 신화 속 도둑은 나그네를 잡아다 침대에 눕히고 몸을 침대 크기에 맞춰 늘리거나 잘라 죽였다고 한다. 어떤 힘이, 어떤 방향에서, 어떤 크기로 작용해서 운동을 일으키는지 수학적으로 설명하지 않으면 '미신'과 '사이비 과학'이라고 낙인을 찍은 것과 뭐가 다른가? 그 뒤 물리현상으로 환원되지 않는 생명현상의 고유성을 인정할 수 있게 되기까지 200년이 넘게 걸렸다. 봄이 되면 새가 우는 것을 보고 '호르몬 분비 때문'이라고 할 수도 있지만, '짝짓기를 하기 위해서'라고 할 수도 있다. 이 당연한 사실을 받아들이는 것이 그토록 어려웠을까? 19세기의 탁월한 생물학자 카를 에른스트 폰 베어는 『종의 기원』에 대한 서평에서 목적을 부정하는 과학에 맞서 상당히 과격한 어조로 이렇게 외쳤다.

> 내 목적은 목적론을 옹호하는 것이다. 왜냐하면 자연의 과정들은 서로 조절되거나 지향이 있어야 하기 때문이다. 지향이 없는, 이른바 맹목적인 힘은 질서를 만들어낼 수 없다. (…) 동물의 삶에서 상대적으로 높은 형태가 그보다 낮은 형태로부터 발전하며 인과관계에 놓여 있다면, 우리가 어떻게 자연에 목적 또는 지향이 있다는 사실을 부정할 수 있을까?
>
> — 에른스트 마이어, 『생물학적 사유의 발전*The Growth of Biological Thought*』, 529쪽에서 재인용

다시 아리스토텔레스로

"덜 가치 있는 동물들에 대한 연구"에 더 큰 관심을 기울인 아리스토텔레스가 새에게도 '방언'이 있다고 했는데, 이것이 바위자고새(위)와 메추라기닭(아래)에 관한 기록이라는 것이 20세기 중반에야 확인되었다. 또한 근대 과학자들에게 숱한 공격을 받던 그의 목적론은 '근접원인'과 '궁극원인' 같은 새로운 이름을 달고 현대 생물학으로 슬그머니 돌아왔다.

오랫동안 이어진 낙인 효과 때문에 지금도 사람들은 '목적론 teleology'이라는 낱말을 기피한다. 그 대신 현대 생물학자들은 '근접원인'과 '궁극원인'이라는 말을 쓴다. 봄에 호르몬 분비 때문에 새가 운다고 하면 근접원인에 따른 설명이고, 짝짓기를 위해 또는 유전자의 적응도를 높이기 위해 운다고 하면 궁극원인에 따른 설명이라는 것이다. 1958년에 생물학자 콜린 피텐드라이Colin Pittendrigh는 프로그램으로 조정되는 생명 과정 또는 생명 작용의 합목적성을 가리키기 위해 '목적론적 법칙teleonomy'이라는 말을 창안하기도 했다. 하지만 이름이 달라진다고 내용까지 달라질까? '궁극원인'은 아리스토텔레스가 말한 '목적인'이고, '목적론적 법칙'은 '목적론'이다. 아리스토텔레스의 목적론은 물리학 중심의 서양 과학에서 300년 넘게 쫓겨났다가 현대 생물학의 뒷문으로 다시 들어왔다.

영혼과 신체를 아우르는 생물학

아리스토텔레스의 자연학 저술로 『자연학』 『천체론』 『생성·소멸론*De Generatione et Corruptione*』 『기상학*Meteorologica*』 등이 있다. 제목에서 짐작할 수 있듯이, 그는 『자연학』에서 자연물의 운동과 변화의 원리에 대한 일반론을 전개한 다음, 천체 현상과 물질의 화학적 변화 및 기상현상 등을 탐구했다. 그다음에 생명현상을 다룬 『영혼론*De Anima*』 『동물지』 『동물부분론』 『동물발생론』 등이 자리하는데, 이런 생물학 저술이 그가 남긴 전체 저술 중 3분의 1을 넘는다. 흥미롭게도 그는 당시 그리스인에게 잘 알려진 동물뿐만 아니라 북아프리카, 서아시아, 인도의 동물에 대해서도 이야기했다. 나일강의 악어, 리비아 타조, 페르시아 코끼리, 인도코끼리와 독뱀, 박트리아 낙타와 아라비아의 낙타 등이 그 주인공들이다.

> 낙타는 네 발 달린 다른 동물과 달리 등에 이른바 '혹'이 있다는 점에서 특이하다. 그런데 박트리아의 낙타는 아라비아의 낙타와 다르다. 전자는 혹이 두 개이지만, 후자는 하나이기 때문이다. 그렇지만 아라비아의 낙타는 몸 아래쪽에 등에 달린 것과 같은 일종의 혹이 있어서 여기에 몸을 실어 무릎을 꿇고 앉는다.
>
> —『동물지』II 1

박트리아는 본래 페르시아에 속했다가 알렉산드로스에게 정복된 곳으로, 지금의 아프가니스탄 지역이다. 알렉산드로스는 원정 도중 박트리아의 왕녀 록사네와 결혼했다. 역사가들은 이를 근거로 아리스토텔레스가 알렉산드로스의 재정 지원은 물론이고 연구 자료 제공에 이르기까지 다양한 지원을 받았기 때문에 뤼케이온의 동물 연구가 가능했다고 말한다. 로마 시대의 백과사전인 『자연사 *Histoiria Naturalis*』를 펴낸 플리니우스는 이렇게 썼다.

> 동물의 본성을 알려는 열망에 불타오른 알렉산드로스대왕은 모든 분야에 대해 최고의 지식을 갖춘 아리스토텔레스에게 연구를 위임하고 이를 위해 아시아와 그리스 곳곳에서 수천 명을 동원하라고

> 명령했다. 그 가운데 사냥꾼, 새 잡이, 어부는 물론이고 동물원, 가축 떼, 벌집, 양어장, 새장을 관리하는 사람들도 있었다. 아리스토텔레스에게 어떤 동물도 미지의 것으로 남지 않도록 하기 위해서였다.
>
> —『자연사』 VIII 17

알렉산드로스의 풍족한 재정 지원이 뤼케이온의 연구를 뒷받침했다는 것은 그럴듯한 이야기다. 그러나 그의 동방 원정을 통해 제공된 자료가 없었더라도 아리스토텔레스 생물학의 본모습은 크게 달라지지 않았을 것이다. 이국의 자료들이 그의 저술 곳곳에 등장하는 것은 사실이지만, 신기한 동물 이야기로 호기심을 자극하는 것이 연구의 본령은 아니었기 때문이다. 그가 말한 것처럼 식물이나 동물은 우리 '주변에' 널려 있기 때문에 "만일 열심히 노력만 한다면, 존재하는 갖가지 종에 대해 우리는 많은 것을 배울 수 있다"(『동물부분론』 I 5). 아리스토텔레스의 생물학 연구는 알렉산드로스의 동방 원정에 앞서 그가 레스보스와 마케도니아에 머물던 시절에 모은 자료에서 시작되었다.

아리스토텔레스가 새롭게 학문으로 정립한 생물학은 훌륭한 짜임새를 갖췄다. 그 출발점에는 영혼의 본성에 대한 논의가 온다. 영혼의 소유 여부에 따라 생명이 있는 것과 생명이 없는 것이 나뉘기 때문이다. 이때 '영혼'은 플라톤의 생각처럼 신체를 떠나 그 자체로 존재할 수 있는 신비한 실체가 아니라, 신체의 다양한 능력을 가리킨다. 즉 생장 능력, 생식 능력, 감각 능력, 운동 능력 등을 포함하는 생명의 능력 전체를 가리키는 이름이 '영혼'이다. 도끼에 절단력이 있고 눈에 시력이 있는 것처럼 몸에 영혼이 속한다. 이런 뜻에서 아리스토텔레스는 영혼을 "신체적 기능" 또는 형이상학적인 개념을 사용해서 "가능적으로 생명을 가진 자연적 물체의 첫째 현실태"(『영혼론』 II 1)라고 정의했다. 생명체를 생명체로 만드는 것, 즉 생명체의 현실태를 이루는 것이 바로 영혼이라는 뜻이다. 그래서 영혼에 속하는 다양한 기능을 겉으로 드러나는 현상에 따라 세밀하게 분석하고 기술한 『영혼론』이 생물학 연구의 출발점이다.

'영혼의 현상학'은 당연히 신체의 부분에 대한 연구로 이어진다. 생식기관 없이 어떻게 생식 능력이 있고, 감각기관 없이 어떻게 감각 능력이 존재할 수 있겠는가? 영혼에 속하는 갖가지 능력은 그것이 관련된 신체 부분과 떨어져 존재할 수 없기 때문에, 신체의 부분을 모르면 영혼의 능력이 어떻게 실현되는지 알 수 없다. 질료-형상설에 기초해 말할 경우, 영혼이 형상이라면 신체는 질료다. 아니, 생명체에서 형상과 질료의 관계는 인공물에서 형상과 재료의 관계보다 훨씬 더 긴밀하다. 예컨대 집의 형상은 건축자재로 구현되지 않아도 설계도 형태로 건축가의 머릿속에 존재할 수 있지만, 영혼은 그럴 수 없기 때문이다. 영혼의 능력은 신체 없이 존재하지 않고, 그렇기 때문에 영혼과 마찬가지로 신체도 생명체에 본질적이다. 영혼과 신체를 한 생명체의 분리할 수 없는 두 가지 면으로 이해하는 아리스토텔레스의 관점에서 볼 때, 인간의 의식이 기계의 몸에서 존재할 수 있다는 인공지능AI 개발자들의 생각은 하나의 영혼이 여러 신체를 옮겨다니며 존재할 수 있다고 믿는 것과 똑같은 '과학주의의 판타지'일 뿐이다. 나는 이런 주장을 '21세기 윤회론'이라고 부르고 싶다.

그럼 아리스토텔레스는 신체를 어떻게 이해했을까? 그에 따르면, 신체는 일종의 복합체로서 여러 수준의 복합성이 있는 중층적 시스템이다. 이 시스템의 밑바닥에는 물, 불, 흙, 공기 등 네 원소가 있다. 수소와 산소 같은 화학원소가 알려지지 않은 시대에 아리스토텔레스는 이 네 가지가 물질세계를 구성하는 가장 단순한 원소라고 생각했다. 단순한 원소들이 일정한 비율로 결합해서 그보다 높은 수준의 복합체를 이루어나간다고 생각한 점에서 그는 현대 화학의 기본 개념을 선취했다. 그의 '원시 화학'에 따르면, 네 원소가 일정한 비율로 결합해 살·뼈·피가 되고, 이것들이 다시 일정한 비율로 결합해 얼굴·손·발 같은 기관이 된다. 끝으로, 이 기관들이 또 일정한 비율과 배치 방식에 따라 달리 결합해 독립된 유기체 하나를 이룬다. 살, 뼈, 피 같은 '조직'을 아리스토텔레스는 '동질적인 부분' 또는 '동질체'라고 불렀다. 눈으로만 보면 피나 뼈는 전체와 부분이 동질적이기 때문이다. 이와 달리 손이나 얼굴이나 다리는 피와 뼈로 나뉘면 나뉘기 전 전체와 나뉜 다음 부분의 성질이 다르다. 그래서 이것들은 '비동질적인 부분' 또는 '비동질체'라고 불린다. 아리스토텔레스에 따르면, 신체의 기관이나 조직 들의 다양한 성질은 궁극적으로 네 원소에 속하는 성질, 즉 온溫·냉冷·건乾·습濕에서 나온다.

아리스토텔레스는 신체의 복합적인 구성 방식을 설명하고 조직과 기관을 낱낱이 연구함으로써, 영혼에 속하는 능력이 어떻게 실현되는지를 설명하려고 했다. 『동물지』와 『동물부분론』 그리고 지금은 전하지 않는 『해부도감*Anatomiae*』에서 그는 사람과 하루살이, 식충류에 이르는 여러 생명체의 머리끝부터 발끝까지 조직과 기관을 나누고 그 기능을 분석했다. 『동물부분론』에는 눈썹에 대한 설명도 있다.

> 눈썹과 속눈썹은 눈을 보호하기 위해서 있다. 눈썹은 집의 처마처럼 머리에서 흘러내리는 물기로부터 눈을 보호하기 위해 있고 속눈썹은 눈으로 날아드는 것들을 막기 위해 있는데, 이는 마치 사람들이 울타리를 두르는 것과 같다. 눈썹은 뼈와 뼈가 이어지는 자리에 나는데, 이 때문에 대개 나이가 들면 가위질이 필요할 만큼 빽빽해진다.
>
> —『동물부분론』 II 15

청동거울 앞에서 가위로 눈썹을 다듬는 아리스토텔레스가 떠오르면서, 과연 그가 연구 대상으로 삼지 않은 것이 있을지 궁금해진다.

아리스토텔레스는 생물학 저술에서 앞에 소개한 '자연의 사다리' 체계에 따라 동물을 분류하고 그것에 속한 조직과 기관의 차이점을 관찰하고 기록했다. 서양 최초의 분류학은 이렇게 동물의 부분이 갖는 형태와 기능의 차이에 주목하면서 시작되었다. 분류의 기본 방법에 대해 그는 이렇게 말한다.

> 우리는 모든 국가가 한 부분이 아니라 여러 부분으로 이루어진다는 데 동의했다. 예를 들어, 동물 종을 분류하려면 먼저 각 동물에 필수

적인 부분부터 규정해야 한다. 일부 감각기관, 입이나 위장처럼 음식물을 섭취하고 소화하는 기관, 운동할 때 쓰이는 기관이 이 필수적인 부분에 포함된다. 그런데 필수적인 부분이 이것들뿐이라고 해도 그중에 차이가 있다. 입과 위와 감각기관에 여러 종류가 있고 운동에 필요한 기관도 마찬가지다. 따라서 이런 부분들의 차이를 조합하면, 필연적으로 그 조합의 수만큼 많은 동물 종이 생겨날 것이다. 같은 종의 동물에서 입이나 귀가 서로 다를 수는 없기 때문이다. 이런 차이에서 나올 수 있는 조합이 모두 파악되면 그에 따라 동물 종이 분류될 수 있고, 동물 종의 수는 필수적인 부분들이 만들어내는 조합의 수와 같게 된다. 앞서 말한 정체의 경우에도 이와 같다.

—『정치학』 IV 4

생물 분류의 기본 원리를 제시하는 이 구절은 동물학 저술이 아닌 『정치학』에 등장한다는 점에서 매우 흥미롭다. 아리스토텔레스의 동물학적 방법론이 단순히 동물 연구에 그치지 않고 정체政體 연구에도 그대로 적용된다는 사실을 알려주기 때문이다. 그는 왜 동물들의 차이에 그토록 사로잡혔을까? 이런 질문을 들으면 그는 별말 없이 『형이상학』 1권 1장의 첫머리를 가리킬 것 같다.

모든 사람은 본성적으로 알고 싶어 한다. 다양한 감각에서 오는 즐거움이 그 징표인데, 사람들은 필요와 상관없이 감각 자체를 즐기며 다른 감각보다 특히 눈을 통한 감각을 즐기기 때문이다. (…) 그 이유는 여러 감각 가운데 시각이 우리가 사물을 아는 데 가장 큰 구실을 하고 많은 차이를 밝혀준다는 데 있다.

동물의 발생과 유전에 대하여

영혼의 기능, 신체의 조직이나 기관을 통한 생명활동, 신체의 형태와 기능에 따른 동물 분류 외에 아리스토텔레스가 생물학에서 크게 관심을 둔 중요한 문제가 하나 더 있다. 바로 생명체의 발생과 유전 문제다. 왜 사람이 사람을 낳고 말이 말을 낳는가? 오뒤세우스와 그의 아들 텔레마코스가 닮은 이유는 뭔가? 부계와 모계의 형질이 후손에게 이어지는 이유는 뭔가? 아리스토텔레스는 모든 생명체에 공통적으로 있으면서 우리를 놀라게 하는 발생과 유전 현상에 관한 연구를 『동물발생론』에서 보여준다. 이 책은 서양 최초의 발생학, 유전학 연구서다. 성별 차이·자웅동체성·무성생식과 유성생식·자연발생·전성설과 후성설·모계 유전과 부계 유전·격세 유전 등 현대 발생학이나 유전학의 핵심 문제들이 이 책에서 다뤄지지만, 가장 큰 관심거리는 역시 유성생식에서 발생과 유전의 메커니즘이다. 유전물질이나 DNA 등에 대한 이해가 전혀 없던 시절에 아리스토텔레스는 어떻게 다양한 생물학적 현상을 설명했을까?

아리스토텔레스는 발생 과정을 설명하기 위해 다시 4원인설을 꺼내든다. 대장간에서 도끼 만드는 과정을 생각해보자. 전체 공정의 '목적'은 완성된 도끼 또는 도끼를 사용해서 이루려고 하는 것이다. 도끼의 재료가 되는 쇳덩이(질료)를 녹이려면 불(작용인)이 필요하다. 하지만 쇳덩이를 화로에 던져 넣는다고 해서 도끼가 저절로 생겨나지 않는다. 대장장이는 머릿속의 설계도(형상)에 따라 온도를 조절하고 쇳덩이를 두드려서 도끼를 완성해낸다.

아리스토텔레스에 따르면 동물도 이와 똑같은 방식으로 발생한다. 완성된 제작물이 제작 과정의 목적이라면, 발생 과정의 목적은 이 과정의 끝에 오는 생명체다. 쇳덩이가 도끼의 질료인 것처럼, 생리혈이 생명체를 만드는 '질료'가 된다. 신체에 속한 모든 부분, 즉 살이나 뼈 같은 동질적인 부분과 발이나 손과 같은 비동질적인 기관이 모두 생리혈로 만들어진다. 신체의 부분에는 "딱딱함·부드러움·끈기·부서지기 쉬움"같이 다양한 성질이 속해 있는데, 그런 성질을 만들어내는 것이 정액에 들어 있는 프네우마pneuma다. 대장간의 불처럼 프네우마도 '작용인'이다.

아리스토텔레스는 프네우마의 작용에 따라 생리혈이 형태를 얻어가는 과정을 레닛(효소의 일종)이나 무화과 즙을 통해 우유가 응고하는 과정에 비유한다. 그러면서 레닛의 응고 작용과 프네우마의 작용 사이에 근본적인 차이가 하나 있다고 보았다. 레닛과 달리 정액 속의 뜨거운 열기는, 재료에 형태를 부여할 뿐만 아니라 그것을 일정한 방식으로 분화시켜 완성된 개체를 만들어 간다. 이런 조형과 분화 작용은 프네우마의 운동이 일정한 '로고스'에 따라 조절되기 때문에 가능하다. 정자와 난자가 만나 수정되고 세포 분열이 일어나는 과정을 아리스토텔레스식으로 말하면, 프네우마의 운동이 로고스라는 프로그램에 따라 진행되어 생리혈을 굳히고 이런저런 형태를 갖춘 생명체로 만들어가는 과정이다.

1969년 노벨 생리의학상을 받은 막스 델브뤼크는 다소 장난스러운 제목의 논문Aristotle-totle-totle (54쪽)에서 『동물발생론』의 설명을 현대적 언어로 이렇게 썼다.

> 현대적인 언어로 바꾸면, 이 모든 인용문이 말하는 것은 다음과 같다. 형상이라는 원리는 정액 안에 저장된 정보다. 수정이 되고 난 다음 이 정보는 미리 정해진 프로그램에 따라 해독된다. 이 해독 과정은 그 정보가 작용을 미치는 질료의 형태를 바꿔놓는다.

아리스토텔레스는 몇 가지 가설을 덧붙여서 유전 현상도 같은 틀로 설명하려고 했다. 이렇게 확대된 설명 방식에서는 정액(작용인)과 생리혈(질료)의 이분법적 도식이 약화되고 정액과 생리혈의 동질적인 성격이 강조된다. 이 두 생식 물질이 모두 프네우마의 운동과 그 운동을 주도하는 로고스를 포함하고 있다. 그리고 로고스에는 성별 차이나 개인 형질들은 물론이고 부계와 모계의 형질들까지 코드화된 형태로 들어 있다. 다만 생리혈의 운동력이 상대적으로 약해서 그 자체로 실현되지는 못하고, 정액으로 전달되는 프네우마의 운동에 대한 반응을 통해 발현된다는 데 차이가 있을 뿐이다. 보통은 그 결과로 정액 속 프네우마의 운동이 생리혈의 반작용을 제압하는데, 이 경우 아버지의 형질 정보를 담은 로고스에 따라 아버지와 닮은 아들이 태어난다. 하지만 정액의 프네우마 운동이 생리혈을 충분히 가공하지 못하는 경우, 생리혈에 있는 어머니의 형질이 발현되며 이에 따라 성이 결정되고 모계 형질이 나타날 수도 있

'20세기의 다윈'으로 불리는 진화생물학자, 에른스트 마이어

다윈의 자연선택론과 현대의 유전 이론을 결합해 20세기 생물학의 방향을 새롭게 제시한 마이어는 아리스토텔레스의 생각에 담긴 현대성을 재평가했다.

다. 아리스토텔레스는 정액과 생리혈의 작용에 영향을 미치는 다양한 변수를 고려하면서, 이런 영향 아래서 어떻게 성별이 결정되고 부계와 모계의 형질이 다음 세대로 전달되는지를 분석했다. 결국 수정이란 부모 양쪽에서 유래하는 프네우마 운동의 결합이고, 새로운 개체는 이 운동들이 각각 부모의 몸 안에서 만들어낸 개체적 형태를 새로운 조합의 형태로 재현한다는 것이다. 이것이 『동물발생론』에서 아리스토텔레스가 제시한 유전 현상에 대한 설명이다.

다윈의 자연선택론과 현대의 유전 이론을 결합한 '신종합설'을 구축함으로써 20세기 생물학의 방향을 제시한 생물학자 에른스트 마이어는 델브뤼크의 해석을 바탕으로 아리스토텔레스의 이론을 이렇게 평가했다.

> 현대의 몇몇 저술가는 아리스토텔레스의 생각을 드러내기 위해 과감하게 현대적 단어를 썼다. 이 단어들은 그가 지금 살고 있다면 썼을 법한 것들이다. 내가 이런 말을 하는 데는 이유가 있다. 아리스토텔레스가 개체 발생을 기술하면서 '형상' 개념을 쓸 때 품은 본뜻을 밝히기 위해 델브뤼크는 '유전 프로그램'이라는 말을 사용했다. 이와 마찬가지로 아리스토텔레스가 형상(프로그램)에 따라 조절되는 목표 지향성에 대해 말하는 경우, 이를 이해하기 위해 ('목적론' 대신) '목적론적 법칙'을 쓰는 것이 좋다. 이것은 시대착오적인 것이 아니라, 그저 현대 독자에게 뜻이 모호하지 않은 말을 써서 한 고대 저술가가 생각한 것을 분명히 하는 방식일 뿐이다.
>
> —『생물학적 사유의 발전』, 11쪽

06

ARISTOTELES

행복한 삶의 길을 찾다

『니코마코스 윤리학』과 『정치학』

인간은 누구나 셜록 홈스다

인간에 대한 생각은 시대에 따라 바뀌었다. 서양의 중세 이후만 보더라도, 인간을 신 앞의 죄인으로 자연의 정복자로 영장류의 한 종으로 시대마다 다르게 이해했고, 이에 따라 인간의 문제를 다루는 방식도 달라졌다. 21세기에 들어 인간에 대한 이해 방식과 질문의 방향은 또다시 변화했다. 인간에 대한 우리 시대의 질문에는 초조와 불안의 기색이 역력하다. 기술이 고민거리다. 인간은 기술을 통해 육체노동에서 벗어났지만, 해방과 함께 할 일을 잃었다. 기술은 이제 인간을 정신적인 일에서도 해방한다. 그럼 인간에게 남은 일은 무엇인가? 아직은 〈트랜센던스〉(2014)나 〈그녀〉(2013) 같은 영화 속 상상일 뿐이지만, 어떤 이들은 인간의 의식 활동을 대체하는 AI의 등장과 '포스트휴먼'의 도래를 예언한다. 많은 사람들이 이 예언을 들을 때마다 불안해한다. 기계가 인간을 대체하는 상황은 인간의 삶에 어떤 변화를 가져올까? 인간의 정체성은 어디에 있을까?

이런 질문 앞에서 우리는 우리 자신에 관해 고민하게 된다.

아리스토텔레스의 저술 중에도 인간의 문제를 다루는 것이 많다. 특히 윤리학·가정학·정치학 분야 저술이 그런데, 그는 이를 한데 묶어 "인간적인 것에 대한 철학"(『니코마코스 윤리학』 X 9)이라고 불렀다. 이 철학의 질문은 세 가지로 요약할 수 있다. 인간이란 무엇인가? 인간에게 '잘 산다'는 것은 무슨 뜻인가? 인간을 잘 살게 하는 정치는 어떤 것인가? 아리스토텔레스에게는 이런 실천철학의 근본 문제를 다루는 것이 동물을 관찰하고 연구하는 것보다 훨씬 더 심각한 과제였다.

도대체 인간이란 무엇인가? 인간은 과거에 동물이었고 지금도 동물이다. 인간도 다른 동물처럼 생존을 위해 먹고 마시며, 성관계를 통해 자녀를 갖고, 감각을 통해 바깥 세계를 지각하며, 그 가운데 자신에게 좋은 것을 가려내서 욕망하고, 욕망을 실현하기 위해 행동한다. 이 모든 활동은, 신체 기관들과 분리되어 일어나지 않는다는 뜻에서 신체의 활동이다. 하지만 인간은 진화의 어느 시점부터인가 '이상한 동물'이 되었다. 인간이 동물적 존재로서 자신을 부정하기 시작한 것이다. 생명을 스스로 파괴하고, 성관계와 출산을 거부하고, 감각의 세계를 거짓이라며 부정하고, 심지어 금욕적 삶을 욕망하는 것이 호모사피엔스다. 이런 점에서 인간은 '반동물적인 동물'이다. 인간의 양면성, 즉 자기 보존과 자기 파괴, 자기 긍정과 자기 부정, 자기 확대와 자기 축소를 고려하지 않는 인간론은 인간의 본질을 이해하지 못하는 반쪽짜리다. 이러한 인간론에 바탕을 둔 윤리나 정치에 대한 논의라면 "매미 소리"일 뿐이다.

그렇다면 인간을 이렇게 이상한 동물, '반동물적인 동물'로 만드는 것은 무엇일까? 이에 대한 아리스토텔레스의 답은 간단하다. 인간에게 지성이 있기 때문이라는 것이다. 그는 다른 모든 생명력과 달리 지성의 능력에 대해서는 예외를 두어, 지성의 사유 활동을 생물학만으로 충분히 설명할 수 없다고 생각했다. '생각=뇌의 활동'이라는 등식을 수학 공식처럼 당연시하는 오늘날의 풍조에 비춰보면 터무니없는 주장 같지만, 꼭 그렇게 단정할 일은 아니다. 뇌 없이 생각할 수 없다는 것은 분명하지만, 그렇다고 해서 뇌의 작용만으로 생각을 포함한 우리의 의식 활동 전체가 설명되지는 않기 때문이다. 내가 아크로폴리스 언덕에서 파르테논신전을 보고 감동할 때 물론 이 감동은 뇌의 작용 없이 일어나지 않는다. 하지만 이런 뇌의 작용이 일어나는 것은 파르테논신전이 거기에 있기 '때문이고', 그 앞에 내가 서 있기 '때문이다'. 그리고 폐허의 파르테논신전이 내게 감동을 주는 것은 돌기둥들에 새겨진 오랜 역사 '때문이다'. 감동의 이유는 이렇게 무한히 늘어난다. 이런 점에서 "인간 정신이 순수한 생물학적 현상이 아니"다(마르쿠스 가브리엘, 『나는 뇌가 아니다』, 53쪽). 신경중심주의에 대한 이런 비판적 관점과 지성에 대한 아리스토텔레스의 관점 사이에는 공통점이 많다.

하지만 지성의 사유 활동이 생물학이나 뇌과학을 통해 설명할 수 있는 것이 아니라면, 그것에 대해 다른 어떤 설명을 할 수 있을까? 지성은 도대체 어떻게 생겨나고 어떤 본성을 갖는다는 말인가? 유감스럽게도 아리스토텔레스의 답은 만족스럽지 않다. 그의 주장은 매우 단편적이고, 그마저 의미가 분명치 않아 델포이 신탁처럼 해석이 어렵다. "지성은 문을 통해 안으로 들어오고 (…) 신체 활동과 뒤섞이지 않는다"(『동물발생론』 II 3)는 말이 무슨 뜻인가? 하지만 그가 어떤 이유에서 인간의 특별한 능력을 인정하려고 하는지는 훨씬 더 분명하다. 인간이 바깥 세계의 사건을 인과관계로 설명할 수 있는 것, 미래의 목적을 이루기 위해 계획할 수 있는 것, 망각된 과거 경험을 의식적인 노력을 통해 떠올릴 수 있는 것, 동물의 수준을 넘어 행동할 수 있는 것 등에서 그는 인간에게 고유한 지성을 요청해야 할 이유를 찾았다.

월식에 대한 설명을 생각해보자. 달이 빛을 잃는 것은 개도 안다. 그런데 사라진 달빛을 보고 놀라서 짖어대는 개와 달리 사람은 월식 현상을 '사실'로 받아들이는 데 그치지 않고 그 원인을 찾는다. '왜' 월식이 일어날까? 지구의 개입 때문일까, 달의 회전 때문일까? 신이 인간에게 보내는 무언의 경고일까? 사람들은 달이 빛을 잃는 놀라운 현상을 설명하기 위해 질문을 던지고 가능한 대답을 떠올린다. 그리고 여러 가능성을 비교한 뒤 그중 가장 알맞은 것을 찾아낸다. 그 결과로 월식이 태양과 달 사이 지구가 끼어들어 일어난다고 대답한다면, 이렇게 대답하는 사람은 다른 설명들보다 이것이 더 그럴듯하다고 판단했기 때문이다. 이렇게 이미 알려진 사실(월식)에서 시작해 그것을 설명하는 데 필요한 원인들을 상상하고 비교하면서 정당화 과정을 거쳐 그 가운데 어느 하나를 원인(지구의 개입)으로 찾아낸 사람은 월식이 일어난다는 사실을 알 뿐만 아니라 그 사실의 원인에 대해서도 안다. 이런 앎은 사실에 대한 앎이 줄 수 없는 '확신'을 준다. 월식을 설명할 수 있게 된 사람은 그것이 인간에 대한 신의 경고라는 미신에 더는 사로잡히지 않을 것이다.

미래를 계획하거나 과거를 상기하는 과정도 사건의 원인을 찾아가는 일과 다르지 않다. 나는 아리스토텔레스의 발자취를 좇는 그리스 여행 계획을 짜는 데 많은 시간을 들였다. 여행을 잘하기 위해 어떤 일정으로 어떤 장소들을 어떤 교통수단으로 찾아다닐지 질문하면서, 여러 가능성을 따져보고 비교하며 그 가운데 가장 적절해 보이는 것을 찾아냈다. 이렇게 특정한 목적을 이루기 위해 가장 좋은 수단을 찾아가는 숙고 과정은 사실을 설명하는 원인을 찾아내는 것과 똑같은 '탐구'와 '발견'의 과정이다. 과거의 기억을 불러내는 과정은 다른가? 우연히 들춘 앨범에서 낯선 풍경을 배경으로 찍은 오래된 사진 한 장을 찾았다. 그런데 당시 정황이 도무지 생각나지 않는다. 나는 이 사진을 언제, 어디서 찍었을까? 누구와 함께한 여행이었나? 상상 속에서 과거의 경험을 찾아 가는 '탐구'가 시작되고, 이 과정도 '발견'으로 끝난다. '아하, 이 사진은…….' 우리는 사진을 찍은 때와 곳에 대해 여러 가능성을 비교하고, 그중 어떤 것이 사실인지 근거를 가지고 판단해서 사진에 찍힌 과거의 경험을 다시 발견한다.

이렇게 비교해보면, 사건에 대한 설명과 미래 계획을 위한 숙고와 과거 경험의 상기 사이에는 뚜렷한 공통점이 있다. 간단히 말해, 이것들은 모두 일어난 사건·계획하는 목적·과거의 흔적과 같이 이미 주어진 것을 출발점으로 삼아 질문하고 답을 찾아나가는 탐구와 발견의 과정이다. 19세기 미국의 심리학자 윌리엄 제임스William James가 이 세 과정을 함께 묶어 "미지의 것에 대한 탐구"라고 정의

파르테논신전과 월식

17세기 베네치아군의 폭격 등 역사의 상처를 증언하듯 철제 구조물에 둘러싸인 파르테논신전 너머로 월식이 보인다. 아리스토텔레스는 월식이 일어날 때 달에 비친 지구의 그림자를 보고 지구가 둥글다는 것을 추론했다. 알려진 사실(월식)에서 출발해 그 원인(지구의 개입)을 파악하고 나아가 새로운 사실(지구는 둥글다)에 도달하는 것은 지성이라는 인간의 특별한 능력 덕분이다.

한 이유가 이것이다. 하지만 아리스토텔레스에 따르면, 설명과 숙고와 상기는 모두 '이미 알려진 것'으로부터 '아직 알려지지 않은 것'을 찾아나가는 일종의 '추리' 또는 '추론'이다. 그는 이런 점을 들어 숙고와 상기를 비교한다.

> 상기는 일종의 추론과 같은 성질이 있다. 상기하는 사람은 전에 보았거나 들었거나 그런 식으로 자신이 겪은 사실을 추론하는데, 여기에는 일종의 탐구와 같은 성질이 있다. 이런 일은 본성적으로, 숙고 능력도 있는 사람에게만 해당한다. 왜냐하면 숙고 작용은 일종의 추론이기 때문이다.
>
> —『기억과 상기에 대하여*De Memoria et Reminiscentia*』 2

추론은 셜록 홈스의 전유물이 아니다. 탐정이 아닌 우리도 매 순간 알려진 것으로부터 알려지지 않은 것을 찾아나가며 홈스만큼 추론에 익숙하다. 추론 능력이 없다면 아마도 우리의 거의 모든 의식 활동이 멈춰버릴 것이다. 그래서 아리스토텔레스는 인간의 본질을 규정할 때 '지성이 있다' '추론한다' '이성적이다'를 거의 같은 뜻으로 썼다. 그가 제시한 인간에 대한 정의, "로고스를 가진 동물"은 이런 의미를 모두 포함한다.

다른 동물에게는 추론 능력이 없을까? 전혀 없다고 단정하기는 어렵다. 20세기 초에 침팬지의 인지능력을 연구한 볼프강 쾰러Wolfgang Köhler는 밀폐 공간의 높은 천장에 바나나를 달아놓았을 때 침팬지가 주변에 있는 상자들을 쌓고 올라가서 따 먹는 것을 관찰했다. 최근 연구에 따르면, 까마귀의 추리 능력은 침팬지보다 더 뛰어나다. 유튜브에는 까마귀의 영리함을 보여주는 동영상들이 차고 넘치고, 이미 그리스와 로마 시대 사람들도 까마귀가 움푹 파인 석등에 고인 물을 마시기 위해 돌을 집어넣어 수면을 올리는 것을 관찰하고 기록하면서 놀라워했다.

하지만 동물에게 인간이 가진 것과 같은 종류의 추론 능력이 있다고 주장하는 것은 무리다. 인간처럼 자유로운 상상을 동원해서 추리하는 동물은 없기 때문이다. 쾰러는 침팬지가 문화 발전의 가장 사소한 시작도 성취하지 못한 이유가 바로 '상상력의 한계'일 것이라는 결론으로 침팬지의 지능에 대한 기념비적인 연구를 끝맺었다. 까마귀는 다를까? 까마귀가 문제 해결 능력 면에서 침팬지의 수준을 넘어선다지만, 인간처럼 추론을 통해 자유롭게 상상할 수 있다는 증거는 없다. 해부학적으로 볼 때 까마귀의 뇌가 문제다. 뇌 연구자들은 추론이 신피질의 기능이라고 말하는데, 신피질이 까마귀를 비롯한 조류의 뇌에는 없고 영장류에게만 있기 때문이다. 최근 연구는 조류에게도 있는 중간뇌의 특정 부분이 신피질의 기능을 한다고 하니, 까마귀도 추리 능력은 있지만 인간의 추리 능력과 같다고 보기는 어렵다.

종합해보면, 인간에게만 지성의 추론 능력이 있다는 아리스토텔레스의 주장은 아직 반박되지 않은 셈이다. "동물들 가운데 오직 사람에게만 숙고 능력이 있다. 많은 동물들에게 기억 능력과 학습 능력이 있지만, 사람을 제외하고 다른 어떤 것에도 상기 능력이 없다."(『동물지』 I 6)

인간, 사다리 꼭대기의 위험한 존재

인간의 삶에서 추론 능력의 역할은 그것만이 아니다. 인간은 지성의 추론 능력 덕분에 이미 알려진 것으로부터 아직 알려지지 않은 것을 찾아나갈 뿐만 아니라 이미 익숙한 행동으로부터 아직 익숙하지 않은 행동을 찾아내기도 한다. 어떻게 그럴까?

동물이나 인간이나 몸에 익은 행동을 선호하는 것은 똑같다. 그런 행동 중에는 동물이 저마다 타고난 적응 능력, 즉 본성에서 온 것이 있고 경험이나 학습을 통해 얻은 습관적인 것도 있다. 사람에게나 동물에게나 본성과 습관에 부합하는 행동은 익숙하고, 이런 점에서 본성과 습관은 행동의 원리다. 그런데 추론이나 추론을 통한 상상은 본성과 습관에 따라 익숙한 행동에서 인간을 벗어나게 한다. 우리는 익숙한 행동의 의미나 이유에 대해 질문하고 다른 행동의 가능성을 상상하며 여러 행동 가능성을 비교하면서 그 가운데 더 나은 행동을 찾아나가기 때문이다. 그리고 이렇게 찾은 행동이 더 낫다는 확신이 서면 그것을 실행하려고 한다. 다시 말해, 인간은 묻고 따지고 비교하고 판단하는 추론 능력 덕분에 기존 행동 방식의 구속을 넘어서며 본성과 습관에 얽매이지 않는 자유로운 존재가 되는 것이다. 이 자유가 바로 자기 긍정과 자기 부정, 자기 보존과 자기 파괴, 자기 확대와 자기 축소의 가능성이며 아리스토텔레스는 인간에게 특유한 이 행동의 자유에 대해 이렇게 말했다.

다른 동물들은 대개 본성대로 살고, 그 가운데 몇몇은 습관에 따라 살기도 한다. 그러나 사람은 로고스에 따라 살아가기도 한다. 사람에게만 로고스가 있기 때문이다. (…) 사람은 그렇게 하는 것이 더 낫다는 확신이 서면, 그런 로고스 때문에 습관과 본성에 어긋나는 행동을 할 때도 많다.

—『정치학』 VII 13

예를 들면, 소크라테스가 로고스에 따라 확신 있는 행동을 한 사람의 전형이다. 그는 말버릇처럼 이렇게 말했다. "나는 내 일에 대해 따지기에 가장 올바르게 보이는 로고스 말고는 어떤 것도 따르지 않아."(『크리톤』) 탈옥을 권하는 친구 크리톤의 설득에 맞서서 그는 이렇게 자신의 확신을 고수했다. 소크라테스에게 죽는 것이 사는 것보다 낫다는 확신을 준 것은 로고스, 즉 추론이었으며 그는 이것이 주는 확신에 따라 죽음을 선택했다. 소크라테스뿐이 아니다. 아마도 순교자, 혁명가, 예술가가 다 그럴 것이다. 본성과 습관에서 벗어나는 자유와 그것을 가능하게 하는 정신 능력이 없었다면, 어떻게 인간에게 혁명이 가능했겠는가? 아리스토텔레스의 관점에서 보면, 인간에게 적응적 진화evolution를 넘어선 혁명revolution이 가능했던 것은 지성과 추론 능력과 '추론적 상상' 때문이다.

그럼 지성과 추론 능력의 소유야말로 인간의 위대함이 아닌가? 물론이다. 하지만 우리는 위대성과 위험성의 뿌리가 하나라는 사실을 잊지 말아야 한다. 본성과 습관을 넘어서 행동하는 힘이 순교자와 혁명가와 예술가에게만 있는 것은 아니다. 폭군과 반역자와 범죄자에게도 똑같은 능력이 있다. 즉 로고스는 자기 삶을 부정하는 확신뿐만 아니라 타인의 삶을 부정하는 확신도 낳을 수 있다. 타인을 죽이는 것이 살리는 것보다 낫다는 '확신'이 인간에게 생겨날 수 없었다면, 어떻게 인류사의 수많은 전쟁과 학살과 파괴가 존재할 수 있었겠나? 이것은 우리가 인정해야 하는 인간 존재의 어두운 진실이다. 자기 확신 속에서 주어진 표현의 한계를 부정하고 새로운 미의 형식을 찾는 예술가와 똑같이, 범죄자도 자기 확신 속에서 주어진 법의 한계를 부정하고 완전범죄를 계획한다. 그래서 "예술가는 범죄자와 미치광이의 형제다"(토마스 만, 『파우스트 박사』). 아리스토텔레스의 말로 바꾸면 이렇다.

> 인간이 완전한 상태에 있을 때는 동물들 가운데 최선이지만, 법과 정의에서 멀어졌을 때는 모든 것 가운데 최악이다. 왜냐하면 무기를 가진 불의를 다루기가 가장 어려운데, 인간은 실천적 지혜와 탁월함을 얻도록 무기를 가진 채 태어나고도 이를 정반대의 목적에 쓸 수 있기 때문이다.
>
> —『정치학』I 2

인간이 지성과 추론 능력을 갖는다는 것은 새에게 날개가 있고 물고기에게 지느러미가 있는 것과 같이 자연적인 사실이다. 하지만 지성이 인간에게 열어놓는 가능성은 날개나 지느러미가 새나 물고기에게 열어놓는 가능성과 종류가 전혀 다르다. 날개는 새에게 생존을 위해 필요한 기관이고 그래서 '좋은 것'이지만, 지성은 인간에게 그것과 비교할 수 없는 양면적 결과를 낳을 수 있기 때문이다. 지성은 삶에 가치 있는 것을 창조하는 데 쓰일 수도 있지만, 가치 있는 모든 것을 파괴하는 데도 쓰일 수 있다. 인간은 지성 덕분에 생물적 삶을 신적인 수준으로 끌어올릴 수 있지만, 거꾸로 그 삶을 짐승 이하의 수준으로 끌어내릴 수도 있다. 그래서 지성을 가진 인간은 위대하면서 위험한 존재다.

"위험한 것이 많지만 사람보다 더 위험한 것은 없다네."(소포클레스, 『안티고네』, 332~333행) '위험하다'에 해당하는 그리스어는 '영리하다' '섬뜩하다'는 뜻의 '데이노스deinos'다. 아리스토텔레스는 목적을 실현하기 위해 계획하는 숙고의 능력을 일컬어 '데이노테스deinotēs'라고 했다.(『니코마코스 윤리학』, VI 12) 이 능력을 좋은 목적으로 활용하면 실천적 지혜가 되지만, 악용하면 법과 정의를 무시한 채 만행을 저지르는 '판우르기아panourgia', 즉 악랄함이나 교활함이 된다. 인간은 지성의 능력 덕분에 자연의 사다리 꼭대기에 올라섰지만, 바로 그 능력 '때문에' 추락의 위험성을 항상 안고 산다는 말이다. 그렇게 보면 정치와 윤리는 인간의 삶에서 있으면 좋고 없어도 크게 아쉬울 것 없는 사치품이 아니다. 그것은 인간이 최악의 상태로 추락하지 않고 지성적 존재로서 잘 사는 데 꼭 필요한 조건이기 때문이다. 아리스토텔레스의 윤리학과 정치학은 인간의 본성에 대한 이런 생각에서 출발해 각각 개인과 국가 공동체의 수준에서 어떻게 인간이 잘 살 수 있는지를 연구한다.

프레더릭 레이턴, 〈안티고네〉(1882)

인간의 법과 신의 법 사이 갈등을 보여주는 비극의 주인공 안티고네를 통해 우리 삶에서 윤리 문제를 생각하게 된다. 아리스토텔레스는 인간이 최악의 상태로 추락하지 않고 지성적 존재로서 잘 사는 데 꼭 필요한 조건이 윤리라고 보았다.

에우다이모니아, 행복의 윤리학

『니코마코스 윤리학』은 아리스토텔레스의 저술 가운데 가장 널리 알려진 책이다. 그의 아들 니코마코스가 편집했기 때문에 이런 제목이 붙었을 것이다. 니코마코스는 아버지가 세상을 떠난 뒤 테오프라스토스에게 교육을 받았다. 아버지가 쓰고 아들이 편집한, 이 서양 최초의 윤리학 책은 인간에게 '잘 산다'는 것이 무슨 뜻인지를 이야기한다.

『니코마코스 윤리학』을 다루는 강의 첫머리에 "어떻게 살면 잘 사는 건가요?" 하고 물으면, 수강자 중 대다수가 '즐겁게 사는 것'이라고 답한다. 신기하게도 이렇게 대답하는 사람들의 얼굴도 즐거운 표정으로 바뀐다. 도무지 즐거울 것 없이 사는 사람을 두고 잘 산다고 할 수는 없으니 틀린 답이 아니다. 그럼 즐겁기만 하면 잘 사는 것일까? 즐거움은 주관적이다. 사람마다 관심과 취향이 다른 만큼 저마다 다른 데서 즐거움을 느끼는 것이 당연하다. 개인 취향의 차이를 무시한 채 즐거움의 가치와 우열을 따지는 것은 어리석고 무모한 짓이다. 그렇지만 달리 생각해볼 필요도 있다. 즐거움은 주관적이기 때문에, 즐거움을 느끼는 사람의 객관적 현실과 동떨어진 느낌에 지나지 않을 수도 있다. 『아Q정전』에서 '정신승리법'을 발휘해 불행을 자위하는 아Q의 즐거움이 있고, 마약이나 도박에서 오는 자기 파괴의 즐거움도 있다. 이런 즐거움까지 잘 사는 것으로 받아들일 수 있을까?

몇 해 전부터 우리 사회에 유행하는 이른바 '과학적 행복론' 또는

'행복의 과학'은 이 질문에 어떻게 답할까? 행복은 즐거움이며 삶의 목적이 아니라 삶을 위한 수단이라는 것이 이 행복론의 핵심이다. 즐거움이나 만족감은 생존에 도움이 되고 이를 위해 진화된 느낌이라는 말이다. 즐거움이 삶의 의욕과 활력을 북돋는 것은 사실이니, 이 말도 아예 틀린 것은 아니다. 하지만 다윈주의에 대한 얄팍한 해석에 기댄 이런 행복론이 얼마나 우리 삶을 더 행복하게 하는 데 기여할 수 있을지 모르겠다. 즐거움은 주관적이고 종류가 수없이 많은데, 그 모든 즐거움이 생존에 기여하는가? 또 생존에 기여한다는 한 가지 이유만으로 모든 즐거움을 행복으로 또는 행복을 위해 좋은 것으로 인정할 수 있을까? 개인의 선호에 따르는 차이는 제쳐두고라도, 앞에서 예로 든 마약이나 도박에서 오는 즐거움은 어떤가? '갑질'의 즐거움은 또 어떤가? 남의 삶을 파괴하면서 즐거움과 행복감을 느끼는 사람들이 있는 것은 분명한 사실이다. 괴로움 속에서 눈물을 참으며 남을 괴롭히는 사람은 없다. 그런 사람에게 '행복의 과학'이 이렇게 말할 수 있을까? "타인의 고통을 즐기세요. 그게 스트레스 해소에 도움이 되고 장수의 비결입니다." 일터에서 어려움을 겪으며 우울감에 시달리는 사람을 이렇게 위로해야 할까? "세상은 바꿀 수 없지만, 자기 기분은 바꿀 수 있습니다. 아스피린을 드세요." 가치의 기준에 대한 진지한 성찰 없이 주관적 즐거움을 행복의 수단으로 내세우는 행복론은 사회적 불행을 방치하고 조장하는 위험한 이론이 될 수 있다.

아리스토텔레스가 『니코마코스 윤리학』에서 주제로 삼은 행복은 '행복의 과학'이 내세우는 즐거움이 아니다. 따라서 '행복의 과학'이 '행복의 윤리학'을 비판하면서 행복은 '삶의 목적'이 아니라 '삶의 수단'이라고 주장한다면, 그 비판은 애당초 번지수를 잘못 찾았다. 아리스토텔레스가 '에우다이모니아eudaimonia'라는 말로 가리키는 '행복'은 '즐거움'이 아니라 '잘 삶' 또는 '잘 행동함'을 뜻하기 때문이다. 그래서 영미권 학자들은 이 말을 영어로 옮길 때 '행복happiness'보다 '번성하는 상태'를 가리키는 단어flourishing·thriving를 선호한다. 주관적 감정 상태보다는 객관적 상태나 활동을 나타내려는 것이다. 식물은 꽃을 피우고 열매를 맺고 씨를 남겨 본성을 실현한다. 우리가 이런 식물을 보고 '잘 산다'고 말하지만, 이렇게 잘 사는 식물도 즐거움은 느끼지 못할 것이다. 동물이 '잘 산다'고 할 때는 생명을 잘 유지하고 번식을 잘하는 것뿐만 아니라 자유롭게 놀고 활동하는 것까지 포함된다. 동물은 식물보다 생명 활동의 범위가 넓고, 그래서 잘 사는 동물에게는 당연히 즐거움도 있을 것이다. 식물이나 동물이 본성을 잘 실현해서 번성하는 객관적 상태는, 현실의 객관적 맥락과 동떨어진 주관적 즐거움이나 만족의 상태와 분명이 다르다. 그럼 인간이 '잘 산다'는 것은 또 무슨 뜻일까? 인간이 잘 사는 데 필요한 것은 무엇일까?

인간이 잘 사는 것은 식물보다는 동물이 잘 사는 것에 가깝지만, 동물이 영양을 잘 공급받고 번식이나 운동의 기회를 잘 누리면서 사는 것과는 또 다른 차원에 속한다. 본성의 차이 때문이다. 이것은 인간에게 동물적 욕망이 없다는 말이 아니다. 물론 인간도 다른 동물처럼 생식욕을 타고나며 이 욕망을 채우려고 한다. 하지만 인간에게는 이런 동물적 욕망이 '순수하게' 동물적으로 작동하지 않는다. 지성 때문이다. 지성을 '감정의 노예'라고 정의한 영국 철학자 데이비드 흄처럼 우리는 지성이 동물적 욕망을 채우는 데 수단 구실을 한다고 생각하지만, 이것은 절반의 진실이다. 지성은 동물적 욕망을 채우기 위한 수단과 방법을 찾을 뿐만 아니라 그 너머의 욕망을 만들어내기도 한다. 지성은 더 많은 것, 더 나은 것에 대한 상상을 불러내면서 욕망을 무한대로 부추길 수 있다. 무한한 부·무한한 권력·무한한 삶에 대한 욕망이 생기면, 이 욕망이 다시 지성을 도구로 이용한다. 지성과 욕망은 이렇게 서로 맞물려 있다. 이렇게 볼 때 인간에게 최악과 최선의 가능성은 무엇을 어떻게 욕망하고, 그것을 어떻게 실현하는지에 달린 셈이다. 『니코마코스 윤리학』의 과제는 지성적 존재인 인간의 이런 양면성을 고려하면서 어떻게 인간이 본성적 능력을 잘 실현해 잘 살 수 있는지, 이를 위한 조건이 무엇인지를 밝히는 것이었다. 아리스토텔레스는 욕망을 조절해서 행동의 목적을 올바로 세울 수 있게 하는 '아레테aretē'와 이렇게 정립된 목적을 잘 실현시키는 '실천적 지혜phronēsis'에서 잘 삶의 원리를 찾았다.

'아레테'는 어떤 기능을 잘 실현할 수 있게 하는 탁월성이나 훌륭함을 가리킨다. 달리기 선수가 잘 달린다면 그에게 달리기 선수의 아레테가 있기 때문이고, 피아노 연주자가 피아노를 잘 연주한다면 그에게 피아노 연주자의 아레테가 있기 때문이다. 이와 마찬가지로 사람이 사람으로서 잘 산다면 그에게 사람의 아레테가 있기 때문이다. 아리스토텔레스는 인간의 탁월성을 두고 "그것을 통해 좋은 인간이 되고, 그것을 통해 자신의 기능을 잘 수행하게 하는 성품"(『니

에페소스 켈수스도서관의 아레테 조각상

어떻게 살 것인가를 고민하는 헤라클레스 앞에 나타나 노력하는 삶을 선택하게 했다는 신화 속 주인공 아레테는 덕과 탁월함의 여신으로 불린다. 아리스토텔레스는 아레테를 매사에 지나침이 없는 '중용'으로 정의했다.

코마코스 윤리학』 II 6)이라고 말한다. 물론 인간의 보편적인 탁월성이 달리기 선수나 피아노 연주자의 탁월성과 똑같을 수는 없다. 인간은 특정 기능을 수행하기 위해 태어난 것이 아니기 때문에, 인간의 아레테도 전문적 기능을 수행하는 데 필요한 탁월성이 아니다. 인간에게는 세상에 대해 아는 지적인 능력, 어떤 것을 만드는 제작 능력, 실천적 행동 능력 등 여러 가지 타고난 능력이 있다. 개인차가 있긴 해도 모든 사람이 이런 능력을 공유한다. 『니코마코스 윤리학』은 인간의 모든 능력을 함께 고려하면서도, 그중 특히 실천적 행동 능력을 잘 실현해서 잘 살게 하는 탁월성을 논의의 중심에 두었다. 과연 어떤 것이 실천적 행동을 잘 할 수 있게 하는 아레테일까?

인간의 행동은 여러 상황에서 일어난다. 우리는 육체적 즐거움을 얻기 위해 행동하고, 돈을 벌고 쓰는 행동을 한다. 타인에게 인정받기 위해서나 좋은 사람들과 교제하기 위해 행동하기도 하다. 아리스토텔레스에 따르면, 이렇게 다양한 상황에서 행동 능력을 잘 실현하는 데 무엇보다 필요한 것은 행동 목적을 잘 세우는 것이다. 그럼 육체적 즐거움과 관계되는 목적 정립은 어떤 것일까? 즐거움을 억누르고 자신을 채찍질하는 금욕주의자의 행동이 옳은 것일까, 개 같은 삶을 이상으로 삼은 견유파 철학자처럼 남의 눈을 전혀 신경쓰지 않고 완전히 자율적인 존재로 처신하는 것이 적절할까? 행동 목적의 정립은 다양한 상황, 다양한 관계에서 생기는 욕망을 모조리 부정하거나 긍정하는 것과 다르다. 아리스토텔레스의 윤리는 스토아적 금욕주의가 아니고, 견유파의 쾌락주의도 아니다. 그는 오히려 어떤 것을 욕망할 때 지나침을 경계했다. 다시 말해, 욕망을 억누르거나 채우려고 할 때 지나침을 피하고 알맞은 실현을 추구하는 것이 행동 목적의 정립이다. 아리스토텔레스는 이를 두고 '중간을 겨냥하는 것'이라고 말한다.

> 마땅한 때, 마땅한 일과 관련해서, 마땅한 사람에 대해, 마땅한 목적을 위해, 마땅한 방식으로 감정을 갖는 것은 중간이자 최선이며, 바로 이런 것이 탁월성에 속한다. 이와 똑같이 행동과 관련해서도 지나침과 모자람과 중간이 있다. 그런데 탁월성은 감정과 행동에 관계되고, 이것들 안에서 지나침과 모자람은 어긋나서 실패하는 반면, 중간은 칭찬받고 성공에 이른다. 이 둘이 탁월성에 속한다. 그러므로 탁월성은 중간을 겨냥하는 한 일종의 중용이다.
>
> —『니코마코스 윤리학』II 6

아리스토텔레스는 탁월성을 '중용'으로 정의하면서 크게 세 범주에 걸쳐 열한 가지 탁월성을 제시했다. 첫째 범주에는 인간의 타고난 감정(파토스)과 관련된 탁월성이 속한다. 예컨대 두려움과 자만심과 관련해서는 용기, 즐거움이나 고통과 관련해서는 절제가 있다. 둘째 범주에 속하는 탁월성으로는 재물이나 명예 등 외적으로 좋은 것과 관련되는 탁월성, 예컨대 재물을 적절하게 쓰는 자유인다움이나 명예를 추구하는 포부 등이 있다. 마지막 범주에는 사회적 삶과 관련된 탁월성이 속하며 진실성, 재치, 친애, 정의 등이 그 예다. 이런 탁월성은 모두 극단 사이에서 중간을 지향하고, 이런 점에서 일종의 '중용'이 공통점이다. 용기는 비겁과 무모의 중용이고,

절제는 무절제와 둔감함의 중용이다. 자유인다움이란 낭비와 인색의 중용이고, 큰 포부는 허영심과 소심함의 중용이다. 정의는 두 가지 부정의, 즉 지나치게 많이 가짐과 지나치게 적게 가짐 사이의 중용이다. 한마디로 감정에서나, 돈이나 명예에 대한 추구에서나, 사회적 행동에서나 어느 쪽으로든 치우치지 않는 것이 탁월성이다.

『니코마코스 윤리학』에 소개된 탁월성 목록에서 한 가지 눈에 띄는 점이 있다. 거기에는 우리가 보통 '윤리적' 또는 '도덕적'이라고 할 때 떠올리는 겸손이나 희생 같은 기독교적인 미덕도, 효도나 충성 같은 동아시아 전통 사회의 미덕도 없다. 어찌 보면 아리스토텔레스의 윤리에는 '삼강오륜'이 없다. 이 때문에 어떤 사람들은 『니코마코스 윤리학』의 윤리가 당대 그리스 사회의 가치를 반영하는 것이라고 말하는데, 전혀 근거 없는 말은 아니다. 하지만 아리스토텔레스의 탁월성이 특정 문화나 사회에만 타당하다고 단정할 이유는 없다. 이 목록의 보편적 타당성을 지지하는 경험적 연구도 있기 때문이다. 예를 들어, '진정한 행복'이 주관적인 즐거움이 아니라 '에우다이모니아'라는 객관적 상태에 있다고 주장하는 마틴 셀리그먼은 "북쪽의 그린란드에서 남쪽의 마사이족이 사는 곳까지" 범문화적으로 통용되는 미덕의 목록을 이렇게 제시했다.

> 우리가 찾아낸 6가지 미덕은 임의적인 것이 아니다. 첫째는 지혜와 지식, 둘째는 용기, 셋째는 사랑과 인류애, 넷째는 정의, 다섯째는 절제와 중용, 여섯째는 영성과 초월성이다. 우리는 북쪽의 그린란드에서 남쪽의 마사이족이 사는 곳까지 사람들을 보내어 70개국에

이런 미덕이 널리 퍼져 있는지 살펴보았다. 우리는 이 6가지 미덕이 우리가 두 발로 걷는 것과 마찬가지로 인간 본성의 일부라는 견해를 받아들이기 시작했다.

—「에우다이모니아: 좋은 삶」, 『마음의 과학』, 168쪽

아리스토텔레스는 인간이 잘 사는 데 필요한 덕목으로 '습성의 탁월성' 외에, 지성을 잘 실현하게 하는 '사유의 탁월성'을 꼽았다. 셀리그먼이 말한 "영성과 초월성"의 자리에 이런 지성의 탁월성들이 온다는 점을 빼면, 이 심리학자가 말하는 미덕의 목록은 아리스토텔레스가 제시한 탁월성의 목록과 다르지 않다.

아리스토텔레스가 말한 열한 가지 탁월성은 습성(에토스)의 결과물이라는 이유에서 '습성의 탁월성'으로 불리는데, 이 점만 놓고 보면 이 탁월성은 수영 선수나 피아노 연주자의 탁월성과 같다. 이들의 뛰어난 역량은 오랜 연습과 훈련의 결과이고, 인간의 탁월성도 마찬가지다. 아리스토텔레스는 행동과 습성의 관계를 관찰해, 반복되는 행동이 어떻게 습관을 낳고, 습관이 어떻게 행동 성향으로 내면화되는지를 이해했다. 사기꾼이 회개의 눈물을 흘리고 한두 번 선행을 한다고 하루아침에 선한 사람이 될 수 있을까? "제비 한 마리가 봄을 불러오는 것은 아니다."(『니코마코스 윤리학』 I 7) 행동은 반복과 습관을 통해 습성, 즉 에토스로 굳어진다. "우리는 정의로운 일을 함으로써 정의로운 사람이 되고, 절제 있는 일을 함으로써 절제 있는 사람이 되며, 용감한 일을 함으로써 용감한 사람이 된다."(『니코마코스 윤리학』 II 1) 이렇게 탁월성을 내면화한 사람은 그 성

향과 일치하는 탁월한 행동에서 만족감과 즐거움을 느낄 것이다. 이 즐거움은 자기기만이나 자기 파괴에서 오는 즐거움이 아니라 인간의 실천 능력을 올바르게 실현하는 데서 오는 자기실현의 즐거움이다. 결국 습성의 탁월성이란 우리가 '인간으로서' 타고난 능력을 잘 실현해서 잘 살게 하는 내면의 에토스고, 이 에토스는 주어진 상황에서 가장 적절한 행동을 반복함으로써 얻어진 행동의 습관적 성향이다. 아리스토텔레스가 찾은 것은 욕망이 내 주인이 되는 것이 아니라 내가 욕망의 주인이 되는 길이다.

그러나 탁월성에 따라 목적을 올바로 세우기만 하면 곧바로 훌륭한 행동이 따라 나올까? 과녁의 한복판을 겨누는 것과 실제로 화살을 쏘아 과녁을 맞히는 것은 분명 다르다. 어떤 사람에게 중간적인 것, 즉 최적의 것을 지향하는 성향이 있다고 해도 모든 행동 상황에서 그것을 잘 실현해낸다는 보장은 없다. 상황의 개별성 때문이다. 모든 행동은 특정 시간, 특정 장소, 특정 상황, 특정 사람과 맺은 관계에서 일어난다. 행동 상황은 언제나 일회적이다. 반면에, 탁월성은 보편적 성향이다. 둘 사이에는 간극이 있다. 그래서 개별 상황에서 최적의 행동, 중용에 맞는 행동이 어떤 것인지 판단하고 그것을 실행하는 방법을 찾는 능력이 필요하다. 이런 능력을 아리스토텔레스는 '실천적 지혜'에서 찾았다.

실천적 지혜와 '레스보스의 납 자'

아리스토텔레스가 『니코마코스 윤리학』에서 잘 삶의 조건으로 내세운 탁월성에는 앞서 말했듯이 '습성의 탁월성'과 함께 '사유의 탁월성'이 있다. 사람은 누구나 행동과 직접 관계가 없는 것에 대해서도 알고자 하고 무언가를 새롭게 만들어내고 싶어 하는데, 이런 욕망을 잘 실현하는 데 필요한 역량이 바로 '사유의 탁월성'이다. 구체적으로는 지혜·학문적인 앎·기술 등이 여기에 속하는데, 이것들은 한편으로 실천적 행동이 아니라 순수한 앎이나 제작과 관련된다는 점에서 그리고 습관이 아니라 배움을 통해 얻어진다는 점에서 습성의 탁월성과 구별된다. 실천적 지혜도 '사유의 탁월성' 가운데 하나지만, 순수한 이론적 앎이나 기술적인 제작이 아니라 실천적 행동에 관계한다는 점에서 차이가 있다. 습성의 탁월성이 일반적으로 행동이 지향해야 할 가치를 제시한다면, 실천적 지혜는 이 가치를 개별적인 행동 상황에서 구체적으로 규정하고 실현하는 데 필요한 방법을 찾아낸다. 아리스토텔레스는 이런 기능을 강조하면서 실천적 지혜를 "숙고를 잘 하는 능력"이라고 정의했다.

실천적 지혜를 다루면서 아리스토텔레스가 어린 시절 눈앞에서 환자를 치료하던 아버지를 떠올렸을지도 모른다. 그가, 실천적 지혜가 인도하는 숙고 과정의 전형적인 예로 의사의 숙고를 즐겨 들기 때문이다.

우리는 목적이 아니라 목적에 이바지하는 것에 대해 숙고한다. 의

> 사는 병의 치료 여부에 대해, 연설가는 설득 여부에 대해 숙고하지 않는다. (…) 오히려 사람들은 목적을 세운 뒤 그 목적이 어떻게, 어떤 것들을 통해 이루어질지를 탐색한다.
>
> —『니코마코스 윤리학』 III 3

의사에게 질병 치료라는 목적은 이미 정해져 있다. 의사는 이 목적을 이룰 방법, 즉 여러 치료법 가운데 어떤 것을 취하고 어떻게 적용할지를 숙고한다. 의사의 숙고에는 의학 지식 못지않게 임상 경험이 중요하다. 환자마다 체질과 병의 양상이 달라서 똑같은 치료도 환자에 따라 다른 결과를 가져올 수 있기 때문이다. 따라서 의사는 자신의 의학 지식을 개별 환자에 맞게 효과적으로 적용할 방법을 찾아야 하고, 이를 위해서는 많은 환자를 상대하며 경험을 쌓아야 한다. 지식과 경험이 함께 의사의 숙고와 치료 능력을 결정한다고 말할 수 있다.

실천적 지혜가 있는 사람과 탁월한 행동의 관계는 훌륭한 의사와 치료 행위의 관계와 같다. 의사의 목적이 환자 치료인 것처럼, 실천적 지혜가 있는 사람의 목적은 주어진 상황에서 중용을 실현하는 것이다. 그리고 환자마다 최선의 치료법이 다르듯, 상황별로 중용을 실현하는 행동이 달라진다. 용기·절제·정의 같은 보편적 덕목을 구체적인 상황에 어떻게 적용할지를 따지는 것이 숙고이고, 이런 숙고를 잘하는 사람이 실천적 지혜가 있는 사람이다. 성공적인 치료와 마찬가지로 탁월한 행동을 하는 데도 지식과 경험이 모두 필요하다. 탁월성에 대한 보편적 지식은 갖추었지만 경험이 없는 사람은 실제 요리 경험은 없이 조리법과 영양에 관한 지식만 가진 사람과 같다. 이런 이유에서 아리스토텔레스는, 경험이 전혀 없는 젊은이도 수학자가 될 수 있지만 실천적 지혜를 가질 수는 없다고 말했다.

레스보스 여행 중 실천적 지혜에 대해 다시 생각할 기회가 있었다. 칼로니에서 에레소스를 거쳐 섬의 서쪽 끝에 있는 화석림 자연사 박물관으로 가는 길에서다.

화산섬인 레스보스는 산지가 전체 면적 가운데 70퍼센트 넘게 차지하는데, 서쪽은 특히 돌산이 많다. 그 서쪽 끝에 '화석림'이 있다. 에레소스에서 섬의 서쪽 끝으로 이어진 돌산 속 도로는 한적했다. 마주 오는 차도, 뒤따르는 차도 없었다. 사람도 보이지 않았다. 산등성이를 돌 때는 멀리 에게해의 푸른 물결이 시야에 들어왔다가 사라졌다. 산은 대개 해발 1,000미터 이하로 높지 않지만, 하늘과 맞닿은 산길 덕에 천상의 길을 달리는 기분을 느꼈다. 산등성이 곳곳에는 모양과 종류가 다른 돌이 널려 있었다. 그 가운데 내가 알 만한 돌은 없었다. 그때 문득 테오프라스토스가 광물을 연구한 것이 생각났다. '아하, 이런 돌산을 매일 보고 자라서 돌에 관심을 갖게 되었구나!' 테오프라스토스의 광물 연구가 내게 전혀 다른 의미로 다가오는 순간이었다. 그의 연구는 자신이 태어나고 자란 고향의 자연에 대한 호기심에서 시작된 것이다.

화석림이 있는 시그리로 가는 길에서 떠오른 또 한 가지는 『니코마코스 윤리학』 5권에 있는 '레스보스의 납 자' 이야기다. 이 책에는 서양 최초의 체계적인 정의론이 담겨 있다. 여기서 아리스토텔레스

화석림으로 가는 길

테오프라스토스의 고향 에레소스에서 화석림 자연사 박물관이 있는 시그리까지는 차로 30분 정도 걸리는 멀지 않은 거리다. 도로가 산등성이를 따라 이어져 있어 험한 편이지만, 레스보스의 산과 바다와 하늘과 바람을 온몸으로 느낄 수 있는 더없이 멋진 코스이기도 했다. 여행 중의 사소한 모험은 생각보다 커다란 선물을 안겨주었다.

는 정의로운 것을 바라고 그것을 행하는 에토스가 정의라고 규정한 뒤, 이런 '보편적 정의'와 구별해서 '부분적 정의' 개념을 가져온다. 부분적 정의는 다시 분배 정의, 교환 정의, 시정 정의 등으로 나뉘며 이것들은 각각 '동등성의 원칙'에 따라 재화를 나누거나 시장에서 가치 있는 것을 교환하거나 잘못된 분배나 교환을 바로잡는 데 필요하다. 『니코마코스 윤리학』의 정의론에는 훗날 자연법 사상의 토대를 제공한, '법적 정의'와 '자연적 정의'의 구분도 있다. 그런데 이 정의론은 법을 따르는 것이 정의라는 주장에서 시작해, 법적 정의를 바로잡는 '공정함'에 대한 이야기로 끝난다.

> 바로 이것이 공정함의 본성으로, 보편성 때문에 법이 미치지 못하는 곳을 고려해서 법을 바로잡는 것이다. 이것이야말로 모든 것이 법에 따라 이루어지지는 않는 이유다. 즉 어떤 사안들에 대해서는 법을 제정할 수 없어서 (개별 상황을 고려하는) 결의가 필요하다. 확정할 수 없는 것에 대해서는 그 기준도 확정적인 것이 아닌데, 이는 마치 레스보스에서 건물을 짓는 데 납으로 만든 자를 쓰는 것과 같다. 납 자는 돌의 모양에 따라 달라지며 일정하지 않다. 결의도 사안에 따라 달라진다.
>
> —『니코마코스 윤리학』 V 10

아리스토텔레스에 따르면, 정의는 법이나 원칙을 따르는 데서 성립한다. 하지만 법이나 원칙은 보편적이어서 상황의 개별성을 고려하지 못한다. 이 점은 "감정이 없는 이성"으로서 법의 장점이자 한

계이기도 하다. 직선의 법은 울퉁불퉁한 현실을 재단하지 못한다. 굴곡진 현실에 원칙을 적용할 때는 개별 사안을 고려하는 결정이 필요하고, 이런 결정을 올바로 내리는 것이 정의보다 한 수 위에 있는 '공정함'이다. 정의가 개별성을 무시하는 딱딱한 잣대라면, 공정함은 보편적 원칙을 적용하면서 개별성을 고려하는 유연한 잣대다. 아리스토텔레스는 이런 공정함을 돌 모양에 따라 모양이 달라지는 '레스보스의 납 자'에 비유했다. 돌이켜보니 내가 레스보스섬에 도착한 이른 아침에 처음 둘러본 항구 근처의 미틸레네 성도 울퉁불퉁한 돌을 맞춰 쌓아 올린 것이었다. 이 성을 쌓는 데도 레스보스의 납 자가 쓰였을 것이다.

나는 돌산을 지나면서 '레스보스의 납 자'가 공정함의 은유일 뿐만 아니라 아리스토텔레스의 실천철학과 실천적 지혜의 모든 것을 담은 상징이라고 생각했다. 실천적 지혜는 레스보스의 납 자처럼 유연하다. 그것은 탁월성이 지향하는 보편적 가치를 개별적 상황에서 적용하는 지혜다. 곧은 잣대를 놓지 않으면서 울퉁불퉁한 현실을 살아가는 것, 이것이 '실천적 지혜가 있는 자'의 삶이다.

미틸레네 성

각기 다른 모양의 돌들로 지어진 미틸레네 성을 보며 아리스토텔레스가 말한 '레스보스의 납 자'를 떠올렸다. 우리에게도 보편적 정의와 개별적 상황을 함께 고려하는 유연한 잣대가 필요하다.

전 세계적인 금융 위기와 함께 불거진 그리스 경제의 위기 상황은 2013년에 정점에 이르렀다. 이 무렵 그리스 사회의 혼란상을 담은 영화 〈나의 사랑, 그리스〉(2015)에는 해고된 뒤 자살을 택한 '오디세아'가 나온다. 오뒤세우스의 지혜조차 통하지 않는 시대가 된 것이다. 내가 그리스를 찾았을 때는 그로부터 4년이 지났기 때문인지 비교적 분위기가 차분했다. 적어도 겉보기에는 그랬다. 하지만 에게해 주변의 언제 터질지 모를 활화산처럼 문제가 잠복되어 있었다. 철시한 상점, 짓다 말고 버려진 건물, 남루함을 더해가는 골목의 집 들 곳곳에서 위기의 흔적을 만날 수 있었다. 아마 그곳 사람들의 내면 풍경도 다르지 않을 것이다. 사람들은 체념을 통해 현실에 적응해가는 듯했다. 과연 탈출구가 있을까? 많은 사람들이 기대하듯, 크레타섬 인근 바다 밑에 묻혀 있다는 천연가스가 문제 해결의 열쇠일까?

그리스에는 손꼽을 만한 주력 산업이 없다. 과거에 있던 산업은 2001년 EU 가입과 함께 경쟁력을 잃고 무너졌다. 그 흔한 자동차 공장 하나 찾아볼 수 없다. 펠라에서 테살로니키의 호텔까지 태워준 택시 기사 기오르고스는 "1980년대엔 자동차가 생산되었는데 지금은 자동차 산업이 죽었다"고 말했다. 그때 생산된 자동차의 이름이 '포니'라고 한다. 우리나라에서 처음 수출한 자동차도 같은 이름이라고 했더니 무척 반가워했다. 한국 자동차가 독일 자동차보다 훨씬 좋다면서 엄지손가락을 세워 보였다.

그리스에서 관광업이 중요한 구실을 한다지만, 그저 '한철 장사'일 뿐이다. 늦봄부터 초가을까지 몇 달을 빼면 많은 관광지가 말 그대로 철 지난 바닷가로 바뀐다. 아테네를 제외한 여러 관광지의 호텔들이 한 해의 절반은 문을 닫는다고 한다. 아테네 시내에서 공항까지 가는 택시에서 만난 점잖고 친절한 기사는 이런 상황을 "관광객이 없으면 경제도 없다No Tourists, No Economy"는 스파르타식 단문으로 표현했다. "관광객의 발길이 끊어지면 호수에 물고기가 많아져서 먹고산다"는 칼로니의 인텔리 어부 디미트리의 말이 함께 떠올랐다.

그리스의 더 심각한 문제는 EU에 종속된 경제구조다. 값싼 농산물을 수출하고 값비싼 공산품을 수입해야 한다. 도대체 치즈를 몇 덩이나 팔아야 자동차를 한 대 살 수 있을까? 차라리 EU를 탈퇴하면 어떨까? 이 물음에 대해서는 택시 기사들의 의견이 엇갈렸다. 기오르고스는 "탈퇴하는 것이 좋지만, 전 국민의 10퍼센트도 안 되는 기득권층이 자기 이익을 위해 EU를 안 떠나려고 한다"며 불만을 토로했다. 공항행 택시의 노인 기사는 10퍼센트에 속하는 기득권층이 아니지만, "탈퇴는 대안이 아니"라고 신중하게 말했다. 지난날 그리스의 통화 드라크마를 예로 들면서, 화폐가치가 너무 낮아 인플레이션을 감당하기 어려울 것이라고 진단했다. 모두 일리 있는 말이다. 어쨌건 정치와 정치가에 대한 불신이 있다는 점은 두 사람이 똑같았다.

정치를 뜻하는 영어 '폴리틱스politics'는 그리스어 '폴리티케politikē'에서 왔다. 그리고 이 말은, 인구가 30만 명을 넘지 않는 작은 도시

국가를 뜻하는 '폴리스polis'에서 왔다. 이런 점에서 그리스는 '정치학의 나라'다. 하지만 우리는 고대 그리스에서 정치학의 역사뿐만 아니라 정치 불신의 역사도 함께 찾아낼 수 있다. 기원전 5세기 말에 활동한 코미디 작가 아리스토파네스의 작품들이 당대에 만연한 정치 불신의 결정적인 증거다. 특히 「여인들의 민회Ekklesiazousai」가 그렇다. 고대 그리스의 정치는 남자들 손에 있었다. 「여인들의 민회」는 남성 정치가 몰고 온 파국에 대한 여성들의 불만과 저항을 보여주는 희곡이다. 어둠이 가시지 않은 새벽, 변복을 하고 수염까지 붙인 여성들이 민회에 잠입해서 다수결로 정치를 뒤바꾼다. 개혁의 핵심은 재산 공유제와 처자 공유제를 도입해 공산 사회를 이룩하는 것이다. 놀랍게도, 「여인들의 민회」가 초연되고 15년쯤 지났을 때 플라톤이 아리스토파네스의 풍자적 기획을 '아름다운 나라'의 기본 정책으로 받아들였다. 코미디가 철학으로 변신했다. 플라톤은 진심으로 여성들의 저항에 호응한 것일까?

「여인들의 민회」는 기원전 392년에 초연되었다. 펠로폰네소스 전쟁은 이미 12년 전에 끝났지만, 아테네와 스파르타와 테베가 여전히 다툼을 벌이고 있었다. 정치하는 남자들의 무능력에 여성들이 분노하고도 남을 만했다. 그리스의 도시국가들은 수렁에서 빠져나오지 못했고, 도시국가의 정치는 밤을 맞았다. 그러나 게오르크 헤겔의 말처럼 "미네르바의 올빼미는 황혼이 깃들 때 비로소 날기 시작한다". 아리스토텔레스의 정치학이 바로 미네르바의 올빼미였다. 그리스의 도시국가 체제에 어둠이 내릴 때 아리스토텔레스는 남부 이탈리아의 시켈리아에서 흑해까지, 북아프리카 키레네에서 트라키아까지 도시국가 158개국의 정체를 수집해 연구하기 시작했다. 이때 만든 자료는 대부분 사라졌지만, 가장 중요한 부분인 『아테네의 정체*Athenaion Politeia*』가 1880년경 이집트 사막에서 발견되었다. 이 책에서 아리스토텔레스는 전설의 시대부터 기원전 4세기까지 아테네의 역사와 정치제도에 대해 기록했다. 이 기록을 포함해 158개 정체에 대해 모은 자료가 없었다면, 우리가 아는 『정치학』은 태어나지 못했을 것이다. 아리스토텔레스는 『니코마코스 윤리학』의 끝부분에서 자신의 정치학 연구가 "우리가 수집한 정체"에 기초했다고 확실히 밝혔다. 모두 뤼케이온에서 이루어진 작업이다.

『정치학』은 "모든 국가(폴리스)는 일종의 공동체고, 모든 공동체는 어떤 선을 실현하기 위해 구성된다"는 말로 시작된다. 그 뒤 국가는 가족이나 부족 등 "다른 모든 공동체를 포괄하는 공동체"이며 최고선을 추구한다는 주장이 이어진다. 구성원들이 "훌륭한 삶"을 살게 하는 데 국가의 궁극적인 존재 이유가 있다는 말이다. 이런 점에서 아리스토텔레스는 생존권이나 재산권을 보존하는 데서 국가의 존립 근거를 찾은 근대의 정치철학자들과 생각이 다르다. 물론 아리스토텔레스도 생존을 위해 국가가 생겨났다는 것을 부정하지 않았다. 또 소유권 보호가 국가의 주요 과제 가운데 하나라고 주장하면서 『국가』의 사유재산 폐지에 반대했다. 하지만 아리스토텔레스가 보는 국가의 기능은 생존과 재산권을 보호하는 것에서 끝나지 않는다. 인간은 본성의 깊은 곳에서 국가와 연결되어, 개인의 삶 전체가 국가의 삶과 뗄 수 없는 관계에 있기 때문이다. "국가는 자연적으로 존재하며 인간은 본성적으로 정치적 동물이다."(『정치학』I 2)

인간이 '본성적으로 정치적 동물', 즉 폴리스에 사는 존재라는 말은 아리스토텔레스에게 두 가지 의미가 있다. 첫째, 인간은 개미나 벌과 마찬가지로 집단을 떠나서는 살 수 없다. 이런 본성 때문에 인간과 개미와 벌은 똑같이 '정치적 동물'이다. 하지만 똑같이 '정치적 동물'이라고 해도 인간의 공동체에는 개미나 벌이나 두루미의 집단과 본질적으로 다른 점이 있다. 사람들이 함께하는 공동의 삶은 직접적인 접촉과 교류에 국한되지 않는다. 사람들은 기억이나 상상을 통해서도 낯선 타인과 가치를 공유하는 등 상징적 관계 속에서 함께 살아가기 때문이다. 이런 '집단적 지향성'(마이클 토마셀로, 『생각의 기원』) 때문에 인간 삶의 영역은 가족이나 마을 같은 친족 집단의 범위를 넘어 더 큰 공동체, 즉 정치 공동체로 확장된다. 혈연관계의 울타리를 넘어 타자와 맺는 관계가 지성이 있는 인간에게 자연스러운 일이라면, 국가를 이루고 사는 것도 인간에게는 자연스러운 일이다.

둘째, 인간은 폴리스 안에서 사는 존재라는 뜻에서뿐만 아니라 그곳에서 자기 본성을 실현하면서 '잘' 살 수 있는 존재라는 뜻에서도 '폴리스적 동물'이다. 지성이 있는 인간에게 정치 공동체가 자연스러운 것인 만큼, 이 공동체의 맥락을 떠나서는 인간의 잘 삶에 대해서도 이야기할 수 없다. 앞서 살펴보았듯이, 인간이 잘 살려면 정의·자유인다움·절제·용기 같은 에토스의 탁월성이 필요하다. 그런데 이런 탁월성은 정치적 공동체 안에서만 습득하고 실현할 수 있다. 혈연관계나 사적인 관계는 탁월성을 얻기에 충분치 않기 때문이다. 이로부터 시민들이 좋은 습관을 갖도록 하는 것이 입법과 정치의 과제라는 결론이 자연스럽게 나온다. 국가에서가 아니라면,

시민이 잘 사는 데 필요한 탁월성을 어디서 습득하고 실행할 수 있을까? "국가는 생존을 위해 생겨났지만 훌륭한 삶을 위해 존속한다"(『정치학』 I 2)는 말은 그런 뜻이다.

결국 아리스토텔레스에게서 정치학과 윤리학은 하나의 연장선 위에 있다. 윤리학이 개인적 수준의 행복을 다룬다면, 정치학은 국가 수준에서 행복의 조건을 찾는다. 더 정확하게 말하면, 어떤 사람도 국가라는 정치 공동체를 떠나서 존재할 수 없는 한 개인의 행복은 이 공동체를 떠나서 실현될 수 없다. 아리스토텔레스의 『정치학』은 이런 근본 전제하에 국가의 기원이나 구조, 다양한 정체와 통치술, 시민 교육 같은 문제를 다룬다. 물론 그 가운데 핵심은 정체에 관한 논의다. 국가를 구성하는 다양한 요소가 국가의 '질료'라면, 그것들을 결합시켜 통일체를 만드는 정체는 국가의 '형상'이기 때문이다. 건축자재들이 일정한 형상에 따라 조직되어 집이 만들어지듯, 국가를 구성하는 다양한 요소도 정체에 따라 국가를 이룬다. 그럼 행복한 국가를 만들어 내는 정체는 어떤 것일까?

이 문제에 대해 누구보다 진지하게 고민한 사람이 플라톤이다. 그는 고민한 결과를 중년기의 대화편 『국가』에 담았고, 유작인 『법률』에까지 같은 고민을 이어갔다. 『국가』에서 최선의 정체를 위해 철학자의 통치가 필요하다고 주장하던 플라톤이 『법률』에서는 한 걸음 물러나 법의 지배를 내세우면서 현실적인 정치에 다가선다. 하지만 적어도 한 가지 점에서 플라톤의 기획은 달라지지 않았다. 『국가』에서나 『법률』에서나 그가 구상한 정체는 '대화 속의 정체'다. 철학자가 통치하는 국가나 법이 지배하는 국가는 모두 철학적 상상의 산물이라는 말이다. 이 상상에서는 역사의 구체적 상황이 충분히 고려되지 않았다. 『국가』의 "아름다운 나라"는 "지상의 어디에도 존재하지 않는 나라"(IX 592b)고, 『법률』의 국가는 역사도 전통도 없는 새로운 땅, 크레타의 식민지에 세우는 국가다. 플라톤에게 철학자가 통치하는 "최선의 정체"나 법이 지배하는 "차선의 정체"는 모두 상상의 공간에 놓인 유토피아 국가다.

아리스토텔레스의 정체론에도 플라톤의 영향이 드러난다. 하지만 그의 정치학 연구는 과거에 존재했고 당대에 존재하는 수많은 정체에 대한 경험적 연구를 출발점으로 삼았다는 점에서 스승의 연구 방법과 근본적으로 다르다. 그에게 중요한 것은 철학의 논리가 아니라 경험적 관찰과 이에 바탕을 둔 이론이었다. 아리스토텔레스의 정치학 연구는 그가 생명체를 연구할 때와 똑같은 태도와 방법을 취한다. 그는 생물학에서 개별 종을 관찰해서 그것들의 신체적, 기능적 특징을 분석하고 이를 토대로 동물을 다양한 단위로 분류하는 것과 똑같은 방식으로 개별 정체를 관찰하고 그것의 특징을 분석했으며 유형을 분류했다. 플라톤이 처음 착안한 여섯 가지 정체 분류는 이렇게 해서 더 확고한 기반을 얻는다.

아리스토텔레스는 누가 무엇을 위해 지배하는지에 따라 왕정과 참주정, 귀족정과 과두정, 혼합정과 민주정으로 정체를 분류했다. 즉 지배자의 수와 공동 이익의 관철 정도가 정체의 분류 기준이다. 한 사람이 공동 이익을 고려하며 통치하는 것이 왕정이고, 한 사람 이상의 소수자가 그렇게 통치하는 것은 귀족정이다. 이 정체에서는 가장 훌륭한 자들이 통치하면서 국가와 그 구성원을 위해 최선의 것을 추구한다. 이와 달리 다수자가 공동 이익을 위해 통치할 경우, 혼합정이라고 불린다. 이 세 가지 정체가 지배자의 이익을 위한 정체로 왜곡될 때 각각 참주정, 과두정, 민주정이 된다. 참주정과 과두정과 민주정은 각각 독재자의 이익, 소수 부자의 이익, 다수 빈민의 이익을 추구할 뿐 시민 전체의 이익을 추구하지는 않는다.

다양한 정체에 대한 아리스토텔레스의 평가는 대체로 온건하고 중립적이다. 그는 각 정체가 자리 잡게 된 자연환경이나 역사적 조건과 실제로 정체가 운영되는 모습을 고려해가며 정체를 다루기 때문이다. 이로부터 그는, 공동 이익을 추구하는 한, 주어진 여건에 따라 훌륭한 군주 한 사람의 정치가 소수 현자들의 정치보다 나을 수 있고 소수 현자들의 정치가 어리석은 대중의 정치보다 나을 수 있다는 결론을 이끌어냈다. 그는 같은 종의 동물이라도 주어진 환경에 따라 적응 방식이 다르다는 것을 생물학 연구를 통해 잘 알고 있었기 때문이다. 하지만 정치학의 방법이 모든 점에서 생물학의 방법과 같을 수는 없다. 정치에 대한 논의는 현실의 정치체제에 대한 단순한 기술을 넘어 그것에 대한 규범적 판단과 평가, 개별 정체가 당면한 문제에 대한 원인 분석과 처방까지 포함하기 때문이다. 특히 아리스토텔레스가 『정치학』에서 관심을 집중한 것은 민주정과 과두정의 갈등을 조정하는 문제다. 민주정을 옹호한 아테네와 과두정에 기반한 스파르타 간에 벌어진 펠로폰네소스전쟁과 그 뒤 정치 상황이 『정치학』의 문제의식을 낳은 것이다. 그렇게 혼란한 현실 속에서 어떻게 정치의 이상을 실현할 수 있을까?

아리스토텔레스는 개별 정체가 당면한 상황을 인정하면서도,

펠로폰네소스전쟁을 담은 판화

27년간의 펠로폰네소스전쟁이 끝난 뒤에도 아테네와 스파르타와 테베는 여전히 패권 다툼에서 벗어나지 못했다. 민주정을 옹호한 아테네와 과두정에 기반한 스파르타 간에 벌어진 이 전쟁과 그 뒤에 이어진 정치 상황이 아리스토텔레스 정치학의 문제의식을 낳았다.

"대다수의 나라를 위해 가능한 최선의 정체"를 다수가 공동 이익을 위해 지배하는 정체에서 찾았다. 그리고 정체 일반을 가리키는 말을 써서 이 정체를 '폴리테이아politeia'라고 불렀다. 이 정체가 여러 정체의 다양한 특징, 특히 과두정과 민주정의 요소를 함께 갖기 때문이다. 이런 점에서 '폴리테이아'는 넓게는 정체 일반을, 좁게는 '혼합정체'를 가리킨다.

도시국가의 황혼기를 나는 미네르바의 올빼미

펠로폰네소스전쟁 이전 그리스 세계에는 다양한 정체의 1,000개가 넘는 도시국가가 공존했다. 자유와 평등을 내세워 모든 시민의 정치 참여를 옹호하는 민주정 옹호자들과 소수 부자의 정치적 지배를 지지하는 과두정 옹호자들 사이의 갈등도 극심하지 않았다. 그런데 펠로폰네소스전쟁이 상황을 모조리 바꿔놓았다. 모든 국가가 정치적 양극화의 수렁에 빠져들었다. 『펠로폰네소스전쟁사』를 쓴 투키디데스의 말대로 "그 뒤 이른바 헬라스 세계 전체가 전쟁에 휘말려들자 곳곳에서 분란이 일어났고 대중의 지도자들에게는 아테네인들이, 과두파에게는 라케다이몬인(스파르타인)들이 동조자로 가세했다."(III 82) 아리스토텔레스도 『정치학』에서 같은 말을 한다.

> 헬라스에서 주도권을 장악한 두 국가가 각자 자신의 정체를 본보기로 삼아 한쪽은 민주정을 다른 쪽은 과두정을 여러 다른 국가에 수

립하면서, 그 국가의 이익이 아니라 자신들의 이익을 좇았다.

—『정치학』IV 11

『정치학』이 민주정과 과두정에 대한 논의에 집중하는 배경에는 이런 현실이 있다. 하지만 의문이 든다. 아리스토텔레스는 왜 도시국가의 시대가 가고 새로운 시대가 열리는 상황에 주목하지 않았을까? 그가 새롭게 떠오르는 알렉산드로스의 제국에 대해 무겁게 침묵하면서 도시국가의 보존 방법에만 그토록 몰두한 이유가 뭘까? 거류민 신분이던 그는 어떤 정체에서도 시민권을 행사할 수 없지 않았나? 확실한 대답은 없다. 나는 민주정과 과두정의 갈등을 해소해 도시국가를 보존하고 시민의 정치 참여를 확보하는 것이 그에게는 최고의 정치적 가치였기 때문이라고 추측한다.

하지만 두 정체의 갈등은 쉽게 조정할 수 있는 문제가 아니다. 이 갈등은 두 정체가 기반을 두고 있는 정의 원칙의 차이에서 비롯하기 때문이다. 정의는 평등 실현에서 성립한다. 국가가 정의롭고 평등하게 운영되어야 한다는 데는 누구나 동의한다. 독재자도 '정의사회 구현'을 표어로 내건다. 문제는 사람마다 정의와 평등에 대한 생각이 다르다는 데 있다. "과두정 지지자들은 자신들이 한 가지 측면에서, 예컨대 재산에서 동등하지 않으면 모든 면에서 동등하지 않다고 믿는다. 민주정 지지자들은 자신들이 한 가지 측면에서, 예컨대 자유민의 신분에서 동등하면 모든 면에서 동등하다고 믿는다."(『정치학』 III 9) 어떤 주장이 옳은가?

아리스토텔레스는 둘 다 잘못된 견해라고 본다. 그에 따르면, 국가에 기여하는 정도에 비례해서 정치적 권리를 누리는 것이 정의로운 일이다. 그러나 이 말이 곧 부나 다른 어떤 탁월성을 통해 국가에 더 많이 기여하는 소수에게 국정의 결정권을 맡겨야 한다는 뜻은 아니다. 그는 "비례적인 정의"를 지지하지만, 다수의 정치 참여를 배제한 소수 부자들의 정부는 반대한다. "다수는 비록 그중 한 명 한 명은 훌륭한 사람이 아니라도 함께 모이면 개개인으로서가 아니라 전체로서 가장 훌륭한 소수보다 더 나을 수 있기 때문이다."(『정치학』 III 11) "여럿이 함께 마련한 잔치"가 "한 사람의 기부로 성사된 잔치"보다 더 나을 수 있지 않은가?

아리스토텔레스에게는 집단지성에 대한 믿음이 있었다. 하지만 그러면서도 그는 다수 지배의 부정적 측면을 외면하지 않았다. 집단은 최고의 현명함을 발휘해 새로운 질서를 만들어내기도 하지만, 광기에 휩싸여 자멸적 카오스를 불러일으키기도 한다. 현대의 집단지성 연구자들은 집단 내 의사소통의 부재를 자멸의 주요 원인으로 꼽는다. 그런 뜻에서 '모두가 함께 하면 바보가 된다'는 말도 틀리지 않다. 상식적 판단이 통하지 않고 감정과 광기가 지배하는 집단에서는 옆 사람이 그렇게 한다는 것이 내 행동의 유일한 이유가 되기 때문이다. 아리스토텔레스도 대중이 그런 상태에 놓이는 것을 우려했다. "민중 가운데 몇몇은 사실상 들짐승과 무슨 차이가 있단 말인가?"

아리스토텔레스가 주목한 '대중의 성공과 실패'는 그보다 앞서 그리스의 수많은 역사가와 철학자 들도 주목한 문제다. '역사의 아버지' 헤로도토스가 대표적인 경우다. 그는 대제국 페르시아에 맞선 그리스인들의 승리를 군주정에 대한 민주정의 승리로 치켜세웠다. 특히 아테네 사람들이 이룬 공적에 대해 놀라워하면서, 그들이 법 앞의 평등을 제도적으로 성취함으로써 참주에게서 벗어나 세상에서 가장 뛰어난 전사로 거듭났다고 평가했다. 하지만 그가 쓴 『역사』의 한 대화에서 군주정의 지지자 '다레이오스'는 민주정의 약점을 꼬집는다. 이 정체에서는 집단이 서로 결탁해 공무에서 해악을 저지르고, 이를 막은 사람이 결국 신임을 얻어 군주가 된다는 것이다.(『역사』 III 82)

헤로도토스보다 꼭 100년 뒤에 산 아리스토텔레스가 관찰한 상황은 더 심각했다. 그는 수많은 도시국가들의 역사를 연구하면서 민주정의 치명적 위험성을 간파했다. 특히 극단적 민주정이 참주정으로 전락할 가능성이 고민거리였다. 이 정체는 다수의 어리석음과 전횡을 방치하고, 토지의 재분배나 공적 임무의 무임 수행을 요구하면서 부자들을 적대시하는 방법으로 대중의 신임을 얻는 선동가에게 활동 무대를 제공한다는 것이다. 이런 대중 선동가가 참주가 된다면, 민주정은커녕 법도 더는 존속할 수 없다. 대중은 '다수결'이라는 말로 법을 무시하고, 참주는 법 위에 군림하면서 민중의 지배자가 되기 때문이다. 법이 존재하지 않는 곳에는 정체도 존재하지 않는다. 그렇게 "법과 정의로부터 멀어졌을 때" 인간은 "모든 것 가운데 최악"이다. 이 문제를 어떻게 해결할 수 있을까?

다수의 정치 참여를 보장하는 동시에 법을 무시하는 다수 대중의 독재를 막을 수 있도록 민주정과 과두정의 요소를 섞는 혼합정체가 바로 아리스토텔레스가 찾아낸 해답이다. 그는 『정치학』 4권 9장에서 다양한 혼합 방법을 제시한다. 그 가운데 하나는 두 정체의 법규를 동시에 받아들이는 것이다. 예를 들어, 재판 업무와 관련해 과두정은 부자가 배심원으로 출석하지 않으면 벌금을 부과하고 빈민은 배심원으로 출석해도 수당을 지급하지 않는다. 이에 반해 민주정은 빈민이 출석하면 수당을 지급하고 부자는 배심원으로 출석하지 않아도 벌금을 부과하지 않는다. 이 두 가지 규정을 부분적으로 받아들여 빈민이 재판에 참여했을 때 수당을 주고 부자가 참여하지 않았을 때 벌금을 부여하는 방식으로 두 제도를 혼합할 수 있다. 정치 참여에 재산 요건을 두는 것도 혼합의 또 다른 방법이다. 예컨대 민주정은 민회에 참석하는 데 재산 자격 요건을 전혀 두지 않는 데 반해 과두정은 높은 자격 요건을 요구한다. 이 경우 양자의 중간을 취해서 재산 요건을 적절한 수준으로 조절하는 것이 혼합 방법이다.

아리스토텔레스는 한편으로 이렇게 다양한 혼합 가능성을 열어 놓으면서도 다른 한편으로는 대다수의 국가에 가능한 최선의 혼합 정체 형태로 "중간정체"를 내세운다. 이 정체의 핵심은 모든 시민에게 민회와 재판에 참여할 권리를 허용하되, 공직에 참여하는 데는 재산 요건을 규정하는 것이다.

> 모든 국가에는 세 부분이 있는데, 매우 부유한 자들과 매우 가난한 자들 그리고 세 번째로 그 중간에 있는 자들이다. 그런데 중도와 중간이 최선이라는 데 동의가 이루어진 만큼, 갖가지 행운을 소유하는 것에서도 중간이 최선임이 분명하다. (…) 국가는 가능한 한 동등하고 동질적인 사람들로 구성되기를 바라는데, 이 조건은 주로 그 구성원이 중간계급일 때 충족된다. 따라서 우리가 국가의 자연

스러운 성분이라고 말하는 사람들로 구성된 국가가 필연적으로 가장 훌륭한 정체를 갖는다.

—『정치학』 IV 11

다른 곳에서는 더 구체적으로, 중무장을 할 수 있을 만큼 재력 있는 사람들이 '중간계급'으로 명시된다.

한 사람이나 소수가 탁월함에서 뛰어나기는 쉬워도, 다수가 모든 탁월함에서 완벽하기는 어렵다. 그러나 군사적 탁월함은 예외로, 다수에게서 기대할 수 있다. 그래서 '혼합정체'에서는 전사들이 최고 권력을 가지며, 중무장할 재력이 있는 자들이 정부에 참여하는 것이다.

—『정치학』 III 7

아리스토텔레스는 혼합정체의 필요성과 방법을 제안할 때도 역사적 경험에 눈을 돌렸다. 모든 시민에게 민회와 재판에 참여할 수 있는 권리를 인정하면서도 공직 참여에 재산 요건을 두는 방식은 그리스 최고의 현인이자 정치가였던 솔론이 빈민과 부자의 갈등을 조정하기 위해서 채택한 제도다. 『아테네의 정체』에 아리스토텔레스가 기록한 것을 보면, 솔론은 재산을 기준 삼아 전체 시민을 500메딤노이·히페이스·제우기타이·테테스의 네 계층으로 나누었다. '메딤노이'는 대략 곡물 52리터를 나타내는 단위다. 따라서 '500메딤노이'란 곡류, 포도주, 올리브 등을 합해 곡물량으로 500메딤노

그리스 최고의 현인이자 정치가였던 솔론

아리스토텔레스가 혼합정체의 운영에 대해 고민하며 참고한 솔론은 모든 시민에게 민회와 재판에 참여할 권리를 인정하면서도 공직 참여에는 제한을 두었다. 재산을 기준으로 전체 시민을 네 계층으로 나누고, 공직은 이 가운데 상위 세 계층에서 선거로 뽑힌 사람들이 수행하는 것이다. 아리스토텔레스와 투퀴디데스는 이 제도를 호의적으로 평가했다.

이 이상 생산할 능력이 있는 부자를 가리킨다. 말을 소유한 기사 계층인 히페이스는 500~300메딤노이, 한 쌍의 소를 가진 제우기타이는 300~200메딤노이, 뱃사람이 주축인 테테스는 200메딤노이 이하의 농산물을 생산하는 사람들이다. 솔론이 도입한 제도에 따르면 가장 낮은 계층인 테테스는 민회와 재판에 참여하지만 공직에는 참여할 수 없다. 공직은 재산 정도에 따라 상위 세 계층에서 선거로 뽑힌 사람들이 수행한다. 아테네인들은 펠로폰네소스전쟁 중에도 이와 비슷한 제도를 도입했다. 기원전 411년, 정치가 테라메네스가 주도한 정부에서는 중무장을 할 수 있는 재력이 있는 사람 5,000명이 정부를 구성하면서 무보수로 공직을 맡았다. 아리스토텔레스는 이 정부가 "잘 운영되었다"고 기록했다. 투퀴디데스는 한층 더 호의적이다. "적어도 내 생전에 처음으로 아테네인들이 훌륭한 정부를 운영한 것이 분명하다. 소수파와 다수파의 혼합이 적절히 이루어졌고, 그 덕분에 처음으로 도시는 이전에 벌어진 끔찍한 상황에서 벗어나게 되었다."(『펠로폰네소스전쟁사』 VIII 97) 아리스토텔레스가 혼합정체의 한 형태로 중간계급이 지배하는 정체를 내세우면서 중무장을 할 수 있는 사람들로 구성된 정부에 대해 이야기하는 것도 같은 맥락에서 이해해야 할 것이다.

양극화와 중산층 붕괴의 시대를 살아가는 우리로서는 아리스토텔레스가 중간계급으로 생각한 사람들의 수가 도대체 얼마나 되는지 궁금해진다. 하지만 아쉽게도 펠로폰네소스전쟁기 아테네의 시민 인구를 확인할 정확한 통계는 없다. 각종 자료를 동원한 역사가들의 추산에 따르면, 남자 시민 인구가 3만 명 정도였을 것이다. 이

가운데 5,000명이면 대략 상위 17퍼센트에 이른다. 하지만 중무장을 할 수 있을 만큼 재산을 소유한 사람이 모두 5,000명 정부에 속하지는 않았기 때문에 실제 중간계급의 수는 5,000명보다 훨씬 많았을 것이다. 기원전 310년 무렵의 한 인구조사에 따르면, 아테네 남자 시민 2만 1,000명 가운데 중무장할 수 있는 수준 이상의 재력을 갖춘 시민은 9,000명 정도였다(라파엘 실리Raphael Sealey, 『데모스테네스와 그의 시대*Demosthenes and His Time*』, 19~20쪽).

중간계급의 정부를 옹호한 아리스토텔레스도 정확한 재산 요건이나 그 요건을 충족하는 사람들의 수를 제시하지는 않았다. 그는 "혼합정체는 중간계급의 수가 다른 두 계급의 합보다 또는 둘 중 어느 한쪽보다 많은 곳에서 유지될 수 있다"(『정치학』 IV 12)는 기본 원칙을 천명하면서 국정 참여자의 수가 참여하지 않는 자의 수보다 많아지게 해줄 최고 액수가 얼마인지 그때그때 찾아내 그 범위를 정해야 한다고 유연한 제도 운영의 필요성을 역설한다(『정치학』 IV 13). 여러 통계에 기초해 짐작해보면, 아리스토텔레스는 대략 50퍼센트 정도의 중간계급이 확보되고 이들이 최고 결정권을 가질 때 다수가 공동 이익을 추구하는 안정된 정체가 가능하다고 생각한 것 같다.

국가의 분열과 정치의 불안정에 직면해 아리스토텔레스가 중간계급이 결정권을 갖는 혼합정체를 옹호했다는 점은 지금도 시사하는 바가 크다. "중간계급으로 구성된 국가가 필연적으로 가장 훌륭한 정체를 갖는다"는 그의 생각은 배후에 중도와 중용이 최선이라는 윤리적 원리가 있지만, 더 근본적으로 볼 때 이런 주장은 경제적

고대 아테네 귀족 정치의 중심지인 아레오파고스

아테네의 아고라와 프뉙스가 시민 정치의 공간이라면 아레오파고스는 귀족 정치의 공간이다. 공직에 참여한 사람들은 임기를 마친 뒤에 아레오파고스회의 구성원이 되었으며 막강한 영향력을 행사하기도 했다.

조건이 의식에 미치는 영향에 대한 사회심리학적 관찰의 결과이기도 하다.

> 이런 상태에 있는 사람들이 이성logos에 가장 쉽게 설득되기 때문이다. 지나치게 아름답거나 지나치게 힘이 세거나 지나치게 집안이 좋거나 지나치게 부유하든가, 이와 반대로 지나치게 가난하거나 지나치게 약하거나 지나치게 미천한 자는 이성을 따르기 어렵다. 이 가운데 앞에 속하는 사람들은 범죄자나 큰 악을 행하는 자들이 되고, 뒤에 속하는 사람들은 불량배나 작은 악을 일삼는 자들이 되기 쉽다. 전자는 오만한 마음에서, 후자는 악의에서 부정한 일을 저지른다. 둘 다 국가에 해롭다.
>
> —『정치학』 IV 11

가난이 어떻게 사람을 비굴하게 만들어 노예근성에 사로잡히게 하는지, 부가 어떻게 사람들에게 불법적인 의식을 초래하지는 21세기 한국 사회에서 우리가 매일 경험하는 사실이다. 간극을 메울 수 없을 만큼 가난과 부의 골이 깊게 파인 사회에서는 아리스토텔레스의 말처럼 "한쪽은 지배할 줄 모르고 노예처럼 지배받을 줄만 알고, 다른 한쪽은 지배받을 줄 모르고 폭군처럼 지배할 줄만 안다". 이렇게 양극화된 나라는 "주인과 노예의 나라"일 뿐 "자유민의 나라" "동등하고 동질적인 사람들"의 나라가 아니다. 자유민의 나라에서는 전적으로 지배하는 사람도, 전적으로 지배받는 사람들도 있어서는 안 되기 때문이다. 아리스토텔레스에 따르면, 자유민의 나라에서는 시민들이 교대로 통치하고 통치받아야 한다. 물론 우리는 더이상 직접민주주의의 시대에 살지 않지만, "주인과 노예의 나라"에서는 이성이 올바로 작동할 수 없다는 아리스토텔레스의 진단은 여전히 울림이 크다. 시민들이 지나친 가난이나 지나친 부가 낳는 비이성적 상태에 있는 나라에서 어떻게 정치의 안정과 시민적 탁월성이 실현되기를 기대할 수 있겠는가? 이런 사회에서 뛰어난 정치가가 나선다고 한들 공공 업무와 관련해 올바른 목적을 세우고 이성적 추론을 통해 그 목적을 실현할 올바른 방법을 찾아낼 수 있겠는가? 몇몇 사람이 합리적인 정책을 찾아낸다고 한들 부자와 빈민으로 양극화된 나라의 사람들에게 그 정책이 설득력을 발휘할 수 있을까?

플라톤도 『국가』에서 경제적 불평등이 지배하는 나라를 "한 나라"가 아니라 "서로 적대 관계에 있는 두 나라, 즉 가난한 자들의 나라와 부자들의 나라"(IV 422e)라고 불렀다. 재산 소유와 관련해서 그는 『국가』보다 『법률』에서 훨씬 관대한 태도를 보이지만, 아무리 부유한 사람도 가장 가난한 사람이 가진 것의 네 배가 넘는 재산을 가져서는 안 된다고 주장했다(『법률』 V 744d). 플라톤에게는 최저임금을 정하는 것만큼 최고 임금을 정하는 것도 중요했다. 비록 최선의 정체에 대해서는 스승과 제자의 생각이 달랐지만, 적어도 한 가지 점에서는 두 사람의 생각이 완전히 일치한 셈이다. 가난과 부가 사람들을 둘로 갈라놓는 나라에서는 인간의 탁월성도, 행복한 삶도, 안정된 정치도 불가능하다는 것이 이들이 내린 결론이다.

아리스토텔레스의 혼합정체론은 민주정과 과두정의 적대 관계,

빈부의 대립을 해소하기 위한 현실적 처방이다. 우리는 그의 이런 현실주의와, 시민의 행복한 삶을 국가의 최고 목적으로 내세우는 이상주의 사이에서 상당한 거리감을 느낀다. 중간계급이 권력의 주체가 되고 이를 통해 정치적 안정이 확보된다고 해서 시민들의 훌륭한 삶이 저절로 따라오는 것은 아니지 않은가? 물론 아리스토텔레스도 그렇게 생각하지 않았다. 그래서 그는 경제적인 것 이상의 조건, 예컨대 여가나 시민 교육의 필요성과 방향을 논의하는 데 『정치학』의 마지막 부분을 할애했다. 하지만 먼 이상을 향한 항해에서 배의 안전을 도모하는 것만큼 중요한 일이 있겠는가?

윤리학의 정의를 받아들여 행복이 "탁월성에 따르는 활동"에 있다고 해보자. 건강한 이성 없이는 탁월성도 존재하지 않는다. 탁월성은 올바른 이성적 추론이나 판단, 즉 "올바른 이성을 동반하는 품성 상태"(『니코마코스 윤리학』 VI 13)이기 때문이다. 그러나 빈부의 골이 깊게 파인 나라에서는 이런 로고스가 관철되기 어렵다. 따라서 적절한 경제적 조건을 확보하는 것은 탁월성을 실현하는 최소 전제 조건이다. 병든 환자를 치료하는 의사에게 필요한 것은 환자의 신체 조건을 고려해서 그에게 가능한 최선의 건강 상태가 어떤 것인지를 판단하고 알맞은 처방을 찾는 일이다. 입법가와 정치가의 목적도 다르지 않을 것이다. 아리스토텔레스의 『정치학』은 입법가와 정치가 들이 정치적 이상을 실현하기 위해 숙고할 때 필요한 제안을 담고 있다. 이런 점에서 『정치학』은 올바른 정치를 위한 실천적 지혜, 즉 '정치적 프로네시스에 대한 긴 이야기'라고 해도 지나친 말이 아니다. 프로네시스의 핵심은 주어진 조건에서 이상적 가치를 실현하는 능력에 있기 때문이다. '목표를 올바로 세우라! 하지만 현실적 조건을 무시하지 말고 그 안에서 목표를 실현하는 최선의 방법에 대해 숙고하고 이를 실천하라! 동물이 아닌 인간에게는 숙고와 선택을 통해 주어진 현실을 넘어설 수 있는 능력이 있다.' 나는 이것이 도시국가의 황혼기를 산 아리스토텔레스가 『정치학』에 담아낸 미네르바의 지혜고, "인간적인 것에 관한 철학"의 핵심이며, 그로부터 2400년 뒤 세상을 사는 우리에게도 여전히 유효한 사람다운 삶의 길이라고 생각한다.

『수사학』과 『시학』

축제, 공연, 연설은 고대 그리스의 민주정을 대표하는 문화 현상이었다. 대중의 손에 최고 권력이 놓인 현실에서 대중을 동원하고 설득하는 것만큼 중요한 일은 없었기 때문이다. 기원전 6세기부터 시민들의 공적 활동이 폭넓게 펼쳐지면서, 연설은 재판이나 민회 등 거의 모든 의사 결정 과정에서 중추적 기능을 했다. 자유민에서 노예에 이르기까지 더 넓은 범위의 대중을 모으는 행사는 공연이었다. 귀족정에서 민주정으로 넘어가던 시기에 참주들은 소수 귀족들의 권력을 제어하는 수단으로 대규모 공연 행사를 활용했다.

민주정에 내재하는 대중 독재와 참주정의 위험성을 염려한 플라톤이 공연이나 연설에 대해 비판적인 태도를 보인 것은 당연하다. 그에게 연설은 진실의 전달보다는 대중의 설득에 관심을 둔 기만적 술책, 대중의 입맛에 맞추는 '요리술'이자 대중의 마음을 움직이는 '아첨술'이었다. 그는 또 '극장 정치'를 혐오하면서, 참된 실재가 아닌 모방의 세계로 사람들을 이끌고 이성이 아니라 감정에 호소하는 작가들을 국가에서 추방해야 한다고 주장했다. 하지만 아리스토텔레스는 이에 대해 플라톤과 달랐다. 그가 연설과 공연을 시민적 삶의 일부이자 교육의 계기로 받아들이고, 이에 대해 학문적 접근을 시도했기 때문이다. 『수사학』과 『시학』은 그 결과다.

대개 '수사학'으로 번역되는 그리스어 '레토리케rhetorike'의 본뜻은 '연설가의 기술'이다. 『수사학』은 정치적 결정을 위한 심의 연설, 재판을 위한 법정 연설, 특정한 인물이나 사건의 실상을 드러내는 보여 주기 연설 등에 필요한 세 가지 설득 수단으로서 성격, 감정 자극, 논증을 자세히 분석한다. 아리스토텔레스는 연설가의 인격이나 청중의 감정 자극이 갖는 설득 효과를 부정하지 않지만, 예증이나 수사학적 논증 같은 논리적 수단을 통해 설득하는 것을 훌륭한 연설로 평가했다. 그는 감정에 호소한 재판관 설득은 '잣대를 구부리는 것'이라고 비판한다.

『시학』의 주제는 '창작의 기술'이다. 주요 내용은 창작의 본질, 장르 구별, 훌륭한 작품의 조건, 작품의 구성 요소에 대한 논의다. 아리스토텔레스는 『시학』에서 당대 시문학의 대표 장르인 서사시 · 비극 · 희극을 모두 다루었지만, 희극을 다룬 2권은 사라지고 비극과 서사시를 다룬 1권만 남았다. 『시학』을 비극론으로 보는 것은 이 때문이다. 비극론에서 아리스토텔레스는 플롯을 '비극의 영혼'으로 규정하면서, 훌륭한 비극이 갖춰야 할 짜임새를 자세히 분석했다. 『오이디푸스왕』과 『일리아스』는 잘 짜인 플롯을 통해 '비극적

쾌감'을 안겨준다는 이유에서 그가 최고로 평가한 작품이다.

『수사학』과 『시학』은 모두 고대 그리스의 정치, 문화적 현실과 뗄 수 없는 관계에 있다. 하지만 설득력 있는 말, 통찰과 감동을 주는 이야기에 관심이 없는 시대는 없다. 『수사학』과 『시학』이 아리스토텔레스의 어떤 저술보다 폭넓게 대중의 관심을 끈 것이 이 때문이다. 어떻게 말해야 다른 사람을 설득할 수 있을지, 어떻게 이야기를 꾸며야 관객에게 감동과 카타르시스를 선사할 수 있을지에 관심이 있는 사람은 『수사학』과 『시학』부터 펼쳐 보는 것이 좋다.

그리스의 원형극장에서 펼쳐지는 〈오이디푸스왕〉 공연

07

ARISTOTELES

어느 국외자의 죽음이 남긴 것

진리를 향한 테오리아의 삶

알렉산드로스의 죽음과 다시 타오른 반마케도니아 운동

알렉산드로스는 기원전 323년 6월 10일 바빌론에서 열병에 걸려 죽었다. 이때 그는 33세였다. 이 나이 때문인지, 어떤 사람들은 알렉산드로스를 예수와 비교하기도 한다. 당시 정확한 사인은 알려지지 않았고, 몇 년 뒤에는 독살설이 나돌았다. 안티파트로스의 아들 이올라스가 알렉산드로스에게 건넨 독약을 아리스토텔레스가 만들었다는 소문이었다. 아카데미아에 입학할 무렵, 아버지의 재산을 탕진한 떠돌이 '약재상'이라는 뒷말을 듣던 아리스토텔레스가 예순을 넘긴 나이에 제자를 살해한 독약 제조자라는 소문을 듣게 된 것이다.

정말 독살 소문이 있었다면, 필시 알렉산드로스 사후 마케도니아의 권력을 둘러싼 암투 중에 유포되었을 것이다. 참고로, '독살'은 아리스토텔레스가 윤리학에서 자연적 정의에 어긋나는 행동으로 경계한 여러 악행 가운데 하나다. 그는 『니코마코스 윤리학』 5권에서 은밀하게 저지르는 부정의의 예로 "절도나 간통, 독살, 뚜쟁이질, 노예 사기, 모반 살인, 위증" 등을 든다.

젊은 대왕이 죽은 직후 기병대장 페르디카스가 최고 실력자 자리에 올랐다. 그리고 알렉산드로스 휘하의 장군들에게 영토를 분배했다. 물론 이런 권력 분배가 안정적으로 유지될 리 없었다. 페르디카스가 알렉산드로스의 여동생 클레오파트라와 혼인하자 다른 장군들이 공동 대응에 나섰고, 이 갈등은 마침내 50년 이상 지속된 이른바 '후계자들의 전쟁'으로 이어졌다. 짧은 기간의 정복 전쟁으로 급조된 제국이 정복자 사후 사분오열되지 않았다면, 그것이 오히려 이상한 일이 아닐까?

알렉산드로스의 갑작스러운 사망 소식은 그리스 전역에 반마케도니아 항쟁의 불을 다시 지폈다. 마케도니아 군대는 라미아에 주둔해서 반란에 맞섰다. 알렉산드로스 사후 아테네를 중심으로 한 반마케도니아 연합군과 마케도니아 군대 사이에 1년간 벌어진 전쟁을 '라미아전쟁'이라고 한다.

아리스토텔레스는 또다시 심각한 위기에 봉착했다. 반마케도니아 운동이 거세게 타오르기 시작했는데, 그의 후원자이자 친구였던 안티파트로스마저 아테네에 없었다. 안티파트로스와 그의 아들들이 몇 해 전부터 왕의 의심을 사 권력의 중심에서 밀려난 상태였고, 알렉산드로스의 죽음이 알려졌을 때 안티파트로스는 명령에 따라 소아시아를 거쳐 바빌론으로 가고 있었다고 한다. 그러니 아리스토텔레스의 상황은 그가 처음 아테네를 떠날 때보다 더 급박했을 것이다. 그는 이미 아테네인들에게 마케도니아 세력의 실질적 대변자로 각인되어 있었다. 평소에 그를 백안시하던 사람들은 소송 준비에 나섰고, 아리스토텔레스는 다시 아테네를 떠날 수밖에 없었다. 알렉산드로스의 사망 소식이 전한 지 몇 달도 채 안 됐을 때, 그는 외가에서 물려받은 집이 있던 에우보이아 섬의 칼키스로 도피했다.

그 무렵 일어난 일련의 사건은 아리스토텔레스에 대한 아테네인들의 적개심이 얼마나 컸는지를 잘 보여준다. 그 가운데 하나는 아리스토텔레스의 명예를 기리기 위해 아크로폴리스에 세워진 기념비가 파괴된 사건이다. 이 기념비는 아리스토텔레스가 아테네를 위해 세운 여러 공적, 특히 필립포스 2세나 알렉산드로스를 설득해 아테네의 이익과 안녕을 보장하게 한 데 감사하는 뜻에서 기원전 335년 전후로 아테네 민회가 세운 것이다. 하지만 반마케도니아 인사들에게 이 기념비는 치욕의 상징과 같았다. 치욕을 되갚으려는 과격한 행동에 열렬한 반마케도니아주의자, 히메라이오스가 나섰다. 그는 아크로폴리스로 올라가 석판을 파내고는 바위 아래로 던져 부숴버렸다.

아리스토텔레스의 공로와 명예를 기리기 위해 델포이에 세웠던 기념비도 같은 운명을 겪었다. 그것은 아테네로 돌아오기 몇 해 전에 아리스토텔레스가 조카 칼리스테네스와 함께 델포이의 퓌티아 경기 우승자들의 명단을 정리한 데 대한 감사의 뜻으로 델포이 시민들이 세운 명예의 기념비다. 라미아전쟁이 터지자 이 신탁의 도시도 아리스토텔레스에게 재빨리 등을 돌렸다. 델포이의 민회가 그의 명예를 박탈하고 기념비를 파괴했다. 히메라이오스처럼 델포이 사람들도 기념비를 부순 뒤 벽 아래로 내동댕이쳤다고 한다. 이 일이 알려진 뒤 아리스토텔레스가 안티파트로스에게 편지를 썼다.

> 델포이에서 사람들이 나를 두고 투표를 해 명예를 빼앗은 일이 있는데, 나는 그런 일에 마음을 너무 쓰지도 않고 전혀 안 쓰지도 않습니다.
>
> — 잉게마르 뒤링Ingemar Düring, 『고대 전기적 전통 속의 아리스토텔레스*Aristotle in the Ancient Biographical Tradition*』, 401쪽에서 재인용

중용의 철학자다운 반응이라고 해야 할까? 나중에 반마케도니아 항쟁의 불길을 잠재운 뒤 안티파트로스가 기념비를 다시 세웠다고 한다. 아리스토텔레스에 대한 그의 신망이 얼마나 두터웠는지를 보여주는 일화다.

바빌론을 향해 가던 안티파트로스는 왕의 서거 소식을 듣고 급히 그리스로 귀환했다. 대왕을 대신해 군대 통수권을 장악한 페르디카스가 그에게 그리스 통치 임무를 다시 부여했기 때문이다. 전쟁 초반의 승세는 아테네와 연합군 쪽에 있었다. 안티파트로스의 마케도니아 군대는 라미아에서 포위되어 고전을 면치 못했다. 하지만 크라테로스가 이끄는 마케도니아 원군이 도착하면서 반전이 일어났다. 결국 기원전 322년 8월 크라논 전투에서 안티파트로스와 크라테로스가 이끄는 마케도니아군이 아테네 군대와 연합군을 격파하면서 전쟁이 끝났다. 마케도니아 군대가 아테네로 쳐들어온다는 소문이 들리자, 데모스테네스와 히메라이오스를 비롯한 '반역자들'은 겁을 먹고 도망쳤다. 아테네의 분위기는 다시 뒤집어졌다. 예상

된 일이었다. 데모스테네스의 정적이자 친마케도니아주의자였던 데마데스는 "데모스테네스의 정책이 모든 불행의 원인인데, 그 뒤에 전쟁이 일어났기 때문"(『수사학』 II 24)이라고 단정했고, 아테네 시민들의 여론은 데모스테네스 일행을 처형해야 한다는 쪽으로 움직였다. 도망친 반역자들은 뿔뿔이 흩어져서 그리스의 여러 지역으로 피해 다녀야 했다. 안티파트로스는 이들을 추격하기 위해 여러 곳에 사람들을 보내면서 총지휘를 아르키아스에게 맡겼다. 남부 이탈리아 출신으로 '정치범 잡는 사냥개'라고 불렸던 그는 유명 배우 폴로스의 스승이며 한때 연극배우였다고 한다.

아크로폴리스 언덕에서 아리스토텔레스의 기념비를 부숴버린 히메라이오스가 첫 번째 사냥감이 되었다. 그는 동료들과 도망치다 파견대에 붙잡혀 처형당했다. 물론 기념비 파괴가 아니라 반란을 꾸미고 라미아전쟁을 일으킨 것이 처형 이유였다.

데모스테네스에게도 최후의 시간이 다가왔다. 알렉산드로스가 죽었을 때 그는 뇌물 수수 사건에 연루되어 아테네를 떠나 있었다. 그래서 알렉산드로스의 사망 소식은 그에게 정치적 복권을 뜻했다. 아테네인들은 데모스테네스를 다시 불러들였다. 반마케도니아 항쟁을 부추기는 데 그만 한 사람이 없었다. 데모스테테스는 자기에게 맡겨진 일을 성공적으로 해냈지만, 크라논 전투의 패배로 모든 것이 끝났다. 히메라이오스가 처형된 뒤 한 주가 지나지 않아 그도 죽음을 맞았다. 그 또한 '사냥개'의 추격을 받다 포세이돈 신전에서 자살했다. 플루타르코스는 「데모스테네스 전기」에서 그의 죽음을 극적으로 묘사했다.

펠릭스 부아슬리에, 〈데모스테네스의 죽음〉(1805)

플루타르코스의 「데모스테네스 전기」에 따르면, 추격자 아르키아스는 칼라우리아 섬의 포세이돈 신전에 숨어 있는 데모스테네스를 찾아가 투항을 권유했다. 그러자 데모스테네스는 집에 편지를 전하고 싶으니 기다려달라고 말한 뒤, 독이 묻은 갈대 촉을 깨물고 자살했다. 세 치 혀로 아테네를 흔들던 연설가가 그렇게 역사의 무대 뒤로 사라졌다.

마케도니아 세력에 대항하면서 시대를 이끌던 주인공 한 명이 이렇게 역사의 무대에서 사라졌다. 그의 천적이 무대를 떠난 뒤 14년째 되던 해의 일이다. 필립포스가 그리스에서 마케도니아의 주도권을 얻기 위해 싸웠다면, 데모스테네스는 그리스에서 아테네의 주도권을 되찾기 위해 싸웠다. 필립포스가 창과 칼을 무기로 삼았다면, 데모스테네스는 세 치 혀를 무기로 삼았다. 필립포스가 그리스의 패권을 장악한 뒤 페르시아를 정벌할 계획을 세웠다면, 데모스테네스는 페르시아를 끌어들여서라도 마케도니아의 패권 장악을 저지할 계획을 세웠다. 그와 페르시아의 관계는 매우 '끈끈한' 것이어서 뇌물까지 오갔다. 데모스테네스와 페르시아는 서로 이용하는 사이였다. 데모스테네스는 뛰어난 연설술로 아테네 사람들과 다른 도시 사람들을 선동해 반마케도니아 전선을 구축하고 공동 저항을 부추기는 데 성공했지만, 그가 바라던 대로 아테네의 주도권을 되찾는 데는 실패했다. 역사의 수레바퀴는 거꾸로 돌아가지 않았다. 훗날 아테네 사람들은 데모스테네스의 공적을 기려 비를 세우고, 그 기단에 이런 문구를 새겨 넣었다고 한다.

> 그대의 지혜만큼 그대가 큰 힘을 가졌다면
> 마케도니아 군대가 그리스를 지배하지 못했을 것이다.
>
> — 플루타르코스, 『비교 열전』 중 「데모스테네스 전기」 30

마케도니아 왕실과 인연이 없었다면, 아리스토텔레스의 삶은 어떻게 펼쳐졌을까? 그가 토대를 닦은 서양 학문의 모습은 또 어떻게 달라졌을까? 마케도니아 왕실과 인연이 없었어도, 그는 아카데미아에서 유학했을 것이다. 하지만 그 인연이 없었다면, 그가 적대 세력의 첩자로 지목되어 아테네를 떠나는 일은 일어나지 않았을 수 있다. 그리고 그가 아테네를 떠나지 않았다면, 레스보스섬의 생물학 연구가 없었을 테고 완전히 새로운 방향에서 전개된 뤼케이온의 교육과 연구도 없었을지 모른다. 하지만 이 모든 것이 공허한 상상일 뿐이다. 실제 아리스토텔레스의 삶은 마케도니아의 정치권력과 뗄 수 없는 운명이었다.

아리스토텔레스가 기원전 323년 초가을이나 늦어도 322년 봄이 되기 전에 아테네를 떠날 수밖에 없게 한 고발장의 죄목은 '불경죄'다. 그리스 세계에서 '불경죄'는 중세의 '이단죄'처럼 무소불위의 힘을 행사했다. 특히 지식인들의 입을 막는 데 이보다 더 좋은 죄목이 없었다. 아테네에서 활동한 최초의 철학자 아낙사고라스는 "태양은 타오르는 금속 덩어리"라고 주장했다는 이유로 불경죄를 뒤집어쓰고 추방당했다. 남부 이탈리아 출신으로 아테네에서 대중적 인기와 엄청난 돈을 모은 소피스트 프로타고라스도 불경죄로 고발당했는데, 신에 대한 불가지론을 펴는 책을 쓴 것이 빌미가 되었다. 그 책은 이런 말로 시작된다. "신들에 대해서라면 나는 그들이 존재한다는 사실도, 그들이 존재하지 않는다는 사실도 알 수 없다. 많은 것이 앎을 방해하기 때문이다. 모호함과 짧은 인생이."(『소크라테스 이전 철학 단편』 80B 4) 소크라테스에게 죽음을 안겨준 것도 같은 죄목이다. 디오게네스 라에르티오스에 따르면, 아테네의 문서보관소에 있던 고발장의 내용은 이랬다. "소크라테스는 나라가 믿는 신들을 믿지 않고, 다른 영적인 것들을 새로 도입해 죄를 범함. 그뿐만 아니라 젊은이들을 타락시켜 죄를 범함. 구형은 사형."(『그리스철학자열전』 II 5)

이제 불경죄의 칼끝이 아리스토텔레스를 향했다. 그에 대한 고발장의 내용은 더 황당했다. 고발자들은 고발의 근거를 20년 전 '잘못'에서 찾았다. 아소스의 지배자 헤르메이아스에게 찬가를 바쳐 신성한 질서를 어지럽혔다는 것이다. 디오게네스 라에르티오스는 델포이에 바쳐진 헤르메이아스의 조각상에 아리스토텔레스가 다음과 같은 글을 새겼다는 것도 고발 이유였다고 한다.

> 여기 이 사람을, 불경하게도 복된 신들의 거룩한 법을 어기고 활을 쏘는 페르시아의 왕이 죽였다.
> 만인이 보는 가운데 창을 쓰는 싸움터에서 그를 제압하지 못하고, 간교한 사내에 대한 신뢰를 이용했다.
>
> —『그리스철학자열전』 V 1

공소시효도 없었다. 20년 전 친구를 기리는 시를 쓰고 추모비를 세운 '죄'를 적시한 고발장이 버젓이 돌아다닌 것을 보면, 당시는 이성적 논변이 침묵하고 현란한 수사로 가득한 연설가의 설득과 파도처럼 동요하는 대중의 감정만이 힘을 발휘하는 시대였음이 틀림없다. 아리스토텔레스에 대한 아테네인들의 반감을 어떻게 이해해야 할까? 혹시 그가 반마케도니아 정서를 북돋기 위해 필요한 제물은 아니었을까?

아리스토텔레스에 대한 아테네인들의 태도는 이중적이었다. 그들은 그에게 큰 빚을 졌다. 그가 나서서 막지 않았다면, 그들이 자랑하는 도시는 테베처럼 잿더미가 되는 운명을 피할 수 없었을 것이다. 아리스토텔레스를 위해 아크로폴리스 언덕에 기념비를 세웠으니, 그들도 이러한 사실을 인정한 셈이다. 하지만 아리스토텔레스의 공적에 대한 감사는 표면적인 것이었다. 크러스트가 적절하게 지적했듯이 많은 아테네인들, 특히 마케도니아에 반대하는 아테네인들이 아리스토텔레스에게 느낀 근본 정서는 적대감이다. 그리고 이것은 두려움에 뿌리를 박고 있었다. 사람들은 그가 "마케도니아 폭정과 압제의 고약한 도구"라고 수군거렸다.

디오게네스 라에르티오스에 따르면, 아리스토텔레스의 고발자는 제사장 에우뤼메돈 혹은 데모필로스라는 사람이었다. 하지만 이들은 그저 앞잡이에 불과했다. 그 배후에 히메라이오스와 데모스테네스 등 반마케도니아 운동의 대표자들이 있다는 것을 누구나 알았다. 아테네가 알렉산드로스에게 점령된 기원전 353년에 아리스토텔레스의 도움으로 방면의 시혜를 입었던 이들은 이 '은혜'를 결코 잊지 않았다. 은혜는 그들에게 치욕의 상처로 남아 있었을 테니까.

아리스토텔레스는 에우뤼메돈이 고발장을 냈다는 소문을 듣자 아테네를 떠났다. 공식 재판 절차가 진행되기 전이었다. 그를 가로막거나 해코지하려는 사람은 없었던 것으로 보인다. 아테네인들은 정적이 조용히 사라지기를 바랐던 것 같다. 아니면, 자신들을 파멸의 위험에서 구해준 은혜를 원수로 갚는 데 일말의 죄책감이라도 있었을까? 어쨌건 아리스토텔레스는 아테네를 떠나면서 한마디를 남겼다.

> 아테네인들이 철학에 두 번 잘못을 저지르게 하지 않겠다.
>
> — 뒤링, 『고대 전기적 전통 속의 아리스토텔레스』, 341쪽에서 재인용

그가 그렇게 조용히 사라져준 덕에 아테네인들은 소크라테스에 이어 철학자를 한 명 더 죽인 집단이라는 역사적 오명을 피할 수 있게 된 셈이다.

에우리포스를 바라보며

아리스토텔레스의 도피처는 에우보이아 섬의 도시 칼키스였다. 그가 이곳을 택한 것은 여기에 외가 쪽에서 물려받은 집이 있기 때문이기도 했지만, 당시 칼키스가 마케도니아 편에 섰다는 것도 중요한 이유였다.

칼키스는 아테네에서 북쪽으로 72킬로미터 떨어져 있다. 시외버스로 한 시간이 조금 넘는 거리다. 내 그리스 여행의 마지막 방문지다. 아침 일찍 도심 외곽의 버스 터미널에서 칼키스행 버스에 올랐다. 여행의 끝을 앞둔 날이기 때문인지, 창밖 풍경이 더욱더 생생하

아리스토텔레스의 마지막 장소, 칼키스

에우보이아 섬의 칼키스는 아리스토텔레스의 어머니 파이스티스의 고향이며, 그가 외가로부터 물려받은 집이 있던 곳이다. 칼키스로 도피한 뒤 아리스토텔레스의 행적은 확실하게 알려진 것이 없다. 그를 좇아간 필자의 발길도 막연했다.

게 보였다. 곳곳에서 육지 사이로 깊숙이 드나드는 바다가 다시 눈길을 끌었다.

그리스는 한반도처럼 3면이 바다로 둘러싸여 있다. 하지만 그리스인들에게 바다가 갖는 의미는 우리와 전혀 다르다. 수많은 섬들이 바다 때문에 멀어지고 바다 때문에 이어진다. 서로 떨어진 섬에서 서로 다른 문화가 자라났고, 바닷길을 오가는 사람들을 통해 문화 교류가 일어났다. 바닷길은 고향에서 쫓겨난 사람들에게 망명과 추방의 길이었고, 새로운 터전을 찾아 나서는 사람들에게 이주와 식민지 개척의 길이었다. 사람들은 떠날 수밖에 없을 때 고향을 떠났고 사정이 바뀌어 돌아올 수 있을 때 고향으로 돌아왔다. 새로운 곳으로 간 이들은 고향의 기억으로부터 새로운 상상을 빚어냈고, 고향에 돌아온 이들은 새로운 상상으로 고향의 삶을 바꿨다.

이렇게 사상의 릴레이가 이어졌다. 먼 곳에서 아테네로 몰려든 소피스트들이 없었다면, 어떻게 소크라테스가 있었겠나? 이오니아에서 이탈리아로 이주해 그곳에 새로운 사상의 씨를 뿌린 피타고라스가 없었다면, 어떻게 플라톤이 있었겠는가? 스타게이라에서 아테네로, 아테네에서 다시 소아시아와 흑해로 새로운 곳을 향해 떠날 수 없었다면 어떻게 아리스토텔레스의 자연 연구가 가능했겠는가? 서로 다른 생각의 만남이 없다면, 어떻게 논쟁과 논쟁을 통한 사유의 비상이 가능하겠는가? 그리스 사상의 다채로움이 그리스인들의 천재성에서 비롯했다면, 그들의 천재성은 다양한 삶의 장소와 이주의 가능성에서 비롯했다. 그리스인들에게 그 모든 것을 가능하게 한 것이 "추수할 수 없는 바다"(『일리아스』 1. 315)다. 한 곳에 정주해 죽을 때까지 그곳의 환경에 적응해서 살아가야 하는 사람에게서는 새로운 사상을 기대하기 어렵다. 독단의 잠에 빠져들 위험성도 높다.

버스는 그리스 본토와 에우보이아 섬을 연결하는 다리를 건넌 뒤 종착역에 닿았다. 종착역 풍경은 썰렁했다. 정오의 뜨거운 햇살 아래 막 도착한 버스와 떠나는 버스 들이 부릉대는 가운데 터미널 건물 안은 한산했다. 간단히 커피 한 잔을 마시고 터미널 옆에서 시내버스에 올랐다. 딱히 정한 목적지는 없었다. 칼키스로 도피한 뒤 아리스토텔레스가 어디서 살았는지, 어디서 죽었는지, 어디에 묻혔는지 확실하게 알려진 것이 없다. 그의 흔적을 찾으리라는 기대도 없었다. 막연히 그리스 본토와 에우보이아 섬을 잇는 옛 다리가 있는 곳으로 갔다.

도로변 분위기는 밝지 않았다. 페인트가 벗겨진 건물, 철시한 상점, 앙상한 시멘트 벽만 남은 짓다 만 건물들이 눈에 들어왔다. 하지만 20분쯤 지나 옛 다리에 가까워지면서 분위기가 달라졌다. 바닷가 풍경은 버스가 거쳐온 거리의 풍경과 전혀 달랐고, 물에 떠 있는 흰색 요트들이 관광지 분위기를 냈다. 물가에서는 젊은 엄마 두 명이 아이들을 놀리면서 생선을 굽고 있었다. 사는 것이 무척 팍팍한 듯 표정은 굳어 있었지만, 물가에서 노는 아이들은 그런 데 아랑곳하지 않았다. 아테네를 떠난 기차의 종착지인 역사 밖으로 꾸역꾸역 사람들이 밀려 나왔다. 관광객 차림을 한 사람들도 섞여 있었다.

버스가 지나온 방향을 거슬러 다리를 건넜다. 다리의 길이는 40미터 정도다. 서쪽의 본토와 동쪽의 섬을 가르는 물길의 폭은 그렇게 좁았고, 이 좁은 물길을 중심으로 남과 북의 바다가 나비넥타이 모양으로 펼쳐져 있었다. 다리 아래로 흐르는 빠른 물살을 보는 순간 갑자기 떠오른 말이 있다. "아, 여기가 에우리포스euripos다!"

'에우리포스'는 그리스 문헌에 자주 등장하는 낱말이다. 일반적으로 '물살이 강한 해협'이나 '수로'를 가리킨다. 우리나라의 울돌목을 떠올리면 이해하기 쉬울 것이다. 바다와 이어지는 칼로니 호수의 입구를 아리스토텔레스는 자주 '에우리포스'라고 불렀다. 하지만 그리스의 여러 문헌이나 아리스토텔레스의 저술에서 '에우리포스'는 고유명사로, 에우보이아 섬과 그리스 본토 보이오티아 사이 해협을 가리키기도 한다. 그리스인들은 아침저녁으로 변하는 사람의 마음을 '에우리포스의 물살'에 비유하기도 했는데, 아리스토텔레스도 폴리스 시민들 사이의 친애를 이야기하면서 이렇게 썼다.

> 그런데 이런 마음의 일치는 훌륭한 사람들 사이에 존재한다. 이들은 말하자면 한결같아서, 자기 자신과 마음의 일치를 이룰 뿐만 아니라 서로 간에 마음의 일치를 이루기 때문이다. 이들이 바라는 것은 변함이 없으며, 에우리포스의 물살처럼 방향을 바꾸지 않는다.
>
> —『니코마코스 윤리학』 IX 6

하루에도 몇 번씩 방향을 바꾸는 에우리포스의 물결은 아리스토텔레스 전부터 이미 사람들의 관심거리였다. 사람들은 이곳 조류가 하루에 일곱 번이나 방향을 바꾼다고 했지만, 오늘날 확인해보니 예닐곱 시간마다 방향을 바꾼다고 한다. 이 해협을 흐르는 바닷물의 회절 현상을 놓칠 아리스토텔레스가 아니었다. 그는 삶의 마지막을 앞두고 에우리포스의 조류 현상을 설명하려고 했는데, 그 내용은 지금 전하지 않는 『자석에 대하여*De Magnete*』 같은 글에 기록되었을 것으로 추측된다. 그의 전기 작가들은 이 현상이 그의 마지막 연구 대상이었다고 기록했다. 시리아어로 쓰인 아리스토텔레스의 전기에는 "아리스토텔레스는 에우보이아의 칼키스로 물러났고, 거기서 에우리포스의 조류를 바라보며 삶을 마쳤다"는 기록이 있다. 심지어 에우리포스의 조류 현상을 설명하지 못한 그가 낙심한 나머지 바다에 몸을 던졌다는 전설 같은 이야기도 있다.

아리스토텔레스가 생애 마지막에 연구한 에우리포스를 관찰하고 난 뒤에야 비로소 칼키스에 온 것이 헛걸음이 아니라는 생각이 들었다. 이제 어디로 갈까? 칼키스 관광 안내에서 가장 먼저 소개되는 곳은 서쪽 언덕에 남은 유적 카라바바 성이다. 이 성은 1684년에 터키인들이 베네치아 군대의 공격을 막기 위해 지은 것으로 알려졌다. 하지만 월요일이라서 성을 관람할 수 없었다. 미련을 버리고 다리를 건너 동쪽 에우보이아 섬 방향으로 갔다.

그런데 해안 길로 들어선 지 10분도 되지 않아 낯익은 형상이 나타났다. 아리스토텔레스의 흉상이었다. 전기의 기록대로 아리스토텔레스가 시청 정문을 뒤로한 채 에우리포스를 내려다보고 있었다! 이 반가움을 어떻게 표현하겠는가? 세상을 떠나고 2400년이 지난 뒤 자신의 발자취를 찾아온 먼 동쪽 나라 나그네를 여행의 마지막 날에 그냥 보내지 않고 맞아주다니…….

시청으로 들어가 한 직원에게 말을 걸었다. 공무원은 친절하게도

칼키스 시청 앞 아리스토텔레스 흉상

"아리스토텔레스는 에우보이아의 칼키스로 물러났고, 거기서 에우리포스의 조류를 바라보며 삶을 마쳤다"는 전기의 기록대로 아리스토텔레스 두상은 시청 정문을 뒤로한 채 에우리포스를 내려다보고 있다.

사무실로 우리를 안내하더니 관련 기록이 있는지 뒤졌다. 하지만 선의와 달리 그는 아리스토텔레스에 관해 아무것도 찾아낼 수 없었다. 친절한 공무원은 근처 박물관을 알려주며 그곳에 가면 어떤 정보를 얻을 수 있을지도 모른다고 말했다. 나는 섬에서 가장 오래된 거주지가 어딘지 물어보고 나왔다. 막연한 발길이었다. 월요일이라서 역시 박물관은 닫혀 있었다.

아리스토텔레스가 생애의 마지막 시간을 보낸 집이 어디쯤 있었을까? 공무원이 가르쳐준 대로 섬에서 가장 오래된 주택가 골목을 돌아다녔다. 한낮의 불볕더위에 골목골목이 쥐 죽은 듯 조용했다. 제법 너른 마당과 담장 밖으로 꽃과 나무가 늘어진 멋진 2층집들이 눈에 들어왔다. '아리스토텔레스가 유산으로 받은 집이라면 이 정도 크기는 됐겠지?' 막연한 상상 속에서 그의 마지막 거처를 떠올려보았다. 그러던 중 올륀토스라는 거리 이름이 보였다. 올륀토스는 칼키디케 반도를 대표하는 도시였고, 이곳은 칼키스 사람들이 이주해서 세운 도시다. 아리스토텔레스의 고향 스타게이라도 칼키스 사람들이 세웠다. 너른 바다의 뱃길 자국처럼 아리스토텔레스가 태어난 스타게이라와 그가 세상을 떠난 칼키스가 이어지는 것 같았다.

아리스토텔레스가 어디서 세상을 떠났는지는 몰라도 대략 데모스테네스가 자살한 시기와 거의 같은 때 그도 세상을 떠났을 것이다. 사람들은 기원전 322년 10월로 추측한다.

아리스토텔레스 사후에 관한 전설이 있다. 벌 떼가 그의 유골함 주변을 맴돌았다고 한다. 사람들은 이를 그가 선하고 정의로운 사람이었다는 징표로 받아들였다. 더 그럴듯한 이야기도 있다. 이 이야기에서는 아리스토텔레스가 죽은 뒤 스타게이라 사람들이 뛰어난 인물로서 고향에 큰 은혜를 베푼 그를 기리기 위해 칼키스로 유골 운반 사절을 보냈다. 그리고 스타게이라로 옮긴 유골함을 안치하면서 그곳에 '아리스토텔레이온Aristoteleion'이라는 이름을 붙였다. 그 뒤 사람들은 그곳을 회합의 장소로 삼았으며 그의 무덤이 놓인 곳에서 위안을 얻고 그의 뼈가 묻힌 곳에서 마음의 평화를 구했다고 한다. 숙고가 필요한 일이 있을 때도 마치 죽은 아리스토텔레스에게 지혜를 구하듯 그의 무덤을 찾아가 해답을 얻을 때까지 토론을 계속했다고 한다. '아리스토텔레이온'이 그의 고향 사람들에게 안식의 공간이자 신탁의 장소 구실을 한 것이다.

아리스토텔레스의 사인은 잘 알려져 있다. 그는 만성 위장병에 시달렸다. 따뜻한 올리브기름을 채운 가죽 부대를 배에 얹고 있는 것이 그의 습관이었다고 한다. 칼키스에 갔을 때는 위장병이 이미 심각했을 것이다. 그보다 2200년 뒤에 살던 또 다른 위대한 자연학자 다윈도 위장병으로 고생했으니, 묘한 우연이다.

칼키스에서 한 유언

디오게네스 라에르티오스의 기록에 따르면, 아리스토텔레스가 남긴 저술은 모두 44만 5,270행에 이른다. 35행을 한 쪽으로 계산하면 1만 2,722쪽. 그럼 500쪽 분량 책 스물다섯 권에 해당한다. 논리학, 윤리학, 시학, 수사학, 형이상학은 말할 것도 없이 물리학, 화

올륀토스 길

아리스토텔레스가 생애의 마지막 시간을 보낸 집을 상상하며 에우보이아 섬의 오래된 주택가 골목을 돌아다니다가 올륀토스라는 거리 이름을 발견했다. 올륀토스는 칼키스 사람들이 이주해서 세운 도시였고, 아리스토텔레스의 고향 스타게이라도 마찬가지였다. 그 순간 아리스토텔레스가 태어난 스타게이라와 그가 세상을 떠난 칼키스가 이어지는 것 같았다.

학, 생물학, 심리학에 기상학까지 그가 다루지 않는 학문 분야가 거의 없을 정도다. 아리스토텔레스는 이 모든 학문의 토대를 놓은 서양 학문의 아버지다. 하지만 아쉽게도 그의 저술 어디에서도 개인적인 기록은 눈에 띄지 않는다. 이는 대략 30편에 이르는 대화편을 남긴 플라톤이 겨우 세 군데에서 스치듯 자기 이름을 언급한 것과 사정이 비슷하다. 그나마 플라톤은 편지 형식으로 자신의 전기를 남겼지만, 아리스토텔레스는 그런 기록조차 남기지 않았다. 그래서 그의 삶을 재현하려면 후대의 전기적 기록에 의존할 수밖에 없다.

아리스토텔레스의 삶에 대한 후대의 기록 가운데 대표적인 것이 디오게네스 라에르티오스의 『그리스철학자열전』이다. 2세기에 쓰인 이 철학자 전기의 5권에 아리스토텔레스에 대한 흥미로운 이야기가 실려 있는데, 가장 눈에 띄는 것은 그의 유언장이다. 아리스토텔레스가 남긴 유일한 사적 기록이다. 죽기 얼마 전에 쓴 것으로 보이는 이 유언장에는 그의 가족 관계와 주변 인물, 그가 살던 시대의 실루엣이 뚜렷이 드러난다. 유언장에서 아리스토텔레스는 유언 집행인과 후견인 들의 이름을 들면서 그들에게 가족에 대한 배려와 유산 처분을 맡긴다. 첫머리가 이렇다(『그리스철학자열전』 V 1).

> 모든 일이 잘 될 것이다. 하지만 만일 무슨 일이 일어날 경우를 대비해서, 아리스토텔레스는 다음과 같은 일을 유언했다. 안티파트로스가 모든 일의 집행인이 되어 두루 관리하기를 바란다. 하지만 니카노르가 돌아올 때까지 아리스토메네스, 티마르코스, 히파르코스, 디오텔레스가 그리고 본인이 바라고 그의 사정이 허락한다면

> 테오프라스토스도 아이들과 헤르퓔리스와 남은 재산을 관리하길 바란다.

안티파트로스나 테오프라스토스를 제외하면 유언장 첫머리에 나온 이름들이 우리 귀에 익숙하지 않다. 그 가운데 니카노르는 아리스토텔레스가 열네 살 무렵 부모를 잃은 뒤 그의 양부 노릇을 한 프로크세노스의 아들이다. 알렉산드로스의 동방 원정에 참여한 사람이다. 아리스토텔레스가 유언장을 쓸 때 알렉산드로스는 이미 동방 원정 중에 세상을 떠났고, 그의 권력은 여러 장군들의 손으로 갈라지고 있었다. 니카노르는 그 가운데 한 사람인 카산드로스(안티파트로스의 아들)의 편에 섰다가 나중에 배신 혐의를 쓰고 처형당한 것으로 알려졌다. 물론 이 유언장은 그 사건 전에 쓰였고, 당시 니카노르는 군사 업무를 처리하기 위해 아테네를 떠나 있었던 것 같다.

유언장에서 아리스토텔레스는 유언의 집행인과 후견인 들을 지정한 뒤 곧바로 딸에 대한 부탁으로 말을 이어 간다.

> 때가 되면 딸아이를 니카노르에게 시집보내기를 바란다. 아무 일 없기를 바라고 아무 일도 없겠지만, 만일 결혼 전이나 결혼 후에 무슨 일이 일어날 경우 아이가 없을 때는 니카노르가 주인이 되어 아들의 일과 다른 사람들의 일을 그 자신이나 우리의 품위에 맞게 처리하기를 바란다. 그리고 니카노르는 아버지이자 형제처럼 그들 신상에 관해 적절하다고 여기는 대로 딸과 아들 니코마코스를 돌보기를 바란다. 아무 일 없기를 바라지만 만일 니카노르에게 먼저

> 무슨 일이 일어날 경우에는 딸과 결혼하기 전이나 결혼한 뒤 아이가 아직 없지만 그가 뭔가 정한 것이 있다면, 그것들이 그대로 효력 있는 것으로 한다. 하지만 테오프라스토스가 딸과 함께하기를 바란다면, 그는 니카노르와 같은 권리를 갖는다. 만일 그렇게 되지 않는다면, 후견인들은 안티파트로스와 상의해서 그들 생각에 가장 좋은 방식으로 딸의 일과 아들의 일에 대해 처리하기를 바란다.

서양 학문의 아버지에게도 생애 마지막 순간의 가장 큰 관심사는 학문이 아니라 딸의 혼사였다! 아리스토텔레스가 이토록 딸의 결혼에 마음을 쓴 이유가 뭘까? 확실하지는 않아도 주변 상황으로 그의 속마음을 짐작할 수 있을 것 같다. 유언장을 쓸 무렵 그의 딸 퓌티아스는 결혼할 나이가 아니었다. 『정치학』에서 아리스토텔레스가 제시한 결혼 적령기가 여자는 18세, 남자는 37세인 것을 고려하면 15세 전후였던 것으로 보인다. 아리스토텔레스는 남자와 여자 모두 생식 능력이 없어지는 때에 맞춰 결혼하는 것이 좋다고 생각했다.(『정치학』 VII 16) 그가 사위로 지목한 니카노르의 정확한 나이는 알 수 없다. 하지만 그가 알렉산드로스와 함께 아리스토텔레스의 가르침을 받았다는 이야기가 옳다면, 유언장을 쓸 무렵 35세를 넘겼을 것이다.

딸의 결혼에 아리스토텔레스가 각별한 관심을 쏟은 이유를 달리 생각해볼 수도 있다. 퓌티아스는 아리스토텔레스의 첫 부인 퓌티아스에게서 얻은 외동딸로 어머니의 이름을 물려받았다. 유언장 끝부분에 "내 무덤을 어디에 두건 거기에 퓌티아스의 유골을 이미 그녀가 직접 지시한 대로 옮겨서 함께 묻어주기 바란다"는 당부가 있다. 시간을 따져보면, 어머니 퓌티아스는 딸 퓌티아스가 아주 어렸을 때 세상을 떠난 것 같다. 그렇다면 아리스토텔레스가 세상을 떠나는 순간 그의 딸은 돌봐줄 혈육이 없는 상황에 놓인다. 죽음을 앞둔 아리스토텔레스가 그토록 딸의 결혼에 마음을 쓴 것은 부모 없이 혼자 남을 딸이 안쓰러웠기 때문이 아닐까? 퓌티아스가 니카노르와 결혼했는지는 확실치 않다. 훗날 테오프라스토스의 유언장을 읽어 보면 그녀는 세 번 결혼했고 마지막 남편 메토로도로스와의 사이에서 '아리스토텔레스'라는 이름의 아들을 낳았다.

물론 유언장에는 아리스토텔레스가 두 번째 여인 헤르퓔리스에게서 얻은 아들 니코마코스의 이름도 등장한다. 그를 위한 후견 요청과 함께 헤르퓔리스를 위한 당부에 유언장의 많은 부분을 할애했다. 곳곳에 아리스토텔레스의 세심함과 그녀를 향한 애잔함이 배어 있다. 그녀가 혼인을 원한다면 좋은 사람과 짝을 지어 주고, 그렇지 않을 경우 그녀에게 거처와 살림을 마련해주라는 부탁이다.

> 또 후견인들과 니카노르는 나와 헤르퓔리스를 잊지 말고 그녀가 나를 위해 신실했음을 기억하면서 다른 일들을 돌봐주고, 만일 그녀가 다른 남자를 얻고 싶어 한다면 우리 신분에 어울리지 않는 사람에게 가지 않도록 돌봐주기 바란다. 그리고 그녀에게 전에 준 것에 더해 유산 가운데 은 1탈란톤을 주고, 그녀가 바라는 여종 셋과 현재 소유하고 있는 어린 하녀와 시동 퓌라이오스를 내어주기 바란다. 또 그녀가 칼키스에서 살고 싶어 한다면 정원 옆 사랑방을 내

렘브란트 판 레인, 〈호메로스 흉상을 응시하는 아리스토텔레스〉(1653)

서양 학문의 아버지인 아리스토텔레스는 알렉산드로스에게 호메로스를 가르쳤으며 『일리아스』를 편집해서 주기도 했다. 스승은 모든 경쟁에서 최고가 되기를 꿈꾸었을 제자에게 '명예를 추구하지 말라'고 가르치기보다는 '명예를 올바로 추구하라'고 가르치는 편을 택했다. 『일리아스』는 이런 교육에 가장 알맞은 책이었다.

주고, 스타게이라에 살고 싶어 한다면 아버지에게 물려받은 집을 주기 바란다. 그녀가 이 가운데 어떤 집을 바라든, 후견인들은 자신들이 생각하기에 좋고 헤르퓔리스가 생각하기에 흡족한 가구로 살림을 마련해주기 바란다.

아리스토텔레스가 죽은 뒤 헤르퓔리스는 어떻게 살았을까? 그녀가 재혼했을까? 아니면, 아리스토텔레스의 고향을 찾아가 그를 기억하며 살았을까? 아리스토텔레스의 성품은 유언장 곳곳에 드러난다. 그는 집안의 노예 한 사람 한 사람의 이름을 들면서 그들을 관대하게 대하고 나중에 자유민으로 풀어주라고 말한다. 살아 있는 사람들에게만 마음을 쓴 것이 아니다. 아리스토텔레스는 이미 세상을 떠난 이들을 위한 배려도 잊지 않았다. 유언장 끝에서 양부모 노릇을 한 이들(프로크세노스와 그의 아내), 동생(아림네스토스), 어머니, 죽은 아내 퓌티아스를 위한 아리스토텔레스의 바람과 신을 향한 경건한 마음을 읽을 수 있다.

유언장은 아리스토텔레스의 성품과 친분을 재구성하는 데 유용한 단서를 많이 제공하는데, 한 가지 흥미로운 점은 언급된 인물 가운데 아테네 출신이 전혀 없다는 사실이다. 유언 집행인은 마케도니아 출신이고 후견인들도 다른 지역 출신이다. '아테네'에 대해서는 한마디도 없다. 유언장에 나오는 장소는 '칼키스'와 '스타게이라'뿐이다. 17세에 아테네로 유학을 떠나 아카데미아의 구성원으로서 보낸 20년에 뤼케이온의 교장으로서 보낸 12년까지 더해 반생을 아테네에서 보냈다는 사실을 생각하면 의아할 정도다. 하지만 다시 생각해보면 그리 놀랄 일도 아니다. 그는 평생 아테네의 국외자였다. 아테네인들은 마케도니아와 가까웠던 그를 언제나 의심의 눈길로 보았고 마지막에는 불경죄로 몰아 단죄했다.

내가 보기에 아테네와 맺은 이런 관계는 아리스토텔레스의 삶뿐만 아니라 철학의 기본 성격을 이해하는 데 결정적인 의미가 있다. 그의 스승 플라톤과 비교해보면 이 점이 더 분명해진다. 플라톤은 아테네에서 왕가의 혈통으로 태어나 펠로폰네소스전쟁으로 국가의 기틀이 무너져가는 시대에 살았다. 무너져 내리는 아테네를 위해 새로운 정치 질서를 구축하는 것이 그의 가장 큰 관심사였고, 아카데미아를 세운 1차 목적도 새 정치에 필요한 인물을 키우는 데 있었다. 그의 철학은 관념적이고 사변적이지만, 그 핵심을 이루는 것은 아테네의 정치 개혁을 위한 교육 프로그램이었다.

아리스토텔레스는 달랐다. 플라톤이 현실을 넘어선 이데아 세계에 대해 말하면서도 현실 정치에 대한 관심을 놓지 않았다면, 아리스토텔레스는 현실 정치에 대해 말하면서도 눈앞의 현실과 거리를 두었다. 인간의 삶은 그의 철학에서도 핵심 주제지만 그는 삶의 문제를 더 넓은 차원, 즉 자연 전체의 맥락에서 다룬다. 그리고 자연세계를 다룰 때나 인간의 삶을 다룰 때나 그의 관찰과 연구는 언제나 3인칭 관점을 취한다. 그는 자연을 다룰 때도, 인간의 삶을 다룰 때도 거리를 두었다.

거리두기는 아리스토텔레스의 모든 연구에서 일관된 특징이다. 이런 면에서 그는 '한 사람으로서, 아마 사랑받을 만하기보다는 경탄받을 만한 존재'일 것이라는 아리스토텔레스 연구자 조너선 반즈

Jonathan Barnes(『아리스토텔레스*Aristotle*』, 1쪽)의 평가가 적절한 듯하다. 자신을 드러내지 않는 사람을 사랑하기는 어렵지 않은가? 어쨌건 자신의 내면을 드러내는 것보다 외부 세계를 관찰하는 것이 아리스토텔레스의 주된 관심사였다. 그래서 그는 "너 자신 안으로 들어가라. 거기에 진리가 있다!" 하고 외치면서 『고백록』을 통해 진리를 찾는 구도자의 모습을 그린 중세 철학자 아우구스티누스와 전혀 다른 철학의 길을 갔다. 아리스토텔레스는 자연에 존재하는 모든 것 안에서 작용하는 신적인 힘을 확인했고, 그것을 경탄의 눈으로 바라보았으며 그 이치를 끝까지 밝혀내려고 했다. 천계를 이루는 별에서부터 달 아래 세계에 존재하는 날파리, 하루살이, 도마뱀, 오징어, 악어, 코끼리 등 모든 것이 그에게는 경이로운 체험과 학문적 탐구의 대상이었다. 우리는 그의 저술 곳곳에서, 그 모든 하찮은 것에 관한 이야기 속에서 서양의 스승 아리스토텔레스의 차가운 열정을 확인할 수 있다. 그의 삶은 자연의 경이를 관찰하는 데 온전히 바쳐졌다.

인간을 전체로서 바라보다

아리스토텔레스의 유언대로 뤼케이온의 운영은 테오프라스토스에게 맡겨졌다. 아리스토텔레스가 뤼케이온을 연 때와 비슷한 나이에 학교를 물려받은 테오프라스토스는 36년 동안 뤼케이온을 성공적으로 운영했다. 한때 수강생이 2,000명이나 몰릴 정도였다고 한다. 그는 부지를 얻어 학교의 규모도 늘렸다. 그도 아리스토텔레스처럼 아테네 거류민이었지만, 특별한 권리를 행사할 수 있었다. 마케도니아왕국의 승인을 받아 기원전 317년부터 10년 동안 아테네를 통치한 팔레론의 데메트리오스가 그의 제자이자 친구였기 때문이다.

하지만 테오프라스토스가 세상을 떠나자 뤼케이온의 분위기가 달라졌다. 페리파토스학파는 존속했지만, 아리스토텔레스의 영향력은 급속히 줄어들었다. 뤼케이온 안에서조차 그의 강의록이나 메모를 접할 수 없게 되었기 때문이다. 테오프라스토스가 넬레우스에게 기록을 맡긴 것이 문제였다. 뤼케이온의 교장이 되지 못한 넬레우스는 화가 나서 고향 스켑시스로 아리스토텔레스의 자료들을 가져갔고, 그의 후손들은 그것을 "습기가 차고 곰팡이가 피는"(스트라본, 『지리학』 XIII 1) 지하 창고에 방치했다고 한다. 지하실에 처박힌 저술에 사람들의 눈이 미칠 수 없었다. 이 문헌들은 아펠리콘이라는 소장가에게 팔려 아테네로 돌아왔다가 기원전 86년에 아테네를 정복한 로마 장군 술라의 손을 거쳐 로마로 옮겨진 뒤에야 비로소 세상에 다시 알려졌다. 뤼케이온을 폐허로 만든 장본인을 통해 아리스토텔레스의 저술들이 다시 빛을 보게 되었다는 것은 역사의 아이러니다. 세계 제국의 도시로 건너간 아리스토텔레스의 글들은 그곳에 머물던 로도스 출신 안드로니코스의 손으로 들어갔고, 마침내 그에 의해 '아리스토텔레스 전집*Corpus Aristotelicum*'이 편찬되었다. 안드로니코스는 편집 과정에서 자연에 관한 글들을 함께 묶은 뒤 그 중 어디에도 속하지 않는 글들을 모아 '자연학 뒤에 오는 글들ta meta ta physika'로 엮었다. 이렇게 탄생한 것이 우리가 아는 『형이상학』이다. 기원전 40년 무렵, 아리스토텔레스가 세상을 떠나고 벌써 280년이 지났을 때다.

우여곡절 끝에 빛을 본 아리스토텔레스의 저술은 안드로니코스가 펴낸 전집을 통해 르네상스를 맞았다. 1세기부터 6세기까지 그리스어, 시리아어 등 여러 언어로 주석서들이 쓰였다. 3세기까지는 페리파토스학파 철학자들이, 그 뒤에는 신플라톤주의자들이 주석에 몰두했다. 이 시기에 쓰인 많은 주석서들이 아리스토텔레스의 철학을 플라톤의 철학과 조화시키려는 경향을 강하게 보이는 것은 이 때문이다. 신플라톤주의자들 가운데 몇몇은 529년에 유스티니아누스 황제의 명으로 아카데미아가 폐쇄되자 페르시아로 가서 아리스토텔레스의 연구 전통을 이어갔다. 아랍인들이 아라비아반도로부터 서아시아, 북아프리카, 남부 스페인까지 세력을 넓힌 8세기에는 아리스토텔레스 저술들이 아랍어로 번역되기 시작했다. 12세기까지 그의 저술을 번역해서 오롯이 보존한 사람들은 이슬람 세계의 연구자들이다. 서로마제국의 멸망 이후 서유럽이 수 세기에 걸쳐 암흑기를 지나는 동안 아리스토텔레스 철학의 빛은 동방의 이슬람 세계에서 빛나고 있었던 셈이다. 12세기 전까지 서유럽에는 아리스토텔레스의 저술 중 일부, 특히 논리학 저술들이 알려져 있었을 뿐이다. 그 뒤 이슬람 세력권에 속했던 남부 스페인의 코르도바나 톨레도 등에서 활동한 이슬람 학자들 덕분에 그의 저술이 폭넓게 서양 세계에 소개되었다. 처음에는 아리스토텔레스 저술이나 주석서 들이 아랍어에서 라틴어로 번역되었고, 기독교 전통 속에서 그의 철학을 수용하는 작업이 일어나 13세기부터 중세 스콜라철학이 꽃피울 수 있었다. 아리스토텔레스는 "철학자"(토마스 아퀴나스) 또는 "모든 지식인의 스승"(단테)으로 불리면서 서양 학문의 대명사가 되었고, 그렇게 이슬람교에서 기독교로 '개종한' 아리스토텔레스 철학은 16세기까지 서양 정신사를 지배했다.

하지만 치러야 할 대가도 만만치 않았다. 16세기 이후 과학혁명기에 아리스토텔레스에게 쏟아진 무차별 공격은 그가 그때까지 누린 명성의 혹독한 대가였다. 새로운 학문을 원하는 사람들에게 '아리스토텔레스'는 청산해야 할 구시대의 정신이었기 때문이다. 하지만 그 이후 과학자나 철학자 들이 공격한 것은 진짜 아리스토텔레스 철학인가, 아리스토텔레스 철학의 환영인가? 내가 아는 한 이 주제에 대해서는 아직 체계적으로 연구되지 않았지만, 잘 따져볼 일이다. 아리스토텔레스 학문의 본모습과 그것을 서로 다른 전통에서 수용한 연구가 같지 않음은 말할 필요도 없다. 아리스토텔레스 저술에 대해 그리스어 주석서를 쓴 페리파토스 철학자들과 신플라톤주의자들, 아랍어로 아리스토텔레스를 번역하고 연구한 이슬람 세계 학자들, 라틴어로 번역된 아리스토텔레스를 읽고 연구한 중세 스콜라철학자들이 찾아낸 아리스토텔레스의 모습이 같을 수 없다. 그 모두가 아리스토텔레스지만, 그 어느 것도 진짜 아리스토텔레스가 아닐 수도 있다.

아리스토텔레스의 학문 가운데 이슬람 철학이나 중세 스콜라철학에서 가장 큰 관심을 끈 분야는 논리학, 우주론, 형이상학 등이었다. 신학적 논변을 구축하고 신학 체계를 세우는 데 유용했기 때문이다. 하지만 이슬람 세계의 아리스토텔레스 연구는 종교적 관심에 국한되지 않았다. 이미 9세기에 『동물지』를 포함해서 아리스토텔레스의 거의 모든 저술이 아랍어로 번역되었고, 12세기까지 이에 대한 광범위한 연구가 이루어졌다. '땅을 가리키는 철학자'로서 아리스토텔레스를 부각한 것은 이슬람 세계다. 이렇게 여러 갈래로 퍼져나가던 아리스토텔레스의 본모습을 되찾으려는 노력은 19세기에 들어서야 비로소 체계를 갖췄다. 과거를 복원하려는 이런 작업은 프로이센 아카데미의 주도로 1831년부터 1870년까지 진행된 임마누엘 베커Immanuel Bekker의 『아리스토텔레스 전집*Aristotelis Opera*』 출간으로 결실을 보았다.

다시 부활한 아리스토텔레스는 우리에게 어떤 의미가 있을까? 아리스토텔레스는 현재하는 과거이자 미래를 여는 현재다. 그는 과학이 탐구해야 할 현상의 세계를 발견하고, 이 세계 안에서 설명해야 할 무수한 사실들을 관찰했으며, 관찰된 사실들을 설명하는 데 필요한 원리들을 찾아냈다. 자연에 대한 학문의 기초를 놓는 이런 작업이 없었다면, 지금의 서양 학문은 가능하지 않았을 것이다. 물론 현대의 과학자들이 새로운 것을 발견하기 위해 아리스토텔레스의 『동물지』나 『자연학』을 펼치지는 않는다. 아이작 뉴턴의 『자연철학의 수학적 원리(프린키피아)』를 읽는 물리학자나 천문학자도 이제는 없다. 다윈의 『종의 기원』을 꼼꼼히 읽은 생물학자는 또 얼마나 될까? 과학은 앞만 보고 나아간다. 특히 지금처럼 공학적 사고방식이 지배하는 시대에 과학이 걸어온 발자취에 관심을 두는 과학자는 극소수뿐이다. 하지만 의식하건 의식하지 않건 간에 현대의 과학은 거인들의 어깨 위에 올라서 세상을 바라보고 있다. 그리고 아리스토텔레스는 서양 학문의 역사에서 자연 세계를 관찰과 연구의 대상으로 열어 보여준 최초의 거인이다. 과학적 발견을 위해 아리스토텔레스를 읽을 필요는 없어도, 현재의 과학을 낳은 역사를 발견하려면 아리스토텔레스를 읽어야 할 것이다. 현대 과학이 나아가는 방향을 거리를 두고 성찰하는 데도 아리스토텔레스 읽기는 필수적이다.

자연과학 이외의 분야에서 아리스토텔레스의 의미는 전혀 다르다. 형이상학에서 스토리텔링에 이르기까지 다양한 학문 분야에서 아리스토텔레스는 여전히 살아 있는 스승이고 새로운 생각의 원천이다. 특히 아리스토텔레스가 전개한 "인간적인 것에 관한 철학"은 인간의 삶을 다루는 거의 모든 학문 분야에서 지금도 영향력을 발휘한다. 공화주의·공동체주의·자유주의·자유지상주의 등 현대의 다양한 정치 이론은 저마다 다른 방식으로, 이미 말라 버렸을 것 같은 아리스토텔레스 정치철학에서 젖을 빨아댄다. 특히 20세기 중반 이래 윤리학의 지배 담론으로 부상한 덕 윤리학은 아리스토텔레스 윤리학의 직계 후손이다. 행위 주체의 조건을 무시한 채 어떤 행동이 특정한 기준에 부합하는지, 예컨대 그 행동이 보편타당한지 또는 유용성이 있는지 등에 따라 옳고 그름을 판단하려는 근대의 윤리학에 대한 반성이 일어나면서 윤리학은 이제 '덕 윤리'라는 이름으로 행위 주체의 조건에 더 큰 관심을 기울인다. 현대 윤리학은 이렇게 해서 행동을 행위자의 습성을 통해 설명하려는 아리스토텔레스의 윤리학으로 돌아갔다. 덕 윤리학이 부활하면서 도덕 심리학, 즉 행동을 가능하게 하는 행위 주체의 심리적 조건에 대한 연구도 대세가 되었다. 21세기 도덕 심리학은 『영혼론』 등에 담긴 의식 작용에 대한 아리스토텔레스의 관찰들을 길잡이 삼아 앞으로 나아간다.

아리스토텔레스 실천철학의 마르지 않는 생명력은 도대체 어디서 오는 것일까? 나는 그 대답을 아리스토텔레스가 인간을 바라보는 통합적 관점에서 찾고 싶다. 그는 인간을 '자연의 사다리' 위 동물로서, 다른 동물과 달리 로고스를 가진 존재로서 그리고 본성의 실현을 위해 공동체가 필요한 정치적 존재로서 바라보았다. 이렇게

프란체스코 하예즈, 〈아리스토텔레스〉(1811)

인간에 대한 아리스토텔레스의 논의 안에는 생물학, 인간학, 사회학, 정치학이 모두 들어 있다. 나는 아리스토텔레스의 "인간적인 것에 관한 철학"의 힘이 바로 이런 통합적 시선에 있다고 본다. 예를 들어, 진화생물학이 아무리 인간의 동물적 측면을 상세하게 밝힌다고 해도, 그것만으로는 인간의 고유한 행동이나 정치 공동체의 특성을 알아낼 수 없다. 그것은 진화생물학의 범위를 넘어서는 일이기 때문이다. 오늘날의 분화된 학문은 인간을 그렇게 쪼개서 볼 수밖에 없다. 그래서 부분은 상세하게 보지만, 전체를 놓친다. 현대 분과 학문의 연구 성과와 비교해보면, 아리스토텔레스가 인간의 삶에서 관찰해낸 것들에 분명히 거친 점이 많다. 하지만 그의 철학을 통해 우리는 인간을 쪼개지지 않은 전체로서 파악할 수 있다.

아리스토텔레스의 철학과 과학은 아크로폴리스 언덕과 그 위 파르테논신전처럼 역사 속에서 무수한 변화를 겪었다. 그의 학문이 겪은 영욕의 역사는 바로 서양 학문의 역사이기도 하다. 다행히도 아리스토텔레스 철학은 아크로폴리스의 폐허보다 훨씬 더 온전하게 보존되어 있다. 수많은 공격을 견뎌낼 힘이 없었다면 불가능했을 것이다. 아리스토텔레스의 철학과 학문이 단순한 역사적 유물로서가 아니라 끊임없는 영감과 통찰의 원천으로서 살아 있는 것도 이런 힘 때문이다.

이 거인의 어깨 위에 올라가면 우리는 아직도 많은 것들을 넓게 그리고 새롭게 볼 수 있다. 우리는 그의 눈을 통해 내 안의 자연과 내 밖의 자연을 그리고 그 자연들이 사회나 역사적 조건에 따라 어떻게 달리 현실화되는지를 놀라움의 시선으로 관찰하고 이해할 수 있다. 아리스토텔레스를 읽는다는 것은 세상을 향해 눈을 연다는 뜻이고, 나를 둘러싼 모든 것을 내 눈으로 직접 배운다는 의미다. 수많은 이론들에 현혹되는 우리에게 그는 이렇게 말하는 것 같다. '관찰하고 또 관찰하라!'

아리스토텔레스 생각의 키워드

01 눈에 보이는 것들

눈에 보이는 것들을 일컫는 그리스어는 '현상phainomena'이다. 현상을 거짓으로 여긴 플라톤과 달리 아리스토텔레스는 눈에 보이는 현상을 진리의 영역이자 학문의 대상으로 내세웠다. 이런 점에서 그의 모든 학문은 '현상에 대한 학문', 넓은 의미의 '현상학'이라고 할 수 있다. 그는 현상을 관찰해서 의문점들을 찾아내는 것을 학문의 출발점으로 여겼고, 현상을 이론적으로 설명하되 현상과 이론이 불일치하는 경우는 현상에 대한 관찰을 따라야 한다고 주장했다.

02 4원인

아리스토텔레스는 주어진 현상에 대한 학문적 앎을 얻으려면 그 원인을 제시해야 한다면서, 원인을 질료·형상·작용인·목적의 네 가지로 나누었다. 그는 다양한 영역의 현상을 설명하는 데 이 4원인설을 효과적으로 활용해 서양 학문의 기초를 놓을 수 있었다. 4원인, 특히 목적인은 근대 과학혁명 이래 숱한 비판을 받다가 현대 생물학에 와서 새롭게 재평가되고 있다.

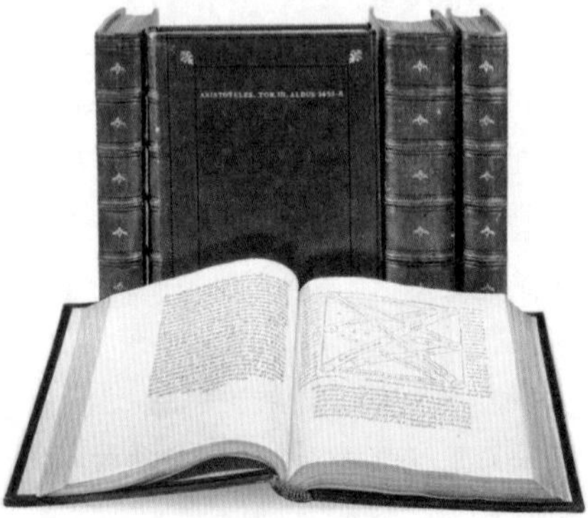

15세기 베네치아에서 출간된
아리스토텔레스의 저술들

레스보스섬의 갈매기

03 자연의 사다리

아리스토텔레스는 원시적인 생물부터 인간에 이르기까지 무수한 생명체가 여러 단계를 거쳐 거대한 생명계를 이룬다고 생각했다. 그가 구상한 생명계의 모습을 후대 사람들은 '자연의 사다리'에 비유했다. 자연의 사다리는 『동물지』 같은 저술에서 전개된 아리스토텔레스 생물학의 설계도이자 압축판이다. 중세 시대 이후 서양에서는 자연의 사다리가 우주적 질서를 표현하는 상징으로 널리 수용되었다.

04 행복

행복은 삶이 추구하는 최고의 목적이다. 아리스토텔레스는 인간이 본성적 능력을 실현하면서 잘 사는 것을 에우다이모니아, 행복이라고 부른다. 이것은 주관적인 감정 상태보다는 객관적인 상태와 활동을 가리킨다. 그는 인간의 본성적 능력을 잘 실현하기 위한 조건으로 두 종류의 탁월성, 즉 습성의 탁월성과 사유의 탁월성을 제시하면서, 행복을 '탁월성에 따르는 활동'으로 정의했다.

05 습성의 탁월성과 중용

좋은 행동을 반복하면서 얻은 내면의 습성이 '습성의 탁월성'이다. 아리스토텔레스는 이 탁월성이 감정이나 행동에서 중간을 지향하는 상태라고 말한다. 그가 말하는 중용은 양극단 사이의 절충이 아니라 주어진 상황에서 인간이 취해야 할 최적의 감정과 행동이다. 그는 중용을 '과녁의 중심'에 비유하면서, 중용을 실천하기 위해서는 자신의 성향에 따라 쉽게 범하는 잘못에서 벗어나려고 노력하는 것이 필요하다고 조언한다.

06 실천적 지혜

탁월성은 일반적으로 중용을 지향한다. 하지만 행동은 항상 개별 상황에서 일어나기 때문에, '지금 여기서' 중용에 맞는 행동이 어떤 것이며 그것을 어떻게 실현할 수 있는지에 대해서는 숙고가 필요하다. 실천적 지혜는 숙고를 잘 할 수 있게 하는 능력이다. 탁월성은 목적을 올바로 세우게 하지만, 이 목적을 구체화하면서 올바로 실현하는 데 필요한 수단을 찾는 것은 실천적 지혜의 몫이다. 탁월성이 지향하는 보편적 가치를 개별적 상황에 맞게 적용할 줄 아는 사람이 '실천적 지혜가 있는 사람'이다.

07 폴리스적 동물

'폴리스'는 그리스의 도시국가를 가리킨다. 인간은 생존하는 데 정치적 공동체가 필요하고, 정치적 공동체 안에서야 비로소 자신의 본성을 실현할 수 있는 존재라는 점에서 '폴리스적 동물'이다. 『정치학』은 폴리스의 기원과 본성, 이상적인 폴리스에 대한 연구다. 아리스토텔레스의 윤리학이 개인적 수준의 행복을 다룬다면, 정치학은 국가 수준에서 행복의 조건을 찾는다. 이 두 학문은 "인간적인 것에 관한 철학"으로 함께 묶인다.

08 관찰자/테오리아

아리스토텔레스는 인간의 활동을 실천 활동praxia, 제작 활동poiēsis, 이론적 활동theōria으로 나눴다. 실용성과 무관한, 자연에 대한 관찰이나 연구는 모두 이론적 활동인 테오리아다. 그는 '이론적 활동의 삶'이야말로 인간이 닿을 수 있는 가장 행복하고 신적인 삶이라고 보았다. 인간과 그를 둘러싼 자연 세계를 관찰하는 데 평생을 바친 그의 삶이야말로 '관찰자의 삶'의 전형을 보여준다.

아테네 모나스티라키 광장과 아크로폴리스

아리스토텔레스 생애의 결정적 장면

BC 384 스타게이라에서 태어나다

칼키디케 반도의 작은 도시에서 유서 깊은 의사 집안의 아들로 태어났다. 아버지 니코마코스가 마케도니아의 왕 아뮌타스 3세의 어의이자 친구였고, 어머니 파이스티스도 에우보이아 섬 칼키스의 의사 집안 출신이었다. 아리스토텔레스는 열네 살 무렵까지 아버지와 펠라의 왕궁에서 지냈을 것으로 추측된다.

370? 아버지 니코마코스가 사망하고, 프로크세노스가 아리스토텔레스를 돌보다.
367 플라톤이 2차 시켈리아 여행을 떠난 사이 아리스토텔레스가 아카데미아에 입학하다.

BC 367~347 아카데미아에서 배우고 가르치다

17세에 아테네 유학을 시작한 이래 20년 동안 아카데미아에 머물렀다. 대략 10년 동안은 학생으로서 배우고, 나머지 10년 동안은 강의자로서 가르쳤다. 그의 저술 가운데 많은 부분, 특히 논리학 부분은 이 시기에 쓰였다. 그가 아카데미아를 대표하는 '지성'이었지만, 이때부터 이미 플라톤의 이데아론에 대한 혹독한 비판자였다.

피렌체 대성당의 플라톤과 아리스토텔레스 부조

348 필립포스 2세가 올륀토스를 정복한 뒤 아테네에 반마케도니아 움직임이 강해지다.

347 플라톤이 사망하고 아리스토텔레스는 아소스로 이주해 헤르메이아스의 궁정에 머물다.

BC 345~342 레스보스섬에서 생물학을 연구하다

3년 동안 아소스에 머문 아리스토텔레스는 기원전 345년에 레스보스섬으로 이주한다. 그의 곁에는 아카데미아에서 제자가 된 테오프라스토스가 있었다. 아리스토텔레스가 퓌라(지금의 칼로니)에 머물러 호수의 물고기와 새 들을 연구하면서 서양 과학이 시작되었다.

칼로니 호숫가의 아리스토텔레스 두상

BC 342~340 알렉산드로스의 스승이 되다

알렉산드로스

필립포스 2세의 초청을 받은 아리스토텔레스가 당시 열세 살이던 알렉산드로스 왕자를 가르치기 위해 펠라로 갔다. 그는 필립포스가 미에자에 마련해준 곳에서 왕자와 그의 친구들에게 윤리, 정치 등을 가르쳤으며 호메로스의 『일리아스』를 편집해서 주었다.

340 스타게이라로 귀향하다. 이 무렵 도망쳐 온 헤르메이아스의 양녀(또는 조카) 퓌티아스와 결혼하다.

340 ~335 오늘날의 이스탄불을 거쳐 흑해 건너 크림반도 인근까지 자연 연구 여행을 하다.

336 필립포스 2세가 살해당하고, 알렉산드로스가 왕위에 오르다.

335 아테네로 귀환해 뤼케이온에서 가르치다.

BC 335~323 뤼케이온에서 가르치고 연구하다

13년 만에 아테네로 귀환한 아리스토텔레스가 뤼케리온의 숲속 체력 단련장에서 학생들을 가르치기 시작했다. 이곳에서 그를 따른 사람들은 '페리파토스학파'로 불린다. 뤼케이온의 강의는 전문적 주제에 대한 오전 강의와 대중을 위한 오후 강의로 이루어졌는데, 이 가운데 전문적인 강의 내용은 훗날 그의 저술로 편집되었다.

323 알렉산드로스가 바빌론에서 병사하다. 반마케도니아 운동이 다시 일어나고, 라미아전쟁이 발발하다.

구스타프 스판겐버그, 〈아리스토텔레스의 학교〉(1883~1888)

BC 322 칼키스에서 병사하다

알렉산드로스가 죽은 뒤 아테네에서 반마케도니아 운동이 일어나자 생명의 위험을 느낀 아리스토텔레스가 어머니의 고향인 에우보이아 섬의 칼키스로 도피했다. 이곳에서 그는 마지막 순간까지 좁은 물길의 회절 현상을 연구했다고 한다. 사인은 위장병으로 알려졌으며 그의 유해는 얼마 뒤 스타게이라로 이장되었다.

322 테오프라스토스가 뤼케이온의 운영을 물려받다.

40? 로마에서 안드로니코스가 『아리스토텔레스 전집』을 출간하다.

AD 1~6세기 그리스어, 시리아어 등 여러 언어로 아리스토텔레스 저술에 대한 주석서들이 쓰이다.

8~12세기 서아시아 지역으로 전파된 아리스토텔레스의 저술들이 아랍어로 번역되다.

12세기 기독교 세계가 아리스토텔레스의 저술들을 번역하면서 스콜라철학이 탄생하다.

16세기 과학혁명 시기, 과학자들에게 비판의 대상이 되다.

19세기 아리스토텔레스에 대한 문헌 연구가 체계적으로 이루어지고, 베커의 『아리스토텔레스 전집』(1831~1870)이 출간되다.

임마누엘 베커

참고 문헌

가브리엘, 마르쿠스, 『나는 뇌가 아니다』, 전대호 옮김, 열린책들, 2018.

김려, 『우해이어보』, 박순원 옮김, 다운샘, 2004.

김봉철, 『영원한 문화도시 아테네』, 청년사, 2002.

김봉철, 『이소크라테스』, 신서원, 2004.

김태호, 『아리스토텔레스 · 이브 루시드』, 김영사, 2007.

니체, 프리드리히, 『니체전집 12 즐거운 학문 · 메시나에서의 전원시 · 유고(1881년 봄~1882년 여름)』, 안성찬 · 홍사현 옮김, 책세상, 2005.

데스먼스, 에이드리언 · 무어, 제임스, 『다윈 평전』, 김명주 옮김, 뿌리와이파리, 2009.

도킨스, 리처드, 『이기적 유전자』, 홍영남 · 이상임 옮김, 을유문화사, 2018.

디오게네스 라에르티오스, 『그리스철학자열전』, 전양범 옮김, 동서문화사, 2008.

로스, 윌리엄 데이비드, 『아리스토텔레스』, 김진성 옮김, 세창출판사, 2016.

루빈스타인, 리처드, 『아리스토텔레스의 아이들』, 유원기 옮김, 민음사, 2004.

마틴, 토머스, 『고대 그리스의 역사』, 이종인 옮김, 가람기획, 2002.

명정구 글 · 조광현 그림, 『바닷물고기 도감』, 보리, 2013.

반스, 조나단, 『아리스토텔레스와 마시는 한 잔의 커피』, 김혜영 옮김, 라이프맵, 2008.

셀리그먼, 마틴, 「에우다이모니아: 좋은 삶」, 스피븐 핑커 외 지음, 『마음의 과학』, 와이즈베리, 2011.

아리스토텔레스, 『니코마코스 윤리학』, 강상진 · 김재홍 · 이창우 옮김, 길, 2011.

아리스토텔레스, 『범주들 · 명제에 관하여』, 김진성 역주, 이제이북스, 2009.

아리스토텔레스, 『변증론』, 김재홍 옮김, 길, 2008.

아리스토텔레스, 『수사학/시학』, 천병희 옮김, 숲, 2017.

아리스토텔레스, 『영혼에 관하여』, 오지은 옮김, 아카넷, 2018.

아리스토텔레스, 『정치학』, 천병희 옮김, 숲, 2009.

아리스토텔레스, 『정치학』, 김재홍 옮김, 길, 2017.

아리스토텔레스, 『형이상학』, 조대호 옮김, 길, 2017.

아리스토텔레스 · 크세노폰, 『고대 그리스정치사 사료』, 최자영 · 최혜영 옮김, 신서원, 2002.

아리아노스, 『알렉산드로스 대왕 원정기』, 윤진 옮김, 아카넷, 2017.

아크릴, J. L., 『철학자 아리스토텔레스』, 한석환 옮김, 서광사, 1992.

유재원, 『데모크라티아』, 한겨레출판, 2017.

이태원, 『현산어보를 찾아서』 1~5, 청어람미디어, 2003.
정약전, 『자산어보』, 정문기 옮김, 지식산업사, 2002.
정약전 · 이청, 『자산어보』, 정명현 옮김, 서해문집, 2016.
조대호 · 김응빈 · 서홍원, 『위대한 유산』, 아르테, 2017.
카트리지, 폴, 『알렉산더: 위대한 정복자』, 이종인 옮김, 을유문화사, 2004.
키케로, 『투스쿨룸 대화』, 김남우 옮김, 아카넷, 2014.
타임라이프북스 편집부, 『그리스 인 이야기. 고대 그리스 BC 525-BC 322』, 신현승 옮김, 가람기획, 2004.
토마셀로, 마이클, 『생각의 기원』, 이정원 옮김, 이데아, 2017.
투퀴디데스, 『펠로폰네소스 전쟁사』, 천병희 옮김, 숲, 2011.
페리클레스 · 뤼시아스 · 이소크라테스 · 데모스테네스, 『그리스의 위대한 연설』, 김헌 · 장시은 · 김기훈 옮김, 민음사, 2015.
플라톤, 『국가 · 정체』, 박종현 옮김, 서광사, 2005.
플라톤, 『편지들』, 강철웅 · 김주일 · 이정호 옮김, 이제이북스, 2009.
플라톤, 『플라톤의 법률』, 김남두 외 옮김, 나남, 2018.
플루타르코스, 『그리스를 만든 영웅들』, 천병희 옮김, 숲, 2006.
플루타르코스, 『두 정치연설가의 생애』, 김헌 주해, 한길사, 2013.
플루타르코스, 『플루타르코스 영웅전 II』, 홍사중 옮김, 동서문화사, 2007.
헤로도토스, 『역사』, 김봉철 옮김, 길, 2016.
호메로스, 『일리아스』, 천병희 옮김, 숲, 2007.
홍이섭, 『조선과학사』, 삼성당, 1944.
휴즈, 베터니, 『아테네의 변명』, 강경이 옮김, 옥당, 2012.

Barnes, Jonathan, *Aristotle: A Very Short Introduction*, Oxford: Oxford University Press, 2000.
Chroust, Anton-Herman, *Aristotle: New Light on His Life and on Some of His Lost Works*, vol. 1, London: Routledge & Kegan Paul, 1973.
Delbrück, Max, "Aristotle-totle-totle," ed. by J. Monod and E. Borek, *Of Microbes and Life*, New York: Columbia University Press, 1979.
Diogenes Laertius, *Lives of Eminent Philosophers*, vol. 1, trans. by R. D. Hicks, Cambridge·Mass.: Harvard University Press, 1925.
Düring, Ingemar, *Aristoteles: Darstellung und Interpretation seines Denkens*, Heidelberg: Carl Winter, 1966.
Düring, Ingemar, *Aristotle in the Ancient Biographical Tradition*, Göteborg: Elanders Boktryckeri Aktiebolag, 1957.
Flashar, Hellmut, *Aristoteles: Lehrer des Abendlandes*, München: C. H. Beck, 2013.

Fündling, Jörg, *Philipp II. von Makedonien*, Darmstadt: WGB, 2014.

Hansen, Mogens Herman, *The Athenian Democracy in the Age of Demosthenes*, trans. by J. A. Crook, Norman: University of Oklahoma Press, 1999.

Jaeger, Werner, *Aristotle: Fundamentals of the History of His Development*, trans. by R. Robinson, Oxford: Clarendon Press, 1934; 1948.

Kullmann, Wolfgang, *Aristoteles als Naturwissenschaftler*, Berlin-New York: De Gruyter, 2014.

Leroi, Armand Marie, *The Lagoon: How Aristotle Invented Science*, New York: Viking, 2014.

Littré, Émile, ed., *Oeuvres Complètes d'Hippocrate*, vol. 9. Paris: Baillière, 1861.

Lynch, John Patrick, *Aristotle's School*, Berkeley·Los Angeles·London: University of California Press, 1972.

Mayr, Ernst, *The Growth of Biological Thought: Diversity, Evolution, and Inheritance*, Cambridge·Massachusetts·London: Belknap Press of Harvard University Press, 1982.

Natali, Carlo, *Aristotle: His Life and School*, ed. by D. S. Hutchinson, Princeton & Oxford: Princeton University Press, 2013.

Plinius Secundus, Gaius, *Naturkunde: Lateinisch-Deutsch*, Buch VIII, trans. by R. König, Darmstadt: Wissenschaftliche Buchgesellschaft, 1975.

Plutarch, *De Alexandri Magni Fortuna aut Virtute*, ed. by W. Nachstädt, *Plutarchi Moralia*, vol. 2.2, Leipzig: Teubner, 1935 (repr. 1971).

Plutarch, *Lives VII. Demesthenes and Cicero. Alexander and Caesar*, trans. by B. Perrin, Cambridge·Mass.: Harvard University Press, 1919.

Sealey, Raphael, *Demosthenes and His Time: A Study in Defeat*, New York·Oxford: Oxford University Press, 1993.

Stern, Samuel Miklos, *Aristotle on the World State*, Columbia: University of South Carolina Press, 1968.

Thompson, D'Archy Wentworth, *Historia Animalium*, ed. by D. Ross, *The Works of Aristotle*, vol. 4, Oxford: Clarendon Press, 1910.

Thompson, D'Archy Wentworth, "On Aristotle as a Biologist," Oxford: Clarendon Press, 1913.

아리스토텔레스 저술 목록

『기억과 상기에 대하여*De Memoria et Reminiscentia*』: W. D. Ross, ed., *Aristotle. Parva Naturalia*, Oxford: Clarendon Press, 1955 (repr. 1970).

『니코마코스 윤리학*Ethica Nicomachea*』: I. Bywater, ed., *Aristotelis Ethica Nicomachea*, Oxford: Clarendon Press, 1894 (repr. 1962).

『동물발생론*De Generatione Animalium*』: H. J. Drossaart Lulofs, ed., *Aristotelis de Generatione Animalium*, Oxford: Clarendon Press, 1965 (repr. 1972).
『동물부분론*De Partibus Animalium*』: P. Louis, *Aristote. Les Parties des Animaux*, Paris: Les Belles Lettres, 1956.
『동물지*Historia Animalium*』: P. Louis, ed., *Aristote. Histoire des animaux*, vols. 1-3, Paris: Les Belles Lettres, 1:1964; 2:1968; 3:1969.
『명제론*De interpretatione*』, 『범주론*Categoriae*』: L. Minio-Paluello, ed., *Aristotelis Categoriae et Liber de Interpretatione*, Oxford: Clarendon Press, 1949 (repr. 1966).
『분석론*Analytica Priora et Posteriora*』: W. D. Ross, ed., *Aristotelis Analytica Priora et Posteriora*, Oxford: Clarendon Press, 1964.
『소피스트적 논박*Sophistici Elenchi*』: W. D. Ross, ed., *Aristotelis Topica et Sophistici* Elenchi, Oxford: Clarendon Press, 1958 (repr. 1970).
『영혼론*De Anima*』: W. D. Ross, ed., *Aristotle. De Anima*, Oxford: Clarendon Press, 1961 (repr. 1967).
『자연학*Physica*』: W. D. Ross, ed., *Aristotelis Physica*, Oxford: Clarendon Press, 1950 (repr. 1966).
『정치학*Politica*』: W. D. Ross, ed., *Aristotelis Politica*, Oxford: Clarendon Press, 1957 (repr. 1964).
『천체론*De Caelo*』: P. Moraux, ed., Aristote. Du ciel, Paris: Les Belles Lettres, 1965.
『프로트렙티코스*Protrepticus*』: I. Düring, ed., *Aristotle's Protrepticus*, Stockholm: Almqvist & Wiksell, 1961.
『형이상학*Metaphysica*』: W. Jaeger, ed., *Aristotelis Metaphysica*, Oxford: Clarendon Press, 1957.

사진 크레디트

008 ⓒ Muesse
272 ⓒ ajbear AKA KiltBear

클래식 클라우드 009

아리스토텔레스

1판 1쇄 발행 2019년 5월 17일
1판 3쇄 발행 2023년 5월 1일

지은이 조대호
펴낸이 김영곤
펴낸곳 아르테

책임편집 김유진 김정민
문학팀 김지연 임정우 원보람
출판마케팅영업본부장 민안기
마케팅2팀 나은경 정유진 박보미 백다희
출판영업팀 최명열 김다운
제작팀 이영민 권경민
디자인 박대성 일러스트 최광렬

출판등록 2000년 5월 6일 제406-2003-061호
주소 (10881) 경기도 파주시 회동길 201(문발동)
대표전화 031-955-2100 팩스 031-955-2151

ISBN 978-89-509-8089-4 04000
ISBN 978-89-509-7413-8 (세트)
아르테는 (주)북이십일의 문학교양 브랜드입니다.

(주)북이십일 경계를 허무는 콘텐츠 리더

네이버오디오클립/팟캐스트 **[클래식 클라우드—책보다 여행]**, 유튜브 **[클래식클라우드]**를 검색하세요.
네이버포스트 post.naver.com/classic_cloud
페이스북 www.facebook.com/21classiccloud
인스타그램 www.instagram.com/classic_cloud21
유튜브 youtube.com/c/classiccloud21

· 책값은 뒤표지에 있습니다.
· 이 책 내용의 일부 또는 전부를 재사용하려면 반드시 (주)북이십일의 동의를 얻어야 합니다.
· 잘못 만들어진 책은 구입하신 서점에서 교환해드립니다.